Schranke hinter den Schranken

Schriften zum Medien-, Urheber- und Wirtschaftsrecht

Herausgegeben von Prof. Dr. Georgios Gounalakis

Band 26

PETER LANG

Fabian Ibel

Schranke hinter den Schranken

Interessenabwägung jenseits der urheberrechtlichen Schranken der §§ 44a ff. UrhG

PETER LANG

Bibliografische Information der Deutschen Nationalbibliothek
Die Deutsche Nationalbibliothek verzeichnet diese Publikation in der Deutschen Nationalbibliografie; detaillierte bibliografische Daten sind im Internet über http://dnb.d-nb.de abrufbar.

Zugl.: Marburg, Univ., Diss., 2017

D 4
ISBN 978-3-631-77395-6 (Print)
E-ISBN 978-3-631-77396-3 (E-PDF)
E-ISBN 978-3-631-77397-0 (EPUB)
E-ISBN 978-3-631-77398-7 (MOBI)
DOI 10.3726/b14899

Peter Lang – Berlin · Bern · Bruxelles · New York ·
Oxford · Warszawa · Wien

Diese Publikation wurde begutachtet.

www.peterlang.com

Geliehenes Vorwort

„Ich bitte die Leserinnen und Leser nur um jenen Vorschuss an Sympathie, ohne den es kein Verstehen gibt."[1]

1 Ratzinger, Joseph / Benedikt XVI., Jesus von Nazareth, Erster Teil, Von der Taufe im Jordan bis zur Verklärung, S. 22.

Danksagung

Diese Arbeit hat dem Fachbereich Rechtswissenschaften der Philipps-Universität Marburg im Wintersemester 2017/2018 als Dissertation vorgelegen und berücksichtigt Rechtsprechung und Literatur bis zu ebendieser Zeit.

Persönlichen Dank schulde ich meinem Doktorvater Prof. Georgios Gounalakis für all das, was ich als sein Assistent während meiner Zeit am Lehrstuhl von ihm lernen durfte. Ich danke ihm allein schon dafür, dass er mich davon überzeugt hat, an der Universität zu bleiben und am Lehrstuhl zu assistieren sowie für die große Freiheit, die er mir gewährt hat, selbstbestimmt zu forschen und schließlich dafür, meine Arbeit in seine Schriftenreihe aufzunehmen. Herzlicher Dank gilt auch Prof. em. Ralph Backhaus für die zügige Anfertigung des Zweitgutachtens.

An der Entstehung dieser Arbeit war zwar bloß ein einziger Autor, aber viele Unterstützer beteiligt. Gedankt sei daher zum einen allen Ideengebern, Gesprächspartnern und Korrekturlesern, zum anderen allen Bremsern und Ratgebern in Zeiten der Überstürzung sowie schließlich allen Mutzusprechern und Tröstern in Phasen des Stillstands und des Zweifels. Ich danke all meinen Wegbegleitern in diesen so spannenden und aufregenden Marburger Jahren, die mit Humboldts Worten von "Einsamkeit und Freiheit" tatsächlich so treffend beschrieben sind.

Alle Helfer namentlich zu nennen wäre unmöglich, nur manche hingegen ungerecht. Ausdrücklich danken will ich daher nur ihr – der lieben Familie. So bin ich den lieben Eltern unendlich dankbar, dass sie mir während der Entstehung der Arbeit und darüber hinaus immer Verständnis, Güte und Großzügigkeit aller Art entgegengebracht haben. Eltern im Sinne dieser Danksagung schließt auch die Tante aus dem Taunus ein.

Dem lieben Bruder – dem ich so viel zu verdanken habe, etwa die Begeisterung für alte Sprachen oder die Entdeckung Amerikas im Wintersemester 2010/11 und ohne den ich nicht mit dieser Entschlossenheit das Vorhaben der Promotion verfolgt hätte – auch ihm sei von Herzen gedankt.

Ihm und meinen Eltern will ich auch in Liebe diese Arbeit widmen sowie einem Menschen, der hier namenlos bleiben soll.

Marburg a.d. Lahn, den 31.07.2018

Inhaltsverzeichnis

Einleitung

Gestützt auf § 97 Abs. 1 S. 1 UrhG kann der Inhaber eines Urheberrechts die Nutzung seines Werkes Dritten gegenüber verbieten. Dies gilt jedoch nicht, wenn keine widerrechtliche Rechtsverletzung vorliegt. Abgesehen von Fällen, in denen der Berechtigte der jeweiligen Nutzung zugestimmt hat, ist dies dann Fall, wenn die Nutzung von den Schranken des Urheberrechts gedeckt ist. Die Schranken des Urheberrechtsgesetzes, die den Interessen der Allgemeinheit zu dienen bestimmt sind, statuieren Tatbestände, in denen die Verwertung des Werkes durch Dritte auch ohne die Zustimmung des Rechteinhabers gestattet sein soll.

Allerdings mag es Fälle geben, in denen keine der Schrankenregelungen der §§ 44a ff. UrhG zur Anwendung gelangt und auch kein anerkannter Rechtfertigungsgrund in Betracht kommt, es jedoch trotzdem angezeigt ist, das betreffende Werk ohne oder gegen den Willen des Berechtigten öffentlich zugänglich zu machen. Zu denken ist an Konstellationen, in denen das Werk gerade so in den Genuss urheberrechtlichen Schutzes gelangt, die wirtschaftlichen Interessen an der Verwertung zugleich gering sind und das Werk von hohem öffentlichen Interesse ist. Als Beispiel sei ein von einer Versicherung erstellter Revisionsbericht erwähnt, der pikante Informationen über das Mitarbeiteranreizsystem der Versicherung enthält und durch dessen vollständige Veröffentlichung in der Presse Missstände angeprangert und eine öffentliche Debatte angestoßen werden könnten.[2] Ähnliches gilt für einen von einem Rechtsanwalt verfassten Berufungsschriftsatz, dessen Ausführungen zumindest in Teilen von zeitgeschichtlicher Bedeutung ist.[3] Auch an diesem besteht ein hohes Veröffentlichungsinteresse, während das Interesse an dessen urheberrechtlichen Verwertung vergleichsweise gering ist.

Würden die Gerichte die einschlägigen urheberrechtlichen Bestimmungen in hergebrachter Weise anwenden, so gelängen sie zu unbefriedigenden und verfassungsrechtlich bedenklichen Lösungen. Denn die hohe Bedeutung der Kommunikationsfreiheit, die verfassungsrechtlichen Gebote der Wechselwirkungslehre und der praktischen Konkordanz werden nicht in hinreichendem Maße berücksichtigt. Schließlich gilt zu bedenken, dass das Urheberrechtsgesetz in erster Linie der angemessenen wirtschaftlichen Beteiligung des Urhebers an der Verwertung zu dienen bestimmt ist und nicht der Geheimhaltung und der Unterdrückung unliebsamer Informationen Vorschub leisten darf.

---

2 LG Köln 29.8.2012 – 14O 396/12 – Ergo vs. Handelsblatt.

3 OLG Hamburg NJW 1999, 3343 (3344) – Berufungsschrift.

Um das Urheberrecht auf seinen gesetzlichen Zweck zu beschränken und um verfassungsrechtlich einwandfreie und darüber hinaus sach- und einzelfallgerechte Ergebnisse zu generieren, ist die Anwendung einer ungeschriebenen „Schranke hinter den Schranken“, von deren Existenz die vorliegende Untersuchung ausgeht, erforderlich. Diese soll es den Gerichten ermöglichen, jenseits der §§ 44a ff. UrhG und der anerkannten Rechtfertigungsgründe auf Basis einer nachgeschalteten Interessenabwägung die Zulässigkeit einer Veröffentlichung zu prüfen. Gesetzlicher Anknüpfungspunkt für diese Überlegung ist das Tatbestandsmerkmal „widerrechtlich“ gem. § 97 Abs. 1 UrhG. Die Gerichte sollen im Rahmen dieser Frage beurteilen, ob nicht angesichts der Umstände des Einzelfalls das Interesse an der Veröffentlichung schwerer wiegt als die urheberrechtlichen Interessen des Berechtigten. Ist dies der Fall, ist die Veröffentlichung, die zwar einen Eingriff in die Interessen des Rechtsinhabers darstellt, gerechtfertigt und mithin zuzulassen.

Dieser Lösungsweg zielt auf die Herstellung einer einzelfallgerechten Lösung, was aus rechtsstaatlicher Sicht nicht unbedenklich ist, weil der Rechtsstaat neben dem Anspruch der Einzelfallgerechtigkeit auch Rechtssicherheit und Vorhersehbarkeit als seine Zielsetzungen kennt. Damit die hier vorgeschlagene Weise der Entscheidungsfindung nicht in „Situationsjurisprudenz“ und Willkür abzugleiten droht, soll die Interessen- und Güterabwägung anhand eines Kriterienkatalogs erfolgen. Dieser ergibt sich aus verfassungsrechtlichen und medientheoretischen Überlegungen und hat den Zweck, die Entscheidungsfindung zu formalisieren und zu rationalisieren.

Der BGH vertritt in seiner „Gies-Adler-Entscheidung“ den Standpunkt, dass eine „außerhalb der urheberrechtlichen Verwertungsbefugnisse sowie der Schrankenbestimmungen der § 45 ff. UrhG angesiedelte allgemeine Güter- und Interessenabwägung“ nicht zulässig sei.[4] Denn das Urheberrechtsgesetz enthalte grundsätzlich eine abschließende Regelung der aus dem Urheberrecht fließenden Befugnisse.[5] Weil das dem Urheber vom Gesetz eingeräumte Ausschließlichkeitsrecht das Ergebnis einer vom Gesetzgeber bereits vorgenommenen Abwägung zwischen den Interessen des Urhebers sowie den Interessen der Allgemeinheit sei, sei für eine nachgelagerte Interessenabwägung kein Raum.[6] Vielmehr überschreite dies die Kompetenzen der Zivilgerichte.[7]

---

4 BGH ZUM 2003, 777 (779) – Gies-Adler.

5 BGH ZUM 2003, 777 (779) – Gies-Adler.

6 BGH ZUM 2003, 777 (779) – Gies-Adler.

7 BGH ZUM 2003, 777 (779) – Gies-Adler.

Die vorliegende Untersuchung widerspricht dieser Auffassung und den dahinterstehenden Erwägungen.

Die Existenz einer ungeschriebenen „Schranke hinter den Schranken" i.S. einer nachgelagerten Interessenabwägung ist nicht nur eine verfassungsrechtliche und praktische Notwendigkeit, sondern steht insbesondere auch im Einklang mit der EMRK und der Rechtsprechung des EGMR. In seiner Entscheidung „Ashby Donald vs. Frankreich" von 2013 unterstrich dieser nämlich, dass im Fall der Kollision von Urheberrecht und Meinungsfreiheit das Abwägungserfordernis in besonderer Weise bestehe.[8]

Zunächst wird in Kapitel 1 der Unterlassungs- und Beseitigungsanspruch gem. § 97 Abs. 1 UrhG vorgestellt. Dessen zentrale Tatbestandsmerkmale – Urheberrecht, Eingriff/Verletzung, Widerrechtlichkeit – werden erläutert und die für die vorliegende Untersuchung relevanten Hintergründe – Schöpfungshöhe, verfassungsrechtliche Rechtfertigung der Schranken, Dogma der engen Schrankenauslegung – dargestellt.

Dann wird in Kapitel 2 zunächst das praktische Bedürfnis nach einer unbenannten Schranke anhand von Fällen, die zugleich von Land- und Oberlandesgerichten entschieden wurden, illustriert.

Sodann wird aufgezeigt, dass und warum das Tatbestandsmerkmal „widerrechtlich" gem. § 97 Abs. 1 UrhG als Einfallstor der Interessenabwägung heranzuziehen ist. Hierzu werden die Vorschriften der §§ 1004, 823 BGB vergleichend untersucht, eine BVerfG-Entscheidung zu § 101a UrhG sowie die BGH-Entscheidung „Lila-Postkarte" zu § 14 MarkenG näher betrachtet und schließlich rechtssystematische Überlegungen zum Allgemeinen Persönlichkeitsrecht angestellt.

Im Anschluss daran wird sich der verfassungsrechtlichen Zulässigkeit einer Interessenabwägung gewidmet. Hierfür werden die verfassungsrechtlichen Grundlagen von Abwägungsentscheidungen gem. Art. 20 Abs. 3 und Art. 1 Abs. 3 GG erläutert und die Wechselwirkungslehre gem. Art. 5 Abs. 2 GG dargestellt.

Schließlich wird der hier vertretene Vorschlag einer unbenannten „Schranke hinter den Schranken" an den Vorgaben der EMRK gemessen. Hierzu wird insbesondere die Entscheidung „Ashby Donald vs. Frankreich" aus 2013, die an der Schnittstelle zwischen Urheberrecht einerseits und Meinungs- und Pressefreiheit andererseits angesiedelt ist, analysiert. In diesem Zusammenhang wird das vom EGMR aufgestellte Kriterium „matters of public interest" untersucht und die Wirkung von EGMR-Urteilen für die deutsche Rechtsordnung erläutert.

---

8 Wandtke/Bullinger/*v. Wolff*, UrhG, § 97, Rn. 34.

In Kapitel 3 werden in knappen Strichen die rechtstheoretischen Hintergründe und Grundlagen der hier erhobenen Forderung nach einer Interessenabwägung beleuchtet. Der Dualismus von Abwägungsentscheidungen und starrer Entscheidungsfindung wird aufgezeigt. Dabei werden die gängigsten Argumente gegen flexible Konzepte der Entscheidungsfindung und Abwägung vorgetragen und widerlegt.

In Kapitel 4 wird schließlich ein Katalog an Kriterien und Gesichtspunkten zusammengestellt, auf den bei der Abwägung zurückzugreifen ist. Dieser nimmt Anleihen an anderen in der Rechtspraxis verwendeten Abwägungskatalogen sowie an der „Fair use doctrine" des US-amerikanischen Rechts. Die Kriterien ergeben sich aus medientheoretischen Überlegungen, der Wechselwirkungslehre gem. Art. 5 Abs. 2 GG und sind aus anderen Lösungsmodellen abgeleitet.

1. Kapitel: Der Beseitigungs- und Unterlassungsanspruch gem. § 97 Abs. 1 UrhG

§ 97 (1) Copyright Act – Key provision of copyright law

Abstract: Within the area of copyright law, § 97 Copyright Act is the key provision of the law of torts. According to § 97 (1) Copyright Act a copyright's holder is entitled to demand elimination of interference and to apply for an injunction in cases where one cannot exclude the risk of repetition.

Copyright protection under the Copyright Act requires a personal and intellectual creation, § 2 (2) Copyright Act. But legal claim is not given, if a third party's use of a creation falls in the scope of the Copyright Act's limiting provisions, §§ 44a et seqq. Copyright Act. But those limiting provisions are conclusive, they do not offer substantial room for balancing all the relevant interests involved. General grounds of justification like "Necessity as Justification" are not sufficient.

A. § 97 UrhG als Zentralnorm des Urheberdeliktsrechts

Gem. § 97 Abs. 1 S. 1 UrhG kann derjenige, der das Urheberrecht oder ein anderes nach dem Urheberrechtsgesetz geschütztes Recht widerrechtlich verletzt, vom Verletzten auf Beseitigung der Beeinträchtigung und bei Wiederholungsgefahr auf Unterlassung in Anspruch genommen werden. Gem. § 97 Abs. 1 S. 2 UrhG besteht der Unterlassungsanspruch auch für den Sonderfall der drohenden Erstbegehung (vorbeugender Unterlassungsanspruch). Gelingt zudem der Nachweis einer vorsätzlichen oder fahrlässigen Begehungsweise, kommt überdies eine Haftung auf Schadensersatz gem. § 97 Abs. 2 S. 1 UrhG in Betracht, dessen Höhe sich nach dem konkret eingetretenen Schaden richtet. Daneben tritt gem. § 97 Abs. 2 S. 2 UrhG die Herausgabe des Verletzergewinns sowie gem. § 97 Abs. 2 S. 3 UrhG die Schadensberechnung im Wege der Lizenzanalogie.[9]

§ 97 Abs. 2 S. 4 UrhG verleiht dem Berechtigten ferner einen Anspruch auf Geldersatz immateriellen Schadens.[10] § 102 a UrhG, der an die Stelle des § 97 Abs. 3 UrhG (a.F.) getreten ist, stellt schließlich klar, dass die Geltendmachung

9 Vgl. BeckOK UrhR/*Reber*, UrhG, § 97, Rn. 106.

10 Schricker/Loewenheim/*Wild*, UrhG, § 97, Rn. 1

weiterer – etwa (quasi)-negatorischer und deliktischer – Ansprüche durch § 97 UrhG nicht gesperrt ist. Gleichwohl sind der Unterlassungs- und Schadensersatzanspruch des § 97 Abs. 1 UrhG die am häufigsten verfolgten Klagebegehren im Urheberrecht[11]. § 97 UrhG ist die Zentralnorm des Urheberdeliktsrechts.[12]

Ursprünglich hat die Rechtsprechung den urheberrechtlichen Unterlassungsanspruch in entsprechender Anwendung des § 1004 Abs. 1 BGB entwickelt.[13] Er ist nunmehr in § 97 Abs. 1 UrhG kodifiziert und gilt sowohl im Hinblick auf vermögens- wie auf persönlichkeitsrechtliche Beeinträchtigungen.[14] Die Ähnlichkeit zum (quasi-)negatorischen Unterlassungsanspruch gemäß bzw. analog § 1004 Abs. 1 BGB ist beibehalten. Es fällt jedoch auf, dass § 97 Abs. 1 UrhG anders als sein Vorbild das Tatbestandsmerkmal „widerrechtlich" enthält. § 1004 BGB kompensiert dessen Fehlen mit Absatz 2, wonach der Anspruch ausgeschlossen ist, „wenn der Eigentümer zur Duldung verpflichtet ist".

Hinsichtlich seiner Rechtsfolge richtet sich der Unterlassungsanspruch auf die Einhaltung der Zusage, eine widerrechtliche Störung des Urheberrechts künftig zu unterlassen, wobei die Unterlassungserklärung ernsthaft, unbefristet und vorbehaltlos abgegeben werden muss.[15] Der Beseitigungsanspruch richtet sich auf die Beseitigung des jeweiligen konkreten, fortdauernden störenden Zustands.[16]

B. Die Tatbestandsmerkmale des Unterlassungs- und Beseitigungsanspruchs gem. § 97 Abs. 1 S. 1 UrhG

Zur Geltendmachung des Anspruchs auf Beseitigung sowie auf Unterlassung wird vorausgesetzt, dass das Urheberrecht oder ein anderes nach dem Urheberrechtsgesetz geschütztes Recht widerrechtlich verletzt ist.

I. Das Urheberrecht

Das Urheberrechtsgesetz sanktioniert die Verletzung absoluter Rechte, die gegenüber jedermann wirken („sonstige Rechte" i.S.v. § 823 Abs. 1 BGB).[17] Mithin fällt die Verletzung bloß schuldrechtlicher Berechtigungen oder Gestattungen mit

---

11 Loewenheim/Schricker/*Vinck*, UrhG, § 81, Rn. 30.
12 Fromm/Nordemann/*Nordemann*, UrhG, § 97, Rn. 1.
13 Vgl. nur RGZ 153, 1 (27); Schricker/Loewenheim/*Wild*, 3. Aufl., UrhG, § 97, Rn. 41.
14 Schricker/Loewenheim/*Wild*, UrhG, § 97, Rn. 41.
15 Schricker/Loewenheim/*Wild*, UrhG, § 97, Rn. 42a.
16 Schricker/Loewenheim/*Wild*, UrhG, § 97, Rn. 45, 46.
17 Dreier/Schulze/*Dreier/Specht*, UrhG, § 97, Rn. 3.

Wirkung nur gegenüber dem jeweiligen Vertragspartner nicht in den Anwendungsbereich des § 97 UrhG.[18] Neben den „anderen" Rechten, den sog. „verwandten Schutzrechten" der §§ 70 – 87e UrhG sowie den Nutzungsrechten nach §§ 31 ff. UrhG, kommt in erster Linie die Verletzung des Urheberrechts in Betracht. Gem. § 11 UrhG soll das Urheberrecht den Urheber in seinen geistigen und persönlichen Beziehungen zum Werk und in der Nutzung des Werks schützen und zugleich der Sicherung einer angemessenen Vergütung für die Nutzung des Werkes dienen.

1. Das Werk, § 2 Abs. 1, 2 UrhG

Gem. der einführenden Bestimmung § 1 UrhG genießen die Urheber von Werken der Literatur, Wissenschaft und Kunst Schutz nach Maßgabe des Urheberrechtsgesetz.

a) Grundlagen zum Begriff des Werks

Die Gewährung urheberrechtlichen Schutzes setzt materiell-rechtlich eine persönliche, geistige Schöpfung voraus, § 2 Abs. 2 UrhG. Diese Beurteilung erfolgt objektiv und unabhängig von der persönlichen Haltung des Richters gegenüber bestimmten künstlerischen Ausdrucksformen.[19] Das Vorliegen der notwendigen Schöpfungshöhe wird vom Gericht als Rechtsfrage entschieden.[20] Bei der Beurteilung legt die Rechtsprechung die Auffassung der mit literarischen und künstlerischen Werken einigermaßen vertrauten und hierfür aufgeschlossenen Verkehrskreise als Maßstab zu Grunde.[21] Die Rechtsprechung präferiert damit einen außerrechtlichen Kunstbegriff gebildeter Personen gegenüber der Anschauung von Fachkreisen.[22]

Nach überwiegender Ansicht beinhaltet eine persönliche geistige Schöpfung vier Elemente: Das Werk muss zum einen persönlich, von einem Menschen geschaffen (1) und zumindest vorübergehend eine wahrnehmbare Form

---

18 Vgl. amtl. Begr., BT-Drucks IV/270, S. 103; Dreier/Schulze/*Dreier/Specht*, UrhG, § 97, Rn. 3.

19 Fromm/Nordemann/*A. Nordemann*, UrhG, § 2 Rn. 16; Wandtke/Bullinger/*Bullinger*, UrhG, § 2, Rn. 5.

20 Wandtke/Bullinger/*Bullinger*, UrhG, § 2, Rn. 5.

21 BGH GRUR 1972, 143 (144) – Biografie: Ein Spiel; BGH GRUR 1981, 267 (268) – Dirlada.

22 Wandtke/Bullinger/*Bullinger*, UrhG, § 2, Rn. 6.

gefunden haben (2) zum anderen individuell gestaltet (3) sein und die notwendige Schöpfungshöhe (4) erreicht haben.[23]

Eine menschliche Leistung liegt nicht vor bei reinen Zufallserzeugnissen oder bei von Tieren hergestellten Objekten.[24] Der Einsatz von Automaten, Computern und Software ist möglich, solange der vom Menschen erbrachte Beitrag die gestalterische Schwelle des § 2 Abs. 2 UrhG überschreitet.[25] Die Schöpfung ist rechtlich betrachtet ein Realakt, der weder Geschäftsfähigkeit noch Professionalität seitens des Urhebers voraussetzt.[26] Die Schöpfung muss sich in einer Formgestaltung entäußert haben, die für andere Menschen wahrnehmbar ist. Bloßen Ideen und Vorstellungen, seien sie auch „vor dem geistigen Auge" en detail fertig gestellt, fehlt es an einer wahrnehmbaren Form.[27] Eine dauerhafte körperliche Fixierung hingegen ist nicht verlangt, sodass auch beispielsweise nicht wiederholbare Klavierimprovisationen, freie Reden sowie ephemere, also flüchtige Projektionen wahrnehmbare Werke sein können.[28]

Zentrales Element des Werkbegriffs ist die Individualität und das sich auf den Grad der Individualität beziehende Kriterium der Schöpfungshöhe.[29] Zunächst bedarf es dazu einer geistigen Leistung bzw. eines künstlerischen Schaffensprozesses, als dessen Ergebnis ein vom menschlichen Geist geprägtes Produkt hervorgeht, welches die Persönlichkeit des Urhebers widerspiegelt.[30] Diese Eigenschaft fehlt bei rein handwerksmäßigen Erzeugnissen.[31] Das Merkmal der Individualität wird insbesondere dann zu bejahen sein, wenn ein Werk sich von anderen, älteren Werken durch seine Formgestaltung unterscheidet.[32] Absolut neu muss es nicht sein, weil auch unabhängig voneinander entstehende

---

23 Hoeren/Herring, MMR 2011, 143 (143); Schricker/Loewenheim/*Loewenheim*, UrhG, § 2, Rn. 9; Dreier/Schulze/*Schulze*, UrhG, § 2, Rn. 6.

24 Wandtke/Bullinger/*Bullinger*, UrhG, § 2, Rn. 15.

25 Spindler/Schuster/*Wiebe*, UrhG, § 2, Rn. 1; Wandtke/Bullinger/*Bullinger*, UrhG, § 2, Rn. 16.

26 BeckOK UrhR/*Ahlberg*, UrhG, § 2, Rn. 54–56; Wandtke/Bullinger/*Bullinger*, UrhG, § 2, Rn. 18.

27 Wandtke/Bullinger/*Bullinger*, UrhG, § 2, Rn. 19.

28 Wandtke/Bullinger/*Bullinger*, UrhG, § 2, Rn. 19; Dreier/Schulze/*Schulze*, UrhG, § 2, Rn. 13.

29 Hoeren/Herring, MMR 2011, 143 (143); Wandtke/Bullinger/*Bullinger*, UrhG, § 2, Rn. 23.

30 Gounalakis, GRUR 2004, 996 (997); Wandtke/Bullinger/*Bullinger*, UrhG, § 2, Rn. 21.

31 Dreier/Schulze/*Schulze*, UrhG, § 2, Rn. 18; Gounalakis, GRUR 2004, 996 (997).

32 Dreier/Schulze/*Schulze*, UrhG, § 2, Rn. 17.

Doppelschöpfungen möglich sein sollen.[33] Jedoch ist in jedem Fall Andersartigkeit gegenüber dem schon Bestehenden zu verlangen.[34] Kumulativ zur Andersartigkeit bzw. „Neuheit" tritt die Eigentümlichkeit, also der Anspruch des Werks „besonders" oder „originell" zu sein, damit man von Individualität sprechen kann.[35]

b) Schöpfungshöhe

Urheberrechtsschutz wird jedoch erst ab einem gewissen Grad an Individualität gewährt. So fordert die Rechtsprechung, dass ein Werk eine bestimmte Gestaltungshöhe, Schöpfungshöhe, respektive einen „hinreichenden schöpferischen Eigentümlichkeitsgrad" besitzen müsse.[36] Dazu vergleicht sie den sich aus seinen prägenden Gestaltungsmerkmalen konstituierenden Gesamteindruck des in Rede stehenden Werks mit der Gesamtheit der vorbekannten Gestaltungen.[37] Ohne Belang für das Merkmal der Individualität und die auf ihr beruhende Schöpfungshöhe sind Eigenschaften wie der Herstellungsaufwand oder der Umfang des Werkes. [38] Ebenso irrelevant für die Beurteilung der Werksqualität ist der Gestaltungszweck oder die Tatsache, dass rechtsverletzende oder rechtswidrige Werkinhalte verwendet werden. Welche Anforderungen an die Gestaltungshöhe gestellt werden, ist indes umstritten. Das Gesetz macht keine direkten Angaben zu dem Abstand, den ein geschütztes Werk gegenüber einer (nichtgeschützten) routinemäßigen oder alltäglichen Produktion einnehmen muss.

Für eine eher hoch angesetzte Schutzschwelle spricht die lange Schutzdauer des Urheberrechts sowie die umfassenden Rechte, die mit dem Werksschutz einhergehen[39] (Abwehrrechte und Ansprüche). Ferner existieren weitere zum Schutz des geistigen Eigentums bestehende Regelwerke, die alternativ oder ergänzend zum Urheberrechtsschutz hinzutreten können und die andere, bisweilen niedrigere Schutzvoraussetzungen haben, vgl. Designgesetz und § 1 UWG. Auch lässt sich aus §§ 23, 24 UrhG ein systematisches Argument[40] gewinnen. In § 23 UrhG

33 Dreier/Schulze/*Schulze*, UrhG, § 2, Rn. 17.

34 Dreier/Schulze/*Schulze*, UrhG, § 2, Rn. 17.

35 BeckOK, UrhG/*Ahlberg*, § 2, Rn. 59; Dreier/Schulze/*Schulze*, UrhG, § 2, Rn. 18.

36 BGH GRUR 1983, 377 (378) – Brombeer-Muster; BGH GRUR 1988, 533 (535) – Vorentwurf II.

37 BGH GRUR 2004, 855 ff. – Hundefigur; Wandtke/Bullinger/*Bullinger*, UrhG, § 2, Rn. 23.

38 Wandtke/Bullinger/*Bullinger*, UrhG, § 2, Rn. 23.

39 Wandtke/Bullinger/*Bullinger*, UrhG, § 2, Rn. 24.

40 Vgl. Dreier/Schulze/*Schulze*, UrhG, § 2, Rn. 21.

heißt es, dass die Bearbeitung eines bestehenden Werkes nur mit Zustimmung (des Urhebers) zulässig sein soll, während die freie Benutzung i.S.d. § 24 UrhG zustimmungsfrei ist. Bei letzterer verblassen die individuellen Züge des Originals, bei ersterer nicht. In beiden Fällen wird deren Vorliegen jedoch implizit vorausgesetzt. Zur besseren Handhabung und Abgrenzung von § 23 UrhG und § 24 UrhG erscheint es daher sinnvoll, ein hinreichend hohes Maß an Individualität zu verlangen. Schließlich könnte man auch auf „Teil 2" des Urheberrechtsgesetzes verweisen, der den Schutz der verwandten Schutzrechte regelt. Die darin abschließend aufgezählten Leistungsschutzrechte lassen sich als bewusste Entscheidung des Gesetzgebers verstehen, „ausnahmsweise" auch dort einen dem Urheberrecht entsprechenden Schutz anzuordnen, wo es an einer hinreichenden Individualität bzw. Schöpfungshöhe fehlt. Schließlich ist zu bedenken, dass eine niedrige Ansetzung der Schutzuntergrenze die Zahl der urheberrechtlich geschützten Werke ausufern lassen könnte, was das Urheberrecht im Ergebnis schwächen würde.[41]

Dagegen votieren andere für eine niedrig angesetzte urheberrechtliche Eingangshürde und wollen den Aspekt des künstlerischen Wertes von der Frage der Individualität abgekoppelt wissen. Dazu wird auf die Harmonisierungsbestrebungen der EU verwiesen, bei denen die Tendenz sichtbar wird, geringe Anforderungen im Allgemeinen genügen zu lassen.[42] Gem. Art. 3 Abs. 1 Datenbank-RL, Art. 6 Schutzdauer-RL und Art. 1 Abs. 3 Computer-RL sollen etwa in Bezug auf Datenbanken, Lichtbildwerken und Computerprogrammen „eigene geistige Schöpfungen" ausreichen, um Urheberrechtsschutz zu konstituieren.[43] Welche Auswirkungen diese Herabsetzung auf andere Werkarten zeitigt, ist wegen des nicht umfassend harmonisierten europäischen Werkbegriffs indes unklar.[44] Von Interesse ist jedenfalls eine jüngere Entscheidung[45] des EuGH, wonach Ausschnitte von Artikeln aus der Tagespresse bloß geschützt sind, wenn sie eine eigene geistige Leistung darstellen.[46] Schließlich ist zu beachten, dass das Urheberrecht nicht nur dem Schutz der wenigen künstlerischen Spitzenleistungen zu dienen bestimmt ist, sondern unabhängig von dem künstlerischen Wert auch *durchschnittlichen Werken* Schutz gewährleisten soll.[47]

---

41 Wandtke/Bullinger/*Bullinger*, UrhG, § 2, Rn. 24.

42 Dreier/Schulze/*Schulze*, UrhG, § 2, Rn. 22.

43 Dreier/Schulze/*Schulze*, UrhG, § 22, Rn. 22.

44 Dreier/Schulze/*Schulze*, UrhG, § 2, Rn. 22, m.w.N.

45 EuGH GRUR 2009, 1041 ff. (Tz. 51) – Infopaq/DDF; vgl. zur Schutzfähigkeit von Benutzeroberflächen EuGH K&R 2911, 105 (Tz. 46) – BSA/Kulturministerium.

46 Dreier/Schulze/*Schulze*, UrhG, § 2, Rn. 22.

47 Wandtke/Bullinger/*Bullinger*, UrhG, § 2, Rn. 24.

Die Rechtsprechung setzt das jeweilige Maß der individuellen Prägung für die verschiedenen Werkarten unterschiedlich hoch an, wobei bei einigen Werkarten bereits ein sehr geringer Grad an kreativer Leistung ausreichen soll (*„kleine Münze“).*[48] Bei Bedienungsanweisungen und ähnlichen gebrauchsorientierten Texten gelten jedoch nicht die geringen Anforderungen an die Schutzfähigkeit, wie sie beispielsweise bei Darstellungen wissenschaftlicher oder technischer Art (§ 2 Abs. 1 Nr. 7 UrhG) bestehen.[49] Dagegen hat die Rechtsprechung im Bereich der angewandten Kunst angesichts der Neugestaltung des Geschmacksmusterrechts im Jahr 2004 ihre strengen Anforderungen aufgegeben und erkennt seit der Entscheidung *Geburtstagszug*[50] auch die *kleine Münze* als schutzfähig an.[51]

Entscheidend für die Schutzfähigkeit eines Werks ist der für die jeweilige Werkart vorhandene Gestaltungsspielraum, von welchem jeweils Gebrauch gemacht worden sein muss.[52] Die Beantwortung dieser Frage ist stets einer *Einzelfallprüfung* vorbehalten.[53] Hierbei gilt zu bedenken, dass die moderne Kommunikationsgesellschaft tagtäglich von unzähligen Erzeugnissen der Massenmedien überflutet wird. Dementsprechend wird es schwieriger festzustellen, wann sich eine Schöpfung vom Routinemäßigen der Bandbreite absetzt.[54]

Bei Sprachwerken, um die es typischerweise an der Schnittstelle von Urheberrecht und Kommunikationsfreiheit geht, genügt grundsätzlich ein bescheidenes Maß an geistiger Tätigkeit[55], zumal gerade in diesem Bereich der Schutz der *kleinen Münze* ebenfalls anerkannt ist.[56] Dies kann jedoch zu wenig differenzierten Ergebnissen führen: Das Kochrezept genießt denselben Schutz wie ein preisgekrönter Roman,[57] jedenfalls dergestalt, dass die unbefugte wortgetreue (teilweise) Wiedergabe aus beiden Werken eine Urheberrechtsverletzung darstellen kann.

---

48 Spindler/Schuster/*Wiebe*, UrhG, § 2, Rn. 2; Dreier/Schulze/*Schulze*, UrhG, § 2, Rn. 24.

49 BGH GRUR 1993, 34 (36) – *Bedienungsanweisung;* Dreier/Schulze/*Schulze,* UrhG, § 2, Rn. 27.

50 BGH GRUR 2014, 175 ff. – Geburtstagszug.

51 Dreier/Schulze/*Schulze*, UrhG, § 2, Rn. 29.

52 Gounalakis, GRUR 2004, 996 (997); Schricker/Loewenheim/*Loewenheim*, UrhG, § 2, Rn. 29.

53 BeckOK UrhR/*Ahlberg*, UrhG, § 2, Rn. 75.

54 BeckOK UrhR/*Ahlberg*, UrhG, § 2, Rn. 72.

55 BGH GRUR 1981, 520, (521) – Fragensammlung.

56 Dreier/Schulze/*Schulze,* UrhG, § 2, Rn. 27.

57 Vgl. auch Mann, AfP 2015, 295 (296).

2. *Das Wesen des Urheberrechts*

Die dem Urheber erwachsenden Rechte beziehen sich gleichermaßen auf seine ideellen und materiellen Interessen.[58] Gem. § 11 UrhG schützt das Urheberrecht den Urheber in seinen geistigen und persönlichen Beziehungen zum Werk und in der Nutzung des Werkes. Es dient zugleich der Sicherung einer angemessenen Vergütung für die Nutzung des Werkes. Demgemäß sind die auf den Schutz ideeller Interessen ausgerichteten Urheberpersönlichkeitsrechte (§§ 12 ff.) und die auf den Schutz materieller Interessen ausgerichteten Verwertungsrechte (§§ 15 ff.) zu unterscheiden. Das Urheberrecht ist ein Mischrecht aus Persönlichkeitsrecht und Immaterialgüterrecht.[59] Persönlichkeitsrechte zielen auf den Schutz der höchstpersönlichen Interessen der Persönlichkeit, mit der sie derart eng verknüpft sind, dass sie im Kern nicht verzichtbar sind und nicht auf eine andere Person übertragen werden können.[60] So zielt das Urheberpersönlichkeitsrecht (§§ 12–14 UrhG) auf den Schutz des Urhebers in den persönlichen und geistigen Beziehungen zu seinem Werk.[61] Bei Immaterialgüterrechten handelt es sich dagegen um verselbstständigte, verkehrsfähige geistige Güter, die auf andere übertragen werden können.[62] Hinsichtlich der Verwertungsrechte trägt das Urheberrecht immaterialgüterrechtliche Züge.[63] Denn der Urheber kann, um sein Werk wirtschaftlich zu verwerten, einem anderen Nutzungsrechte daran einräumen. Hinsichtlich der Urheberpersönlichkeitsrechte (§§ 12, 13, 14, 25, 62, 63 UrhG) wird das Urheberrecht als ein Persönlichkeitsrecht betrachtet.[64] Nach der Konzeption des deutschen Urheberrechts, die der monistischen Theorie[65] folgt, bilden Persönlichkeits- und

---

58 Wandtke/Bullinger/*Bullinger*, UrhG, § 11, Rn. 1.

59 BeckOK UrhR/*Kroitzsch/Götting*, UrhG, § 11, Rn. 2.

60 BeckOK UrhR/*Kroitzsch/Götting*, UrhG, § 11, Rn. 2.

61 Gounalakis, Rhb. Electronic Business/*Gounalakis/Rhode*, § 22, Rn. 57.

62 BeckOK UrhR/*Kroitzsch/Götting*, UrhG, § 11, Rn. 2; Schack, Urheber- und Urhebervertragsrecht, Rn. 21.

63 BeckOK UrhR/*Kroitzsch/Götting*, UrhG, § 11, Rn. 2.

64 Dreier/Schulze/*Schulze*, UrhG, § 11, Rn. 1.

65 Berühmt geworden ist Ulmers „Baummetapher“: „Das Verhältnis, in dem der Interessenschutz zur Gestalt des Urheberrechts und zu den aus dem Urheberrecht fließenden Befugnissen steht, kann man sich an einem Bild verdeutlichen. Die beiden Interessengruppen erscheinen wie bei einem Baum als die Wurzeln des Urheberrechts und dieses selbst als der einheitliche Stamm. Die urheberrechtlichen Befugnisse aber sind mit den Ästen und Zweigen vergleichbar, die aus dem Stamm erwachsen. Sie ziehen die Kraft bald aus beiden, bald ganz oder vorwiegend aus einer der Wurzeln.“ – Ulmer, Urheber- und Verlagsrecht, § 18 II 4.

Verwertungsrechte eine Einheit, weil sie in einer Wechselbeziehung zueinander stehen und untrennbar miteinander verwoben sind.[66]

a) *Verfassungsrechtliche Grundlagen des Urheberrechts*

In verfassungsrechtlicher Hinsicht kann sich das Urheberrecht bezüglich seiner persönlichkeitsrechtlichen Komponente auf den Schutz der Menschenwürde gem. Art. 1 GG i.V.m. dem Grundrecht auf freie Entfaltung der Persönlichkeit gem. Art. 2 Abs. 1 GG stützen.[67] Der durch die Urheberpersönlichkeitsrechte vermittelte Schutz bezieht sich vor allem auf den sozialen Geltungsanspruch des Urhebers. Hinsichtlich seiner vermögensrechtlichen Komponente ist das Urheberrecht von der Eigentumsgarantie des Art. 14 GG erfasst.[68] Gem. Art. 14 Abs. 1 S. 2 GG hat der Gesetzgeber Inhalt und Schranken der vermögensrechtlichen Befugnisse des Urhebers zu bestimmen.[69] Die Festlegung von Inhalt und Schranken der vermögensrechtlichen Befugnisse fällt noch schwerer als beim Sacheigentum, weil es an einem vorgegebenen und absoluten Begriff des urheberrechtlichen Eigentums fehlt.[70] Dem Gesetzgeber ist nicht zuletzt deswegen ein großer Gestaltungsspielraum zugestanden.

b) *Erstveröffentlichungsrecht, § 12 Abs. 1 UrhG*

Die §§ 12 bis 14 UrhG, mit denen der deutsche Gesetzgeber Art. 6bis RBÜ nachgekommen ist, dienen dem Schutz des Urhebers vor ideellen Angriffen auf sein Werk.[71] Als besondere Ausprägung des Urheberpersönlichkeitsrechts weist das in § 12 UrhG verbürgte Veröffentlichungsrecht dem Urheber die Dispositionsfreiheit darüber zu, ob, wann und wie sein Werk die Öffentlichkeit (erstmals) erreichen soll.[72] Damit geht das Recht einher zu bestimmen, wann er sich der Kritik aussetzen will.[73]

---

66 BeckOK UrhR/*Kroitzsch/Götting*, UrhG, § 11, Rn. 2; Dreier/Schulze/*Schulze*, UrhG, § 11, Rn. 1.

67 Loewenheim/Götting, UrhG, § 3, Rn. 2.

68 BVerfGE 31, 229 (239) – Kirchen- und Schulgebrauch; BVerfGE 49, 382 (392) – Kirchenmusik.

69 BVerfGE 31, 270 (271) – Schulfunksendungen; BVerfG GRUR 2001, 149 (151) – Germania 3.

70 BVerfGE 31, 229 (240) – Kirchen- und Schulgebrauch.

71 Gounalakis/Rhode, Persönlichkeitsschutz im Internet, Rn. 75.

72 Gounalakis/Rhode, Persönlichkeitsschutz im Internet, Rn. 79; Schack, Urheber- und Urhebervertragsrecht, Rn. 366.

73 Vgl. Loewenheim/*Götting*, UrhG, § 3, Rn. 2.

§ 12 Abs. 1 UrhG normiert: Der Urheber hat das Recht zu bestimmen, ob und wie sein Werk zu veröffentlichen ist. Wiewohl der Begriff der Veröffentlichung auch spätere, der Erstveröffentlichung nachfolgende Publikationen umfassen könnte, geht es § 12 Abs. 1 UrhG um die erste Veröffentlichung.[74] Weil der Zustand des „Veröffentlichtseins" von der Einwilligung des Urhebers abhängt, ist dessen Veröffentlichungsrecht gem. § 12 Abs. 1 UrhG im Falle unzulässiger Erstveröffentlichung durch Dritte nicht verbraucht.[75]

Der Wortlaut von § 12 Abs. 1 UrhG bietet keinen Anhalt für zulässige Eingriffsmöglichkeiten. Hinzukommt, dass die wichtigen im Interesse der Meinungs- und Informationsfreiheit bestehenden Schrankenbestimmungen der §§ 44a ff. UrhG, insbesondere das Zitatrecht gem. § 51 UrhG, nur auf veröffentlichte Werke Anwendung finden. Eine Auffassung, die das Erstveröffentlichungsrecht für uneinschränkbar oder „sakrosankt" hält, nimmt jedoch unbefriedigende Ergebnisse in Kauf. Es besteht vielmehr in bestimmten – den bereits angedeuteten – Fällen das Bedürfnis, das Veröffentlichungsrecht durch eine Interessenabwägung zu begrenzen.[76] Eine solche hat ihren Platz im Tatbestandsmerkmal „widerrechtlich" i.S.d. § 97 Abs. 1 UrhG zu finden.

c) Verwertungsrechte, §§ 15 ff. UrhG

Während das in den §§ 12 bis 14 UrhG geregelte Urheberpersönlichkeitsrecht den Urheber in seinen geistigen und persönlichen Beziehungen zum Werk schützt, dienen die Verwertungsrechte im dritten Unterabschnitt (§§ 15 ff. UrhG) der Sicherung des materiellen Vorteils, den die Verwertung des Werkes bringen kann.[77] § 15 UrhG ist als Generalklausel ausgestaltet und gewährt dem Urheber das alleinige Recht, sein Werk zu nutzen (positives Benutzungsrecht) und Dritte von der Benutzung auszuschließen (negatives Verbietungsrecht).[78] Gem. § 15 Abs. 1 UrhG ist dem Urheber das ausschließliche Recht zugewiesen, sein Werk in körperlicher Form zu verwerten, wobei dieses Recht insbesondere das Vervielfältigungsrecht, das Verbreitungsrecht und das Ausstellungsrecht enthält. Gem. § 15 Abs. 2 UrhG hat der Urheber das ausschließliche Recht, sein Werk in unkörperlicher Form öffentlich wiederzugeben (Recht der öffentlichen Wiedergabe). Dieses umfasst nach § 15 Abs. 2 S. 2 UrhG insbesondere das Vortrags-,

---

74 Loewenheim/*Dietz/Peukert*, UrhG, § 16, Rn. 4.
75 Loewenheim/*Dietz/Peukert*, UrhG, § 16, Rn. 4.
76 Wandtke/Bullinger/*Bullinger*, UrhG, § 12, Rn. 16.
77 BeckOK UrhR/*Kroitzsch/Götting*, UrhG, § 15, Rn. 1.
78 Wandtke/Bullinger/*Heerma*, UrhG, § 15, Rn. 1

Ausführungs- und Vorführungsrecht (§ 19 UrhG), das Recht der öffentlichen Zugänglichmachung (§ 19a UrhG), das Senderecht (§ 20 UrhG), das Recht der Wiedergabe durch Bild- und Tonträger sowie das Recht der Wiedergabe von Funksendungen und von öffentlicher Zugänglichmachung (§§ 22a UrhG). Die Regelungen der §§ 16–22 UrhG gehen der Generalklausel des § 15 UrhG als *leges speciales* vor. Sie definieren zum einen die in § 15 UrhG genannten Rechte; zum anderen enthalten sie für einzelne Verwertungsarten auch bedeutende Einschränkungen von dem in § 15 UrhG normierten Grundsatz, wonach allein der Urheber entscheiden darf, ob und wie sein Werk verwertet wird.[79] Die Verwertungsrechte werden durch die §§ 44a–63 UrhG beschränkt.[80]

II. Verwandte Schutzrechte

Mit den „anderen" Rechten i.S.d. § 97 Abs. 1 UrhG sind neben den vertraglich eingeräumten Nutzungsrechten vor allem die verwandten Schutzrechte des Teils 2 des UrhG gemeint. Dabei handelt es sich um Rechte, die nicht die schöpferische Leistung schützen, sondern Leistungen anderer Art, die der schöpferischen Leistung des Urhebers ähnlich sind oder im Zusammenhang mit den Werken der Urheber erbracht werden.[81] So sehen die §§ 70 ff. UrhG den Schutz bestimmter Ausgaben, der Lichtbildner, des ausübenden Künstlers, des Datenbankherstellers und – zuletzt eingefügt – des Presseverlegers vor.[82]

III. Berechtigter des Anspruchs aus § 97 Abs. 1 UrhG – Aktivlegimation

Aktivlegitimiert zur Geltendmachung der in § 97 geregelten Ansprüche sind grundsätzlich die jeweiligen Inhaber der nach dem Urheberrechtsgesetz gewährten absoluten Rechten. In erster Linie sind dies die Urheber, die Leistungsschutzberechtigten und der ausschließliche Nutzungsrechtsinhaber.[83]

IV. Eingriff / Verletzung

Eine Verletzung oder ein Eingriff fremder Urheberrechte liegt dann vor, wenn sich ein Nutzer Befugnisse, die allein dem Urheber bzw. einem Rechteinhaber

79 Wandtke/Bullinger/*Heerma*, UrhG, § 15, Rn. 1

80 Wandtke/Bullinger/*Heerma*, UrhG, § 15, Rn. 4.

81 Vgl. Spindler/Schuster/*Wiebe*, UrhG, §§ 70 ff. UrhG, Vor. § 70, Rn. 1 f.

82 Vgl. Dreier/Schulze/*Dreier/Specht*, UrhG, § 97, Rn. 8.

83 BeckOK UrhR/Reber UrhG § 97 Rn. 2–5, beck-online

zustehen, anmaßt oder diese ausübt, ohne hierzu dessen Zustimmung zu besitzen oder sonst aufgrund einer Schrankenbestimmung dazu berechtigt zu sein.[84]

1. *Einräumung eines Nutzungsrechts und Verbrauch*

An einem Eingriff fehlt es also *erstens*, wenn der Berechtigte dem jeweiligen Dritten ein Nutzungsrecht mit gegenständlicher Wirkung nach den §§ 31 ff. UrhG eingeräumt hat.[85] Ein Eingriff liegt auch *zweitens* dann nicht vor, wenn das Urheberrecht bzw. das verwandte Leistungsschutzrecht bereits verbraucht ist, weil die Rechtsinhaberschaft des Urhebers insoweit nicht mehr besteht.[86] Die Möglichkeit des Verbrauchs bzw. der Erschöpfung besteht allerdings nur beim Verbreitungsrecht, vgl. § 17 Abs. 2 UrhG.[87] Schließlich liegt *drittens* kein Eingriff vor, wenn sich eine Nutzung im Rahmen der gesetzlichen Erlaubnis hält. Diese ergibt sich neben § 24 UrhG insbesondere aus den Schrankenregelungen, also den §§ 44a ff. UrhG.

Hat das Gesetz das Urheber- bzw. Leistungsschutzrecht mittels einer der Regelungen der §§ 44a ff. oder 87c UrhG eingeschränkt, ist eine Nutzung, die sich im Rahmen der gesetzlichen Erlaubnis hält, kein Eingriff.[88] Vielmehr ergibt sich von Anfang an Inhalt und Umfang des Rechts aus den § 15 ff. UrhG i.V.m. seiner Beschränkung gem. §§ 44a ff.

2. *Die Schranken gem. §§ 44a ff. UrhG*

Das Vorliegen der §§ 44a ff. UrhG beseitigt nach herrschender Auffassung also – anders als eine rechtfertigende Einwilligung – nicht erst die Rechtswidrigkeit eines Eingriffs, sondern schließt einen Eingriff bereits auf Tatbestandsebene aus.[89]

a) *Verfassungsrechtlicher Hintergrund der Schrankenbestimmungen*

Wie das Sacheigentum unterliegt auch das Urheberrecht als Element des geistigen Eigentums der Sozialbindung.[90] Während der Eigentumsbegriff des BGB

---

84 Dreier/Schulze/*Dreier/Specht*, UrhG, § 97 Rn. 3; Spindler/Schuster/*Spindler*, UrhG, § 97, Rn. 13.

85 Wandtke/Bullinger/*v. Wolff*, UrhG § 97 Rn. 30.

86 Schricker/Loewenheim/*Wild*, UrhG, § 97, Rn. 18.

87 Vgl. Schricker/Loewenheim/*Wild*, UrhG, § 97, Rn. 18.

88 Wandtke/Bullinger/*v. Wolff*, UrhG, § 97, Rn. 30.

89 BeckOK UrhR/*Reber*, UrhG, § 97, Rn. 84.

90 Loewenheim/*Götting*, UrhG, § 30, Rn. 1.

durch § 90 BGB i.V.m. § 903 BGB auf körperliche Gegenstände beschränkt worden ist, kennt der verfassungsrechtliche Eigentumsbegriff eine solche Beschränkung nicht.[91] Die von Art. 14 Abs. 1 GG geschützten Rechte im Hinblick auf geistige Leistungen lassen sich unter den Begriff des „geistigen Eigentums" fassen.[92] Mithin folgt die Sozialbindung für die vermögensrechtliche Komponente des Urheberrechts aus Art. 14 Abs. 1 S. 2 GG.[93] Ausfluss der Sozialbindung sind die Schrankenregelungen der §§ 44a ff. UrhG, die zur Wahrung öffentlicher oder auch partikularer Interessen spezieller Gruppen normiert sind.[94] Dem Gesetzgeber kommt bei der Gestaltung des Rechtsrahmens zur Lösung sozialer Konflikte ein weiter Beurteilungsspielraum zu – sog. Einschätzungsprärogative des Gesetzgebers.[95]

aa) Geistiges Eigentum als normgeprägtes Grundrecht

Ein weiter Beurteilungsspielraum besteht in besonderer Weise für das (geistige) Eigentum, das als „normgeprägtes" Grundrecht, wenngleich zwar vorstaatlich schon bestehend, erst vom Gesetzgeber definiert und damit gleichsam „geschaffen" wird.[96]

Dies hat folgenden Hintergrund: Grundrechte zielen funktional darauf ab, bestimmte Besitzstände bzw. Handlungen des Menschen gegen staatlichen Einfluss abzusichern, indem sie staatliche Eingriffe durch Rechtfertigungslasten begrenzen.[97] Die Schutzobjekte sind dabei regelmäßig der Tatsachenwelt entnommen. Art. 14 Abs. 1 GG stellt insoweit eine Ausnahme dar, als sein Schutzobjekt nicht der Tatsachenwelt entnommen werden kann, sondern seinerseits ein Produkt der Rechtsordnung ist.[98] Der Begriff des Eigentums ist sozusagen der Rechtsordnung entnommen und setzt diese voraus. Daraus ergibt sich das Problem, dass das Eigentumsgrundrecht zwar bestimmte Güter schützen soll, dass es das Schutzgut Eigentum aber ohne den Staat überhaupt nicht gäbe, weil es durch ihn erst geschaffen wird.[99] Diese generelle Problematik des Eigentumsschutzes zeigt sich im Bereich des geistigen Eigentums in besonders scharfen Konturen,

91 Jänich, Geistiges Eigentum, S. 183.
92 Jänich, Geistiges Eigentum, S. 183.
93 BVerfGE 31, 270 (272); Loewenheim/*Götting*, UrhG, § 30, Rn. 1
94 Loewenheim/*Götting*, UrhG, § 30, Rn. 1.
95 Vgl. Hufen, Grundrechte, § 9, Rn. 20.
96 BeckOK GG/*Axer*, GG, Art. 14, Rn. 7 f.; Grzeszick, ZUM 2007, 344 (348).
97 Grzeszick, ZUM 2007, 344 (348).
98 Grzeszick, ZUM 2007, 344 (348).
99 BeckOK GG/*Axer*, GG, Art. 14, Rn. 8.

da dieses Konstrukt sich vom sächlichen Substrat nochmals erheblich unterscheidet.[100] Beim Grundeigentum oder beim Eigentum an beweglichen Sachen knüpft der Begriff an ein sachliches Substrat an, welches aus der Natur hervorgeht oder von Menschenhand gemacht, jedenfalls nicht durch die staatliche Rechtsordnung geschaffen wurde. Anders ist dies beim geistigen Eigentum. Erst der Gesetzgeber bringt hier mit einer bestimmten Regelung etwa des Urheberrechts die vermögensrechtliche Position hervor, die dann verfassungsrechtlich geschützt ist.[101]

Das geistige Eigentum wird nicht erst durch Schranken begrenzt, sondern bereits seine rechtliche Ausgestaltung obliegt dem Gesetzgeber. Die Zuordnung des Ergebnisses der geistigen Leistung gilt damit nicht qua Verfassungsrecht in allumfassender Hinsicht.[102] In diesem Sinne weist das BVerfG in seinen Entscheidungen stets darauf hin, dass die inhaltliche Ausprägung des Urheberrechts Sache des Gesetzgebers sei und dass deshalb nicht zwingend jede nur denkbare Verwertungsmöglichkeit verfassungsrechtlich durch Art. 14 Abs. 1 GG gesichert sei.[103]

Gleichwohl dürfen die Ausgestaltung des Urheberrechts sowie die Schrankenziehung nicht völlig frei und willkürlich erfolgen.[104] Es müssen die Grenzen des Grundgesetzes beachtet werden, die sich in erster Linie aus dem Verhältnismäßigkeitsgrundsatz ergeben[105], wonach etwa übermäßige Belastungen verboten sind. Aus dem klaren Wortlaut des Art. 14 Abs. 2 GG und den hier skizzierten Hintergründen folgt der Grundsatz, dass die Lösung des Konflikts zwischen Urheberrecht, in seiner eigentumsrechtlichen Dimension, und gegenläufigen Interessen im Kern dem Gesetzgeber – und nicht der Rechtsprechung – zugewiesen ist. Etwas anderes dürfte aber gelten, wenn die persönlichkeitsrechtliche Dimension des Urheberrechts betroffen ist.

bb) Geistiges Eigentum im einfachen Recht

Das einfache Gesetz enthält keine Definition des Begriffs des „geistigen Eigentums“. Im Gegensatz zu Staaten wie England, den USA und Frankreich, wo das „intellectual property“ bzw. „propriété intellectuelle“ einen anerkannten Rechtsbegriff darstellen, oder der Schweiz, wo das geistige Eigentum auf eine lange Tradition zurückblicken kann, hat der Terminus in Deutschland nur sehr zögerlich

---

100 Vgl. Grzeszick, ZUM 2007, 344 (348).

101 Söllner, FS Traub, S. 367.

102 Grzeszick, ZUM 2007, 344 (348).

103 Grzeszick, ZUM 2007, 344 (348).

104 Vgl auch Söllner, FS Traub, S. 370.

105 BVerfGE 31, 229 (244) – Kirchen- und Schulgebrauch; BVerfGE 49, 382 (394); BVerfGE 50, 290 (388 ff.); Loewenheim/*Götting*, UrhG, § 30, Rn. 1.

zumeist auf Grund europarechtlicher Vorgaben erst in jüngerer Zeit Einzug in die Gesetzessprache gefunden.[106] Die Zurückhaltung gegenüber dem Begriff gründet dabei nicht in verfassungsrechtlichen Erwägungen, da nicht bestritten wird, dass die Eigentumsgarantie des Art. 14 GG privatrechtliche vermögenswerte Rechte aller Couleur erfasst.[107] Kritik löst die Terminologie zum einen wegen ihres nicht unumstrittenen Ideenhintergrunds aus, zum anderen angesichts des Widerspruchs zum zivilrechtlichen Eigentumsbegriff, wie er in § 903 BGB verankert ist und nur ein Eigentumsrecht an Sachen, also an körperlichen Gegenständen (§ 90 BGB) anerkennt.[108] *Hoeren*[109] etwa desavouiert den Begriff des geistigen Eigentums als bloßen „Kampfbegriff der rechtspolitischen Diskussion", *Raue*[110] dagegen verortet die Idee vom geistigen Eigentum als naturrechtlichen Besitzstand im Rahmen der Menschenwürdegarantie.[111] Mangels Definition ist mit Blick auf das jeweilige Fachrecht auszuloten, ob geistiges Eigentum betroffen und gegen welche Formen von Beeinträchtigungen es jeweils geschützt ist.[112] Das Urheberrecht, genauer die Rechte nach dem Urheberrechtsgesetz sowie die gewerblichen Schutzrechte (Patent-, Gebrauchsmuster-, Geschmacksmuster-, Markenrecht, möglicherweise auch Sortenschutzrecht und Halbleiterschutzrecht) sind jedenfalls dem Begriff des „geistiges Eigentum" zuzuordnen.[113]

b) Vier Beschränkungsintensitäten

Es lassen sich vier Intensitätsstufen von Beschränkungen unterscheiden. Als schwerste Form der Beschränkung ist die ersatzlose Aufhebung des ausschließlichen Nutzungsrechts zu nennen, auf Grund derer das Werk zustimmungs- und vergütungsfrei genutzt werden kann, etwa: §§ 44a, 45, 47, 48, 50, 51 UrhG usw. (1. Stufe).[114] Die gesetzliche Lizenz sieht die einwilligungsfreie, jedoch vergütungspflichtige Nutzung des Werkes vor. Sie findet sich etwa in §§ 45a, 46, 47, 49 UrhG usw. (2. Stufe).[115] Auf dritter Stufe ist die Zwangslizenz zu positionieren,

106 Lenski, NordÖR 2006, 89 (90).
107 Vgl. Fechner, Geistiges Eigentum, S. 112 ff.
108 Lenski, NordÖR 2006, 89 (90); Ohly, JZ 2003, 545 (546).
109 Hoeren, NJW 2008, 3099 (3101).
110 Raue, NJW-Editorial, 11/2011.
111 Schnabel, K&R 2011, 626 (626).
112 Ramsauer, AnwBl. 2013, 410 (412).
113 BT-Drs. 15/4493, S. 14; vgl. für das Urheberrecht BVerfGE 31, 229 (239); 77, 236 (270); Schoch, NJW 2009, 2987 (2991).
114 Schricker/Loewenheim/*Melichar*, Vor §§ 44a ff., Rn. 6.
115 Schricker/Loewenheim/*Melichar*, Vor §§ 44a ff., Rn. 6.

die den Urheber zum Abschluss eines Nutzungsvertrages verpflichtet. Schließlich lässt sich als (mildeste) Form des Eingriffs die Verwertungsgesellschaftspflichtigkeit nennen (4. Stufe).[116]

Auf Grund des Verhältnismäßigkeitsgrundsatzes sind Beschränkungen des Ausschließlichkeitsrechts in Gestalt gesetzlicher Lizenzen eher zu rechtfertigen als Beschränkungen durch Schrankenregelungen ohne Vergütungsanspruch. Letztere bedürfen zu ihrer Rechtfertigung eines erhöhten öffentlichen Interesses.[117] Es ist ein zentrales Anliegen der urheberrechtlichen Regelungen, die Belange sämtlicher Beteiligter (Urheber, Rezipienten, Verwerter, überindividuelle Allgemeinheit) in Balance zu bringen. Der Gesetzgeber ist diesbezüglich zu einer umfassenden Güter- und Interessenabwägung angehalten.[118]

c) Rechtspolitische Rechtfertigung der verschiedenen Schranken

Die Schrankenregelungen dienen dem Wohl der Allgemeinheit und verschiedenen öffentlichen Interessen. § 44a UrhG will den „Erfordernissen der Informationsgesellschaft" Rechnung tragen[119], § 45 UrhG dient dem Interesse der Rechtspflege und der öffentlichen Sicherheit, und der vergleichsweise neue § 45a UrhG der Bekämpfung der „Diskriminierung behinderter Menschen".[120] Der Erleichterung des Schulunterrichts sowie den berechtigten Interessen aus den Bereichen Unterricht und Wissenschaft wollen die Regelungen §§ 47, 47, 53 Abs. 3, 52a UrhG Rechnung tragen.

Besondere Beachtung im Rahmen der hiesigen Fragestellungen verdienen die Regelungen der §§ 48, 49 und 50 UrhG. Sie dienen dem Schutz der Meinungs- und *Informationsfreiheit*.[121] Die Gesetzesbegründung spricht indes vom Zweck der „Erleichterung der Berichterstattung"[122], was jedoch zum Teil als zu eng kritisiert wird.[123] Ebenfalls relevant ist die Schranke der Zitatfreiheit gem. § 51 UrhG, welche die „Freiheit des geistigen Schaffens" zu gewährleisten sucht. In § 52 UrhG findet das Interesse der Allgemeinheit am Zugang zu bestimmten privilegierten öffentlichen Wiedergaben Berücksichtigung.[124]

---

116 Schricker/Loewenheim/*Melichar*, Vor §§ 44a ff., Rn. 6.
117 Loewenheim/*Götting*, UrhG, § 30, Rn. 1.
118 Loewenheim/*Götting*, UrhG, , § 30, Rn. 1.
119 Schricker/Loewenheim/*Melichar*, UrhG, Vor §§ 44a ff., Rn. 4, m.w.N.
120 BT-DrucksS 15/38, S. 15.
121 Schricker/Loewenheim/*Melichar*, UrhG, Vor §§ 44a f., Rn. 4.
122 BT-DrucksS IV/270, S. 31.
123 Schricker/Loewenheim/*Melichar*, UrhG, Vor §§ 44a f., Rn. 4.
124 Schricker/Loewenheim/*Melichar*, UrhG, Vor §§ 44a f., Rn. 4.

Das BVerfG hat die verfassungsrechtliche Zulässigkeit der im 6. Kapitel errichteten Schranken wiederholt ausgelotet und einer Kontrolle unterzogen.[125] Mit Ausnahme der Schranke gem. § 49 UrhG (Zeitungsartikel und Rundfunkkommentare), die dem Eingriff der zweiten Intensitätsstufe unterfällt, sind die übrigen hier relevanten Schrankenregelungen solche, die eine ersatzlose Aufhebung des Nutzungsrechts vorsehen. Dies ist der Einsicht geschuldet, dass ein möglichst ungehinderter Informationsfluss, eine weitgehend freie Berichterstattung sowie eine freie Meinungszirkulation von höchster Bedeutung und unabdingbare Voraussetzung für eine liberale und pluralistische Demokratie sind.

d) Abschließender Schrankenkatalog

Während die Verwertungsrechte entwicklungsoffen gestaltet sind[126], mit der Folge, dass neue Nutzungsformen von den Verbotsrechten der Urheber und Verwerter umfasst sein können, ohne dass es der Reformierung durch den Gesetzgeber bedarf, ist der Schrankenkatalog abschließend geregelt.[127] Dieser umfasst eine Reihe an eng gefassten Tatbeständen, bei denen das Eingreifen der Privilegierung zugunsten des Nutzers von der kumulativen Erfüllung zahlreicher Tatbestandsmerkmale abhängt.[128] Zum Teil ist der Anwendungsbereich der Schranken äußerst überschaubar. Man denke nur an die Regelung § 60a Abs. 1 Nr. 1 UrhG, welche nach ihrem Wortlaut bloß die öffentliche Zugänglichmachung zur „Veranschaulichung des Unterrichts und der Lehre“ gestattet. Einen ebenfalls sehr engen Anwendungsbereich besitzt etwa die Regelungen des § 44a Nr. 2 UrhG. Zu Recht wird jener Art der Regelungstechnik vorgeworfen, für keine ausbalancierte Anpassung des Urheberrechts an die Herausforderungen der Wissensgesellschaft sorgen zu können.[129]

e) „Dogma“ der engen Schrankenauslegung[130]

Lange Zeit teilten Rechtsprechung und Literatur die Auffassung, dass Schrankenregelungen als Ausnahmebestimmungen zum urheberrechtlichen Ausschließlichkeitsrecht grundsätzlich eng auszulegen seien.[131] Mithin bestand für

125 Schricker/Loewenheim/*Melichar*, UrhG, Vor §§ 44a f., Rn. 7, m.w.N.

126 Vgl. § 15 Abs. 1 UrhG „insbesondere“.

127 Metzger, Urheberrechtsschranken in der Wissensgesellschaft, S. 25.

128 Vgl. Metzger, Urheberrechtsschranken in der Wissensgesellschaft, S. 10.

129 Vgl. Metzger, Urheberrechtsschranken in der Wissensgesellschaft, S. 12.

130 Instruktiv Findeisen, Die Auslegung urheberrechtlicher Schrankenbestimmungen, 2005 sowie Mizdalski, Zur restriktiven Auslegung der Urheberschranken vor dem Hintergrund von Art. 5 GG, 2011.

131 BGHZ 114, 368 (371) – Liedersammlung; BGHZ 116, 305 (308) – Altenwohnheim; BGH GRUR 1994, 800, (802) – Museumskatalog; BGH GRUR 1994, 45

analoge Auslegungen erst recht kein Raum.[132] Dieser Grundsatz blieb nicht ohne zunehmenden Widerspruch aus der Literatur[133] und auch der BGH selbst sah sich durch diesen nicht daran gehindert, in einer Entscheidung eine Schrankenbestimmung ganz bewusst erweiternd auszulegen[134] und in zwei weiteren eine analoge Anwendung immerhin in Erwägung zu ziehen.[135] In seiner neueren Rechtsprechung bleibt der BGH seinem Grundsatz treu, um eine möglichst weitgehende Beteiligung an den Verwertungserlösen zu gewährleisten.[136] Allerdings ist eine vorsichtige Öffnung der Schrankenbestimmungen für ihre Anwendung auf neue technische Sachverhalte festzustellen.[137] Und das BVerfG schiebt jedenfalls da einer engen Schrankenauslegung einen Riegel vor, wo neben dem Urheberrecht weitere Grundrechtspositionen betroffen sind.[138] Seitdem hat auch der BGH betont, dass bei der Auslegung urheberrechtlicher Schranken die von den jeweiligen Bestimmungen geschützten Interessen zu beachten und ihrem Gewicht entsprechend für die Auslegung der gesetzlichen Regelungen heranzuziehen sind.[139]

Das Dogma der engen Schrankenauslegung wird kontrovers diskutiert.[140] Nicht ohne Bedeutung dürfte der Umstand sein, dass die Schrankenbestimmungen der §§ 44a ff. UrhG abschließend aufgeführt, die Ausschließlichkeitsrechte

---

(47) – Verteileranlage; Schricker/Loewenheim/*Melichar*, UrhG, Vor § 44a, Rn. 21; vgl. Dreier/Schulze/*Dreier*, UrhG, Vor § 44a, Rn. 7; vgl. Darstellung bei Mizdalski, Zur restriktiven Auslegung der Urheberschranken, S. 24.

132 Schricker/Loewenheim/*Melichar*, UrhG, Vor § 44a, Rn. 21.

133 Hoeren GRUR 1997, 866, (869 f.); Löffler NJW 1980, 201 (204); Stieper, GRUR 2014, 1060 (1064).

134 BGH GRUR 1987, 362 (363) – Filmzitat.

135 BGH GRUR 1994, 45 (47) – Verteileranlagen; BGH GRUR 1993, 562 (564) – Zoll- und Finanzschulen.

136 Dreier/Schulze/*Dreier*, UrhG, Vor § 44a, Rn. 7.

137 Vgl. BGH GRUR 2002, 963 ff. – Elektronischer Pressespiegel; BGH GRUR 2008, 245 (246, Tz. 19 f.) – Drucker und Plotter, danach kommt es darauf an, dass der heute in Rede stehende Vorgang „funktional dem entspricht, was der Gesetzgeber seinerzeit als regelungsbedürftig angesehen hat".

138 BVerfG, GRUR 2012, 389 ff. (Tz. 17) – Kunstaustellung im Online-Archiv.

139 BGH GRUR 2002, 963 (966) – Elektronischer Pressespiegel; BGH GRUR 2003, 1035 (1037) – Hundertwasserhaus; BGH GRUR 2005, 670 (671) – Wirtschaftswoche; vgl. Stieper, GRUR 2014, 1060 (1064).

140 Eine fundierte Darstellung, die auch an den hinter den gegensätzlichen Positionen stehenden Denkkonzepten interessiert ist, findet sich bei *Findeisen*, Die Auslegung urheberrechtlicher Schrankenbestimmungen, S. 67 ff.

hingegen als Generalklausel mit Beispielkatalog ausgestaltet sind und sich insoweit offen für technologische Neuerungen und unbenannte Verwertungsformen (Innominatfälle) zeigen.[141] Daraus könnte sich bereits ein Gefälle zwischen Urheberrecht und Schranke ergeben, das erkennen lässt, dass die Schranken als Ausnahmen zum grundsätzlich vorrangigen Urheberrecht zu begreifen seien.[142] Rückendeckung erhält das Dogma der engen Schrankenauslegung zudem von Seiten des Völker- und Unionsrechts. Auch Art. 9 Abs. 2 RBÜ gewährt dem Urheber ausschließliche Rechte, die im Rahmen der RBÜ nur *ausnahmsweise* eingeschränkt werden können.[143] Ferner verlangen Art. 13 TRIPS sowie Art. 5 Abs. 5 Multimedia Richtlinie eine enge Auslegung der gesetzlichen Schrankenauslegung.[144] Der EuGH bestätigt diesen Grundsatz, wonach die Schrankenregelungen als Abweichung vom Erfordernis einer Zustimmung des Inhabers des Urheberrechts für die jeweilige Verwertung eines geschützten Werkes – dem in der Multimedia-Richtlinie aufgestellten allgemeinen Grundsatz – strikt auszulegen seien.[145] Allerdings ist dieser Grundsatz richtigerweise *cum grano* salis zu verstehen[146], weil es der EuGH nicht am Hinweis darauf fehlen lässt, dass die praktische Wirksamkeit einer umrissenen Ausnahme zu wahren und ihre Zielsetzung zu beachten sei.[147] Schließlich – und das ist das stärkste Argument der Verfechter einer engen Schrankenauslegung – sei an Sinn und Zweck des UrhG erinnert, der darin besteht, den Urheber in seinen geistigen und persönlichen Beziehungen zum Werk und in der Nutzung des Werkes zu schützen und ihm zugleich eine angemessene Vergütung für die Nutzung des Werkes zu sichern, § 11 UrhG. Eine allzu großzügige oder gar extensive Auslegung der Schranken

---

141 Dreier/Schulze/*Schulze*, UrhG, § 15, Rn. 12; Wandtke/Bullinger/*Heerma*, UrhG, § 15, Rn. 2; hinsichtlich der Innominatfälle wird jedoch zur Zurückhaltung gemahnt, weil auf diese nicht genannten Verwertungsrechte die bestehenden Schrankenregelungen (§§ 44a ff. UrhG) nicht ohne weiteres anwendbar seien, vgl. Dreier/Schulze/*Schulze*, UrhG, § 15, Rn. 12; Schricker/Loewenheim/*v. Ungern-Sternberg*, UrhG, § 15, Rn. 23.

142 Vgl. Mizdalski, der trotz seines Werbens für die Aufgabe des Dogmas dieses Argument für kaum widerlegbar hält, Mizdalski, Zur restriktiven Auslegung der Urheberschranken, S. 30.

143 Schricker/Loewenheim/*Melichar*, UrhG, Vor §§ 44, Rn. 18.

144 Schricker/Loewenheim/*Melichar*, UrhG, Vor §§ 44, Rn. 18.

145 EuGH GRUR 2009, 1041 ff. – Infopag/DDF; Wandtke/Bullinger/*Lüft*, UrhG, Vor. §§ 44a, Rn. 1.

146 Schricker/Loewenheim/*Melichar*, UrhG, Vor §§ 44a ff., Rn. 20.

147 EuGH GRUR 2012, 166 – Panier/Standard mit Verweis auf EuGH GRUR 2012, 156 – Football Association Premium League u. Murphy.

liefe diesem Zweck zuwider und würde den intendierten Urheberrechtschutz aushöhlen.[148]

Gegen den in Rechtsprechung und Literatur lange Zeit unumstrittenen Grundsatz der engen Schrankenauslegung lässt sich einwenden, dass das allgemeine Paradigma, wonach Ausnahmebestimmungen eng auszulegen seien, um den allgemeinen Grundsatz geringstmöglich einzuschränken, inzwischen von der allgemeinen Rechtslehre aufgegeben worden ist.[149] Zweitens wurde schon unter Geltung dieses Grundsatzes bestritten, dass es sich bei den Schrankenbestimmungen überhaupt um Ausnahmen handelt.[150] Jedenfalls verböte sich eine enge Auslegung von Schranken, soweit sie besonderen verfassungsrechtlich geschützten Positionen Rechnung tragen.[151] Zum Teil wird sogar das Regel-Ausnahme-Verhältnis umgekehrt[152]: Man geht davon aus, dass Ideen bzw. Informationen grundsätzlich frei sind. Erst wenn Auswahl und Zusammenstellung der Informationen überdurchschnittliches Niveau erreichten, entstünden urheberrechtliche Monopolrechte.[153] Insofern stellten jene Monopolrechte eine begründungspflichtige Ausnahme gegenüber einer umfassend verstandenen Informationsfreiheit dar, nach der Informationen für jedermann verfügbar und nutzbar sein sollen.[154] Aus Sicht des BVerfG verbietet sich allerdings die Anwendung einer umgekehrten Regel, wonach die Meinungs- und Pressefreiheit grundsätzlich Vorrang vor dem nach Art. 14 Abs. 1 GG geschützten Urheberrecht habe.[155] Drittens lässt sich anführen, dass nur eine dynamische Handhabung der

---

148 Vgl. Gounalakis, NJW 2007, 36 (37): „Nur als Ausnahmen können Schrankenregelungen Sozialisierungstendenzen vermeiden, die eine Gewährleistung des Urheberrechts als Eigentumsrecht i.S. d. Art. 14 Abs. 1 GG insgesamt in Frage stellen."

149 Vgl. Schricker/Loewenheim/*Melichar*, UrhG, Vor §§ 44a, Rn. 19 m.w.N.

150 Lehre vom Recht der Allgemeinheit und Lehre von der Ubiquität geistiger Werke.

151 Wandtke/Bullinger/*Lüft*, UrhG, Vor. §§ 44a, Rn. 1.

152 Es mehren sich die Stimmen, die für eine weite Auslegung der Schranken plädieren, Raue, FS Nordemann, S. 330; Geiger, GRUR Int. 2004, 815 (821); Kröger, MMR 2002, 18 (20); Hilty, FS Schricker, S. 327; weitere Nachweise in Schricker/Loewenheim/*Melichar*, UrhG, Vor §§ 44a ff., Rn. 19.

153 Kröger, MMR 2002, 18 (20); diese Auffassung knüpft sicherlich an die Lehre vom Recht der Allgemeinheit an, die davon ausgeht, dass die Allgemeinheit am Schaffen des Urhebers mitwirke und daher ein Anrecht habe, dass das neu entstehende Werk zurück in die Allgemeinheit gelangt, vgl. Findeisen, Auslegung urheberrechtlicher Schranken, S. 68.

154 Kröger, MMR 2002, 18 (20); Hoeren, MMR 1999, 409 (413).

155 BVerfG GRUR 2012, 389 ff. – Kunstausstellung im Online-Archiv; vgl. Wandtke/Bullinger/*Lüft*, UrhG, Vor. §§ 44a, Rn. 1.

Schrankenbestimmungen auf neue technologische Entwicklungen in angemessener Weise zu reagieren vermag.[156] Ferner sind Fälle denkbar, in denen sich eine weite Auslegung der Schranken günstiger auf die wirtschaftliche Lage des Urhebers auswirkt als das intransigente Beharren auf dem Dogma der engen Schrankenauslegung.[157]

f) Schrankenbestimmungen im Interesse freier Kommunikation

Bei den §§ 48, 49 und 51 UrhG handelt es sich um die zentralen Schrankenregelungen, die den Interessen der Kommunikationsfreiheit zu dienen bestimmt sind.

aa) § 48 UrhG – Öffentliche Rede

Die Bestimmung gestattet die Vervielfältigung, Verbreitung und öffentliche Wiedergabe von Reden. Sie dient der Pressefreiheit sowie dem Interesse der Allgemeinheit an schneller Berichterstattung.[158] Die Norm soll den freien, öffentlichen und individuellen Meinungsbildungs- und Kommunikationsprozess u.a. durch die Medien fördern.[159] Die Regelung will ermöglichen, dass die Allgemeinheit über zum öffentlichen Leben gehörende, an die Öffentlichkeit gerichtete und in ihr wirkende Geisteserzeugnisse (eben die öffentlichen Reden) hinreichend informiert werden kann.[160]

Nach § 48 Abs. 1 Nr. 1 UrhG wird das Urheberrecht zunächst an Reden über Tagesfragen eingeschränkt, die bei öffentlichen Versammlungen oder im Rundfunk gehalten worden sind.[161] Tagesfragen sind aktuelle Ereignisse, die kurz vor der Rede stattgefunden haben.[162] Die Rede ist öffentlich, wenn die Allgemeinheit grundsätzlich Zugang hat.[163] Unschädlich für das Merkmal der Öffentlichkeit sind Beschränkungen aufgrund räumlicher Gegebenheiten oder die Ausgabe

---

156 Vgl. Kröger, MMR 2002, 18 (18), der die Rechtsprechung des BGH (etwa im Falle Grundig [BGHZ 17, 266 ff.]) kritisiert, derzufolge der mit einer Ausnahmebestimmung verfolgte Zweck „nur aus der tatsächlichen und rechtlichen Lage, die der Gesetzgeber bei Erlass dieser Bestimmung vorfand", entnommen werden dürfe. Damit werde die technologische Entwicklung aus der Interpretation ausgeklammert.

157 BGH ZUM 2002, 740 (743) – Elektronischer Pressespiegel.

158 BeckOK UrhR/*Engels*, UrhG § 48, Rn. 1; Dreier/Schulze/*Dreier*, UrhG, § 48, Rn. 1.

159 BeckOK UrhR/*Engels*, UrhG § 48, Rn. 1–1.1; vgl. Rehbinder UFITA 48 (1966), 102 (111).

160 BeckOK UrhR/*Engels*, UrhG, § 48, Rn. 1–1.1.

161 Dreier/Schulze/*Dreier*, UrhG, § 48, Rn. 3.

162 Wandtke/Bullinger/*Lüft*, UrhG, § 48, Rn. 2.

163 Wandtke/Bullinger/*Lüft*, UrhG, § 48, Rn. 3.

von Eintrittskarte.[164] Schließlich können auch Tagesfragen betreffende Reden, wenn sie im Wege des § 19a UrhG und § 20 UrhG der Öffentlichkeit zugänglich gemacht worden sind, verwendet werden.[165]

Die Vorschrift enthält erkennbar Einlassstellen für richterliche Wertung. Die Tatbestandsmerkmale in § 48 Abs. 1 Nr. 1 UrhG: Reden „über Tagesfragen", „sonstige Datenträger, die im Wesentlichen den Tagesinteressen Rechnung tragen" sowie Sammlung [166] sind in besonderer Weise auslegungsbedürftig und auslegungsfähig. Die Abwägungsspielräume für die Gerichte sind im Ganzen jedoch eher gering und für Gesichtspunkte wie geringe Schöpfungshöhe bei gleichzeitig hohem Informationswert nicht zugänglich.

bb) § 49 UrhG – Zeitungsartikel und Rundfunkkommentare

Betrachtet man § 49 UrhG, gelangt man zu einem ähnlichen Befund. Gem. § 49 UrhG ist es zulässig, einzelne Rundfunkkommentare sowie einzelne Artikel aus Zeitungen und anderen lediglich Tagesinteressen dienenden Informationsblättern zu vervielfältigen, zu verbreiten und öffentlich wiederzugeben.

Überwiegend wird sowohl hinsichtlich der Zeitungen wie auch der anderen Informationsblätter einschränkend verlangt, dass diese nicht nur veröffentlicht i.S.d. § 6 Abs. 1 UrhG, sondern auch nach § 6 Abs. 2 UrhG erschienen, also an die Öffentlichkeit gerichtet sein müssen.[167] Begründet wird dies mit dem „free flow of information", dem freien Informationsfluss, dessen Schutz § 49 UrhG beabsichtigt und der im Falle von nicht erschienenen Zeitungen noch gar nicht entsprungen sei.[168] In diese Richtung geht auch die Gesetzesbegründung, für die es von „erheblicher Bedeutung" ist, dass andere Blätter die bereits erschienenen Artikel aufgreifen können, um sie zu erörtern, zu stützen oder zu widerlegen.[169]

---

164 Wandtke/Bullinger/*Lüft*, UrhG, § 48 Rn. 3.

165 Wandtke/Bullinger/*Lüft*, UrhG, § 48 Rn. 3.

166 Hierzu etwa werden verschiedene Ansätze vertreten. Zum einen wird vertreten, Abs. 2 eingreifen zu lassen, wenn mehr als 50 % des Sammelwerks bezogen auf die Anzahl der Seiten auf Reden eines einzigen Urhebers entfällt. Die Gegenauffassung sieht „überwiegend" als erfüllt an, wenn die Sammlung das Hauptgewicht, den Schwerpunkt auf die Reden eines Autors legt, mag dieser auch nur bei einem Anteil von 30 Prozent liegen (alle anderen Autoren diesen Wert jedoch deutlich unterschreiten), vgl. Schricker/Loewenheim/*Melichar*, UrhG, § 48, Rn. 15.

167 Loewenheim/*Götting*, UrhG, § 31, Rn. 130.

168 Loewenheim/*Götting*, UrhG, § 31, Rn. 130.

169 Amtl. Begr. Drucks. IV / 270, S. 66.

Einlassstellen für richterliche Wertung und Abwägung bilden hier die Tatbestandsmerkmale „einzelner“ und „Tagesinteressen dienende Informationsblätter dieser Art“, insbesondere hinsichtlich der Frage, ob auch Monatsperiodika erfasst und ob diese erschienen sein müssen. Schließlich bieten sich im Merkmal „vermischte Nachrichten tatsächlichen Inhalts“ i.S.d. § 49 Abs. 2 UrhG Anknüpfungspunkte für einer an den Umständen des Einzelfalls orientierten Begriffsauslegung.[170] Gleichwohl ist § 49 UrhG nur auf einen schmalen Lebenssachverhalt anwendbar und eröffnet bloß geringfügige Spielräume für die Gerichte.

cc) § 51 UrhG – Zitat

§ 51 UrhG gestattet das Zitieren aus fremden geschützten und veröffentlichten Werken. Es ist zu den darin genannten Zwecken und im jeweils erlaubten Umfang zustimmungs- und vergütungsfrei zulässig.[171] Diese Privilegierung dient im Kern dem Allgemeininteresse der freien geistigen Auseinandersetzung.[172] Sie wird ferner als Beschränkung zu Gunsten von Wissenschaft und Kunst eingeordnet.[173] Ihr Telos ist weit zu fassen und liegt in der freien geistigen Auseinandersetzung an Dialog, Kritik und kultureller Entwicklung, in der Begünstigung der „kulturellen Entwicklung im weitesten Sinne“[174] im „Interesse an der geistigen Kommunikation“[175]. Das Zitatrecht betrifft die „produktive Interdependenz“ ohne Forderung nach einem bestimmten Schaffensbereich.[176] Die Regelung (§ 51 UrhG) erfuhr eine erhebliche Änderung durch das zweite Gesetz zur Regelung des Urheberrechts in der Informationsgesellschaft vom 26.10.2007.[177] Das Zitatrecht wurde von einem abschließenden kasuistischen Katalog in eine Generalklausel mit reinen Beispielsangaben („insbesondere“) umgewandelt. Die Regelbeispiele decken sich weitgehend mit dem früheren Gesetzeswortlaut,

170 Hier wird nämlich diskutiert, ob die Schranke nur deklaratorische Bedeutung besitzt.

171 Dreier/Schulze/*Dreier*, UrhG, § 51, Rn. 1.

172 BGH GRUR 1973, 216 (217) – Handbuch moderner Zitate; BGH GRUR 1986, 59 (60) – Geistchristentum; Dreier/Schulze/*Dreier*, UrhG, § 51, Rn. 1; Schricker/Loewenheim/*Schricker/Spindler*, UrhG, § 51, Rn. 6; BeckOK UrhG/*Schulz*, UrhG, § 51, Rn. 1; Fromm/Nordemann/*Dustmann*, UrhG, § 51, Rn. 1; Loewenheim/*Götting*, UrhG, § 31, Rn. 151.

173 Schricker/Loewenheim/*Schricker/Spindler*, UrhG, § 51, Rn. 6.

174 BGHZ 28, 234 (242) – Verkehrskinderlied.

175 BGH GRUR 1987, 362 ff. – Filmzitat.

176 Schricker/Loewenheim/*Schricker/Spindler*, UrhG, § 51, Rn. 6; Krause-Ablaß GRUR 1962, 231 (231).

177 BGBBl. I S. 2513.

womit klargestellt ist, dass die bisher zulässigen Zitate auch weiterhin zulässig sein sollten.[178] Seit Einführung der Generalklausel ist die analoge Anwendung des § 51 S. 2 Nr. 2 UrhG auf große Kleinzitate wie auf Kunstzitate obsolet, da derartige Nutzungen nun zwanglos unter § 51 S. 1 UrhG zu fassen sind.[179] Insbesondere ist das Filmzitat sowie das Zitat in Multimediawerken gem. § 51 S. 1 UrhG zulässig.[180]

Die Übernahme eines Werkes oder von Werkteilen ist nur im Rahmen des durch den Zitatzweck vorgegebenen Umfangs zulässig.[181] Hierzu müssen Zitatzweck, Inhalt und Umfang des entlehnten Werkes oder Werkteils sowie Inhalt und Umfang des zitierenden Werks im Einzelfall beurteilt werden.[182] Die Rechtsprechung verlangt damit, dass die genaue Bestimmung der Grenzen des zulässigen Umfangs von einer umfassenden Abwägung aller Umstände des jeweiligen Einzelfalles, insbesondere des Zitatzwecks, der Besonderheiten sowie des Umfangs des zitierten und des zitierenden Werkes[183] sowie der Art der Zugänglichmachung[184] abhängen soll.[185] Demgemäß verbietet sich die Anwendung arithmetischer Maßstäbe bei der Umfangsbestimmung, weil die Art des Verhältnisses von zitiertem zu zitierendem Werk zu vielgestaltig sei.[186]

Der zulässige Umfang des Zitats ist also einzelfallabhängig und dynamisch zu bestimmen – einschließlich dessen Unter- und Obergrenze. Die Untergrenze betrifft das „Ob" des Zitats: Das Zitat ist nicht erst dann zulässig, wenn es „zwingend erforderlich" ist.[187] Ausreichend ist bereits, dass eine nach Natur der Dinge und nach Maßgabe aller Umstände unter Berücksichtigung der Üblichkeit vernünftige, sachgerechte Wahrnehmung des Zitatrechts vorliegt.[188] Hinsichtlich der Obergrenze gilt, dass der Umfang eines Zitats nicht ein derartiges Maß

---

178 Schricker/Loewenheim/*Schricker/Spindler*, UrhG, § 51, Rn. 2; Begr.RegE BT-Drucks. 16/1828, S. 25; Dreier/Schulze/*Dreier*, UrhG, § 51, Rn. 2.

179 Schricker/Loewenheim/*Schricker/Spindler*, UrhG, § 51, Rn. 45.

180 Schricker/Loewenheim/*Schricker/Spindler*, UrhG, § 51, Rn. 51.

181 Dreier/Schulze/*Dreier*, UrhG, § 51, Rn. 5.

182 BGH GRUR 1986, 59 (60) – Geistchristentum.

183 BGH GRUR 1986, 59 (60) – Geistchristentum.

184 LG München I GRUR-RR 2006, 7 (8) – Karl Valentin („Abwägung der widerstreitenden Interessen").

185 Dreier/Schulze/*Dreier*, UrhG, § 51, Rn. 5.

186 BeckOK UrhR/*Schulz*, UrhG, § 51, Rn. 14; Fromm/Nordemann/*Dustmann*, UrhG, § 51, Rn. 18.

187 Schricker/Loewenheim/*Schricker*, UrhG, § 51, Rn. 19

188 Schricker/Loewenheim/*Schricker*, UrhG, § 51, Rn. 19 m.w.N.; LG Frankfurt AfP 1995, 687 (688).

überschreiten darf, dass die Verwertung des Werks an sich durch den Urheber unzumutbar beeinträchtigt wird.[189] Rücksicht zu nehmen sind insoweit sowohl auf ideelle wie auf die materiellen Interessen des Urhebers. Im Hinblick auf die erstgenannten, indem man respektiert, dass es dem Urheber grundsätzlich zu bestimmen obliegt, welche seiner Werke in andere Werke aufgenommen werden. Letztere sind gewahrt, solange die Übernahme nicht dazu führt, dass die Werke des Urhebers vom Verkehr nicht mehr erworben werden, da das zitierende Werk an deren Stelle tritt.[190] Angesprochen ist damit das Problem der „Substitutionskonkurrenz", also die Frage, inwieweit das Zitat das Aufgreifen der Originalquelle entbehrlich macht. Eine solche würde zugleich eine unzumutbare Beeinträchtigung im obigen Sinne darstellen und wäre demnach unzulässig.

Neben diesem ungeschriebenen Korrektiv ist noch die weitere „Schranken-Schranke" zu beachten, wonach die Nutzung anständigen Gepflogenheiten zu entsprechen habe. Auf deren Fixierung wurde verzichtet, weil sie gemäß der zu Grunde liegenden InfoSoc-RL. 2001/29/EG (Art. 5 III d) und gem. Art. 10 Abs. 1 RBÜ im Zuge richtlinien- und konventionskonformer Auslegung zu gelten habe. In Deutschland sind demnach die deutschen anständigen Zitatgebräuche zu respektieren.[191]

Nicht nur die Generalklausel, schon der Katalog der Regelbeispiele enthält der Wertung zugängliche Elemente. Die Tatbestandsmerkmale, „einzelne" Werke (Nr. 1); zur „Erläuterung"; „Stellen eines Werkes" (Nr. 2) sowie „einzelne Stellen" (Nr. 3) sind in besonderer Weise auslegungsbedürftig und auch auslegungsfähig. Sie bieten Einlass für eine Interessenabwägung unter Berücksichtigung der Umstände des Einzelfalles.[192]

dd) Fazit

Die urheberrechtlichen Schrankenregelungen, die dem Interesse an freier Kommunikation und an einem ungehinderten Informationsfluss dienen, regeln fragmentarisch eng umrissene Tatbestände und Lebenssachverhalte. Sie sind gleichwohl keine ganz „starren" Normen. Vielmehr enthalten sie auslegungsfähige Tatbestandsmerkmale. Die Gerichte sind vom Gesetzgeber also im Rahmen der Auslegung zu einer Abwägung der widerstreitenden Interessen ermächtigt.

---

189 BGH GRUR 1986 59 (60) – Geistchristentum; BGHZ 50, 147 (153) – Kandinsky I.

190 Wandtke/Bullinger/*Lüft*, UrhG, § 51, Rn. 7.

191 Schricker/Loewenheim/*Schricker/Spindler*, UrhG, § 51, Rn. 24a; es dürfte wohl nicht sonderlich überraschend sein, dass jene Vorgaben von Seiten der Literatur kritisiert und als „Leerformeln" und hohle Phrasen bezeichnet werden.

192 Schricker/Loewenheim/*Schricker/Spindler*, UrhG, § 51, Rn. 24.

Dies gilt in besonderer Weise für die Zitatschranke. Von einer vorweggenommenen und abschließenden Abwägung durch den Gesetzgeber kann insoweit nicht die Rede sein. Andererseits sind die jeweiligen Tatbestandsmerkmale nicht weit genug und der Anwendungsbereich der §§ 48, 49, 51 UrhG zu eingeschränkt, als dass sie die für das Verhältnis von Urheberrecht und Kommunikationsfreiheiten wichtigen Besonderheiten berücksichtigen könnten. Denn sie differenzieren nicht nach der jeweiligen schöpferischen Höhe, der wirtschaftlichen Verwertbarkeit sowie dem öffentlichen Interesse. Für § 51 UrhG gilt diese Kritik nur eingeschränkt.

Gleichwohl ist den Regelungen gemeinsam, dass sie veröffentliche Werke voraussetzen. Sie sind nicht anwendbar auf Schöpfungen, welche die interne Sphäre nicht verlassen haben und noch nicht öffentlich sind. § 12 Abs. 1 UrhG lässt seinem Wortlaut nach keinen Raum für flexibles und einzelfallgerechtes Entscheiden, obschon hiernach ein Bedürfnis besteht. Eine Auffassung jedoch, die § 12 Abs. 1 für „sakrosankt" erklärt und das Erstveröffentlichungsrecht für unantastbar hält, verkennt die hohe Bedeutung der Meinungsfreiheit und die spezielle Dogmatik des Art. 5 Abs. 1, 2 GG.

V. Widerrechtlichkeit

Die Ansprüche aus den §§ 97 ff. UrhG verlangen, dass das Urheberrecht widerrechtlich verletzt sein muss. Für die Bestimmung der Widerrechtlichkeit gilt das deutsche Recht und die allgemeinen Regeln.[193] Nach überwiegender Meinung indiziert die Tatbestandsmäßigkeit die Rechtswidrigkeit.[194] Dem liegt die Auffassung zu Grunde, dass die Nutzung eines durch das Urheberrechtsgesetz geschützten Gutes ausschließlich dem Berechtigten gebührt, es sei denn dieser oder das Gesetz gestatten sie.[195] Soweit die Rechtsverletzung in einem Unterlassen besteht, ist sie nur bei einer entsprechenden Handlungspflicht widerrechtlich.[196] Ein Bewusstsein hinsichtlich der Rechtswidrigkeit bedarf es nicht.[197] Keine Widerrechtlichkeit besteht, wenn Rechtsfertigungsgründe vorliegen. Wer sich auf einen Rechtfertigungsgrund beruft, muss ihn beweisen.[198] Der

---

193 Schricker/Loewenheim/*Wild*, UrhG, § 97, Rn, 19, 26.

194 Dreier/Schulze/*Dreier/Specht*, UrhG, § 97, Rn. 14; Wandtke/Bullinger/*v. Wolff*, UrhG, § 97, Rn. 31.

195 So Spindler/Schuster/*Spindler*, UrhG, § 97, Rn. 24.

196 Dreier/Schulze/*Dreier/Specht*, UrhG, § 97, Rn. 14; Schricker/Loewenheim/*Wild*, UrhG, § 97, Rn. 26.

197 Dreier/Schulze/*Dreier/Specht*, UrhG, § 97, Rn. 14.

198 Schricker/Loewenheim/*Wild*, UrhG, § 97, Rn. 26.

bedeutendste ist die Einwilligung in die Verwertung, insbesondere in Gestalt der konkludenten Einwilligung, die vor allem für Internetsachverhalte eine wichtige Rolle spielt.[199]

Die Einwilligung wird zum Teil als „Notventil" betrachtet, mit dessen Hilfe die mangelnde Flexibilität der Schranken ausgeglichen wird.[200] Die Einwilligung galt als Ausgangspunkt für die urheberrechtliche Bewältigung von Hyperlinks, insbesondere von „Deeplinks" in der BGH-Entscheidung „Paperboy"[201] und von „Framing"-Technologien in der Entscheidung „Roche Lexikon Medizin" des OLG Hamburg.[202] Der Rückgriff auf die Einwilligung erscheint Gerichten deshalb so attraktiv, weil der Rechtfertigungsgrund sie von den Restriktionen der §§ 44a ff. UrhG befreit.[203]

Neben der Einwilligung kommen als Rechtsfertigungsgründe in Betracht die Genehmigung, die einfache schuldrechtliche Gestattung, das Schikaneverbot (§ 226 BGB), Notwehr (§ 227 BGB), Notstand (§§ 228, 904 BGB), die erlaubte Selbsthilfe (§§ 229 ff. BGB) sowie der übergesetzliche Notstand.[204] Das Vorliegen eines Rechtsfertigungsgrundes führt zu dem Ergebnis, dass dem Berechtigten kein Anspruch auf Beseitigung oder Unterlassung gegen den Dritten zusteht. Die Rechtsordnung erkennt zwar einen Eingriff bzw. eine Verletzung in die berechtigten Interessen des Rechtsinhabers an, mutet ihm allerdings zu, den Eingriff hinzunehmen und versagt ihm den Anspruch auf Beseitigung und Unterlassung.

Diese Rechtsfolge müsste auch für die eingangs skizzierten Konstellationen greifen, die insbesondere dadurch charakterisiert sind, dass die in Rede stehenden Werke von eher geringer Schöpfungshöhe, jedoch von hohem öffentlichen Interesse sind und/oder an deren Verwertung ein geringes wirtschaftliches Interesse besteht. In diesen Fällen wird das Interesse an einer ungehinderten Meinungsäußerung das urheberrechtliche Interesse übersteigen. Hier greifen jedoch bislang weder die Schranken der §§ 44a ff. UrhG noch sind die aufgeführten Rechtfertigungsgründe einschlägig. Zwar wird immer wieder im Schrifttum diskutiert und von den Gerichten in Erwägung gezogen, Kollisionsfälle zwischen Meinungsfreiheit und Urheberrecht über das dem Strafrecht entlehnte Institut

---

199 Schricker/Loewenheim/*Wild*, UrhG, § 97, Rn 19; vgl. insbes. Spindler/Schuster/*Spindler*, § 97, Rn. 24.

200 Vgl. Metzger, Urheberrechtsschranken in der Wissensgesellschaft, S. 17.

201 BGH GRUR 2003, 958 ff. – Paperboy.

202 OLG Hamburg GRUR 2001, 831ff. – Roche Lexikon Medizin.

203 Vgl. Metzger, Urheberrechtsschranken in der Wissensgesellschaft, S. 17.

204 Dreier/Schulze/*Dreier/Specht*, UrhG, § 97, Rn. 14.

des übergesetzlichen Notstands zu lösen.[205] Dieses stellt im Kern eine Verhältnismäßigkeitsprüfung dar, wie sie auch nach hiesiger Auffassung vertreten wird. Eingriffe in das Urheberrecht sind danach allerdings nur bei einem krassen Missverhältnis zu Lasten der Meinungsfreiheit zulässig. Das für das Strafrecht entwickelte Institut des übergesetzlichen Notstands wurde inzwischen als rechtfertigender Notstand in § 34 StGB sowie in § 16 OWiG kodifiziert.[206] Für das Eigentum und eigentumsähnliche Rechte sind jedoch richtigerweise die bürgerlich-rechtlichen Spezialregeln der §§ 228, 904 BGB vorrangig zu prüfen. Der in den hiesigen Streitfällen allein in Betracht kommende § 904 BGB ist indes – ebenso wie § 34 StGB und § 16 OWiG – nur unter sehr engen Voraussetzungen einschlägig. Der Einsatz von Rechtfertigungsgründen wird jedoch der besonderen Problemlage und dem dahinterstehenden verfassungsrechtlichen Konflikt nicht gerecht. Der speziellen Dogmatik des Art. 5 GG und des Art. 10 EMRK wird durch deren Einsatz nicht hinreichend Rechnung getragen. Dies kann nur eine Interessenabwägung auf Basis einer ungeschriebenen „Schranke hinter den Schranken" leisten.

205 Vgl. LG Berlin, GRUR 1992, 207 (210) – Maifeiern; KG Berlin NJW 1995, 3392 (3394) – Botho Strauß; kritisch Schricker/Loewenheim/*Wild*, UrhG, § 97, Rn, 20; kritisch auch Fromm/Nordemann/*Jan Bernd Nordemann*, UrhG, § 97, Rn. 23; dagegen auch: Schack, FS für Schricker, S. 516 f, weil dies nur einen terminologischen Unterschied, nicht jedoch einen in der Sache mache.

206 So BGH ZUM 2003, 777 (779) – Gies-Adler.

2. Kapitel: Bedürfnis und Rechtfertigung einer unbenannten „Schranke hinter den Schranken“ Need and justification of “balancing the interests” beyond the limiting provisions given by statutory law

Abstract: The Federal Court of Justice (BGH) holds in its "Gies-Adler"-decision that the process of balancing the interests of the copyright holders on the one hand and the interests of free speech and public interest on the other hand must be located within the limiting provisions, §§ 44a et seqq. Copyright Act. The Court refuses expressively to conduct this process beyond these limiting provisions.

This positivistic concept requires contradiction: Cases such as "Ergo vs. Handelsblatt" or "Günther Grass vs. FAZ" based on the conflict of free speech and copyright law reveal significantly the need for a different approach. In these cases, third-party use is prevented under the provision of copyright rules by the particular copyright holder. Thereby, relevant aspects such as legitimate information interests, creative level of the work, rights of privacy and publicity are not taken in consideration appropriately.

Therefore, civil courts shall be entitled to balance important factors within the required legal element "unlawful" ("widerrechtlich", § 97 (1) Copyright Act). This is based on good reasons. It is legitimate to treat cases involving non-economic interests in the same way courts traditionally treat cases involving the right of privacy – by conducting an open and universal process of balancing the interests involved.

Beside this consonance with the right of privacy, this approach (universal limiting provision behind the given limiting provisions of the §§ 44a et seqq. Copyright Act) is derived from several highest court decisions supporting the idea of balancing, such as "Lila Postkarte" (BGH GRUR 2005, 583 (583)), "Störerhaftung des Access-Providers" (BGH GRUR 2016, 268 ff.) and many more.

Unlike the closed system the process of balancing the interests beyond the statutory law's limiting provisions proposed here respects the constitutional provisions, especially Art. 5 and Art. 20 (3) Basic Law and in particular the specific dogmatic related to Art. 5 (2) Basic Law referred to "Wechselwirkungslehre".

Finally, balancing the interests beyond the limiting provisions stands in a line with the European Convention on Human Rights and the European Court's of Human Rights influential decision "Ashby Donald vs. France" from 2013. As the Basic Law is open the international public law, German civil courts have the duty to take this decision into account. Hence, the factor "matter of public interest" must be a key factor in solving the question whether a third-party use is a violation of copyright or whether it is an admissible usage.

Neben den geschriebenen Schranken der §§ 44a ff. UrhG gibt es nach überwiegender Auffassung in Rechtsprechung und Literatur keine weiteren Schranken. Die Frage der Zulässigkeit einer Veröffentlichung durch eine vom Rechteinhaber verschiedene Person bestimmt sich damit grundsätzlich abschließend anhand der Regelungen zum Vorliegen eines Werks i.S.d. § 2 Abs. 1 UrhG, zum Erstveröffentlichungsrecht gem. § 12 Abs. 1 UrhG, der Verwertungsrechte gem. §§ 15 ff. UrhG sowie der gesetzlichen Schrankenregelungen gem. §§ 44a ff. UrhG. Dem Tatbestandsmerkmal „widerrechtlich" gem. § 97 Abs. 1 UrhG kommt regelmäßig keine eigenständige Bedeutung zu. Dieser Praxis ist zu widersprechen.

A. Praktisches Bedürfnis nach einer nachgeschalteten Interessenabwägung auf Basis einer „Schranke hinter den Schranken"

Die hergebrachte Anwendung der einschlägigen Bestimmungen kann zu unbefriedigenden und korrekturbedürftigen Ergebnisses führen. Sie ist zudem der Gefahr des Missbrauchs dergestalt ausgesetzt, dass Urheberrechtsinhaber unter Berufung auf §§ 12, 15 ff. UrhG unliebsame Äußerungen zu unterdrücken versuchen. Dies wird an den im Folgenden vorgestellten Fällen deutlich.

I. LG Köln – „Ergo vs. Handelsblatt"[207]

Der Fall „Ergo" betrifft die Berichterstattung des Handelsblatts über die Lustreisen der Ergo-Tochter „HMI" sowie die innerbetriebliche Aufarbeitung dieser die Reputation des Unternehmens erschütternden Sachverhalte. Verdiente Betriebsmitarbeiter wurden von „HMI" zu einer Belohnungsreise mit Prostituierten nach Budapest eingeladen. Darüber hatte das Handelsblatt berichtet. Die Konzernrevision der „Ergo" sah sich daraufhin veranlasst, für den Vorstand einen vertraulichen Bericht über jene Vorgänge zu erstellen, woraufhin das Handelsblatt neuerlich über die Incentive-Reise sowie über die interne Prüfung berichtete. Hierzu stellten Redakteure der Zeitung den ihnen vorliegenden Untersuchungsbericht der Ergo nahezu vollumfänglich online. Dies wurde der Wirtschaftszeitung jedoch per einstweiliger Verfügung gem. § 97 Abs. 1 UrhG verboten. Das LG Köln erkannte darin einen Verstoß gegen das urheberrechtliche Erstveröffentlichungsrecht gem. § 12 Abs. 1 UrhG der Revisionsmitarbeiter.

---

207 LG Köln 29.8.2012 – 14O 396/12; vgl. Nieland, K&R 2013, 285 (285).

Hierbei wird schnell ein Problem deutlich. Es kann davon ausgegangen werden, dass der Unterlassungsantrag seitens „Ergo" zum Schutze der Reputation und Selbstdarstellung der Versicherung gestellt wurde, nicht jedoch um den Revisionsbericht urheberrechtlich zu verwerten. Von der Schutzrichtung wäre also eigentlich eine Berufung auf das Unternehmenspersönlichkeitsrecht mit dem Vortrag statthaft gewesen, dass die Veröffentlichung des Revisionsberichts einen Eingriff in den eingerichteten und ausgeübten Gewerbebetrieb darstellt. Bei der hierbei anzuwendenden Anspruchsgrundlage §§ 823 Abs. 1, 1004 Abs. 1 S. 2 BGB i.V.m. Art. 2 Abs. 1, 19 Abs. 3 GG käme es auf der Ebene der Rechtswidrigkeit zu einer Interessen- und Güterabwägung. Der Aspekt der rechtswidrigen Erlangung des Materials und die Intensität des Eingriffs könnten dabei berücksichtigt werden und im Rahmen einer Abwägung dem Grad des öffentlichen Interesses gegenübergestellt werden. Die für das Äußerungsrecht charakteristische Abwägung wird allerdings dadurch unterlaufen, dass § 97 Abs. 1 UrhG als Anspruchsgrundlage herangezogen wird. Die Zulässigkeit der Veröffentlichung hängt nunmehr davon ab, ob, das „geleakte" Material *zufällig* urheberrechtsfähig ist. Maßgeblich müsste vielmehr sein, ob es rechtmäßig gewonnen wurde oder ob die vollständige Wiedergabe einen für die Öffentlichkeit derart außergewöhnlich hohen Informationswert besitzt, dass man es ihr nicht vorenthalten darf. Das Urheberrecht läuft auf diese Weise Gefahr zum Zweck der „Zensur" einer unliebsamen Berichterstattung missbraucht zu werden.[208]

II. OLG Hamburg – „Berufungsschrift"[209]

Auch am Fall „Berufungsschrift" wird deutlich, dass eine herkömmliche Anwendung der urheberrechtlichen Bestimmungen ohne Rückgriff auf eine „Schranke hinter den Schranken" zu unbefriedigenden Ergebnissen führen würde.

Der Bundesbeauftrage für die Unterlagen des Staatssicherheitsdienstes der ehemaligen DDR ließ im Mai 1998 das von Clemens Vollnhals verfasste Buch „Der Fall Havemann – Ein Lehrstück politischer Justiz" im Ch. Links Verlag veröffentlichen. In diesem Buch finden sich zahlreiche Originaldokumente, darunter der Abdruck einer Berufungsbegründungsschrift vom 01.07.1979 gegen das Urteil des KreisG Fürstenfelde (S. 276–286 des Buches). Die Berufungsschrift besitzt zeitgeschichtlichen Wert und weist den Anwalt Havemanns zudem als juristischen Könner aus.

208 Vgl. Nieland, K&R 2013, 285 (285).
209 OLG Hamburg, Urteil vom 29.7.1999, 3 U 34/99, NJW 1999, 3343 ff.

Bei herkömmlicher Anwendung der einschlägigen Bestimmungen könnte der Rechteinhaber, gestützt auf einen Unterlassungsanspruch, die Veröffentlichung gem. §§ 97 Abs. 1, 12, 15 UrhG verbieten. Der Autor ist aktivlegitimiert, der streitgegenständliche Schriftsatz stellt ein Werk i.S.d. § 2 Abs. 1 UrhG dar und Schrankenregelungen greifen vorliegend nicht. § 45 UrhG passt nicht, weil die Berufungsschrift bei der Nutzung durch den Links Verlag nicht zum Verfahren vor einem Gericht eingesetzt wird. Im Übrigen handelt es sich bei der Berufungsschrift auch nicht um von Anfang an urheberrechtsfreie amtliche Werke i.S.d. § 5 UrhG. § 46 UrhG ist nicht einschlägig, da diese Regelung bloß die Verwendung von Teilen von Werken und diese auch nur für den Unterrichtsgebrauch in Schulen und ähnlichen Einrichtungen gestattet. Auch wird § 51 UrhG nicht greifen, da ein vollständiger Abdruck kaum noch als „Aus-schnitt", als Zitat betrachtet werden kann. Ferner setzt § 51 UrhG voraus, dass das Werk bereits veröffentlicht ist. Dies ist hier jedoch in Zweifel zu ziehen, da die Berufungsschrift lediglich den am Prozess Beteiligten, einem von der Allgemeinheit abgrenzbaren Personenkreis, zugänglich gemacht worden ist. Demnach wäre eine Anwendung des Schrankenkatalogs, §§ 44a ff. UrhG gar nicht zulässig.

Problematisch an diesem Ergebnis wäre allerdings, dass berücksichtigungswürdige Belange, wie die geringe urheberrechtlich Verwertungsmöglichkeit, der hohe Informationswert der Berufungsschrift bzw. die historisch-pädagogische Funktion der Veröffentlichung, überhaupt nicht in die Entscheidungsfindung einbezogen würden.

Insoweit ist die Entscheidung des OLG Hamburg sehr zu begrüßen. Es gelangte infolge einer „Güterabwägung" zu dem Ergebnis, dass die Veröffentlichung nicht rechtswidrig gewesen sei und kein Verstoß gegen §§ 12, 15 UrhG vorgelegen hätte.[210] Meinungs- und Informationsfreiheit müssten nämlich vorgehen, wenn eine Abwägung ergebe, dass schützenswerte Belange des Urheberrechtsinhabers nicht gefährdet seien und überragende Interessen der Allgemeinheit eine Veröffentlichung verlangten.[211] Ein solcher Fall lag aus Sicht des Gerichts hier vor. Das OLG folgte damit einer Auffassung, nach der das Urheberrecht, auch soweit es (bereits selbst) eine Ausformung grundgesetzlicher Positionen darstellt, in seiner Wechselwirkung mit anderen Grundrechten betrachtet werden müsse. Während das Gericht ein gesteigertes Informationsinteresse feststellte und dieses u.a. an der politischen und historischen Aufarbeitung eines wichtigen Teils der DDR-Geschichte anknüpfte, konnte es keine „wirkliche Belastung" für den

210 OLG Hamburg NJW 1999, 3343 (3344) – Berufungsschrift.
211 OLG Hamburg NJW 1999, 3343 (3344) – Berufungsschrift.

Urheber erkennen, die sich aus der Wiedergabe im Wortlaut ergeben hätte.[212] Verglichen wurde also die Intensität des Eingriffs in die Rechte des Urhebers mit den Interessen, die im Falle eines Verzichts auf die Veröffentlichung beeinträchtigt worden wären.

III. LG Hamburg – „Interviewfragen"[213]

In dem Fall „Interviewfragen" ging es um einen Fragenkatalog, den die Partei FDP von Journalisten des „Stern" erhalten hatte und nebst Antworten auf ihre Homepage stellte. Das Zugänglichmachen durch die Partei war erfolgt, ehe das Magazin selbst das Interview veröffentlichte. Der Fragenkatalog enthielt Sachverhalte, über die das Magazin noch nicht zuvor berichtet hatte. Es ging um "liberale Finanzpraktiken", die dem "Stern", laut den Blog-Aufzeichnungen eines Sternautors, "eher wenig transparent erschienen".[214]

Der Stern ging gegen die FDP vor, begehrte auf Grundlage von §§ 97, 19a, 17 UrhG Unterlassung der (fortdauernden) Veröffentlichung der Interview-Fragen. In seinem Beschluss erließ das LG Hamburg eine einstweilige Verfügung. Es erkannte den Interviewfragen wegen ihrer prägnanten sprachlichen Gestaltung, ihres Aufbaus und ihrer Zusammenstellung hinreichende Individualität und damit Werksschutz nach Maßgabe des § 2 Abs. 2 UrhG zu.[215] Sodann prüfte das Gericht das Vorliegen der Schrankenregelungen der §§ 51, 50 UrhG. Weil die Zusammenstellung, Auswahl und inhaltliche Gestaltung der Fragen jedoch nicht ausreichend erörtert oder bewertet worden und Grundlage einer geistigen Auseinandersetzung geworden seien, verneinte das Gericht § 51 Abs. 1 UrhG. Ebenso schied § 50 UrhG aus, weil die Fragen keine Themen behandelt hätten, die ein aktuelles Geschehen zum Gegenstand hatten, das für die Öffentlichkeit von besonderem Interesse gewesen wäre. Mithin ging das Gericht von einer widerrechtlichen Nutzung aus.

Auch hier wäre es angezeigt gewesen, im Einzelfall zu prüfen, wie intensiv der Eingriff ins Urheberrecht der Fragenersteller durch eine Veröffentlichung denn tatsächlich gewesen wäre. Dabei hätte dann berücksichtigt werden müssen, dass

---

212 OLG Hamburg NJW 1999, 3343 (3344) – Berufungsschrift.

213 LG Hamburg, Beschluss vom 8.11.2012, Az. 308 O 388/12 – Interviewfragen.

214 http://medienrecht-blog.com/2012/12/12/lg_hamburg_interviewfragen_urheberrecht/ (abgerufen am 27.11.2015 um 09:58 Uhr).

215 Das LG Hamburg hielt diese Auffassung in seinem späteren Urteil vom 21.12.2012 jedoch nicht mehr aufrecht und verneinte den Werkschutz, vgl. LG Hamburg, Urt. v. 21.12.2012, 308 O 388/12.

der künstlerische Wert der streitgegenständlichen Fragen möglicherweise nicht allzu hoch war, dass aber die verwendeten Interviewfragen der Auseinandersetzung mit politischen Angelegenheiten und der Aufklärung öffentlicher Missstände dienten. Die urheberrechtlichen Bestimmungen bzw. ihre herkömmliche Anwendung durch die Gerichte berücksichtigen derlei Erwägungen jedoch nicht in hinreichendem Maße. Deshalb besteht das Bedürfnis einer „Schranke hinter den Schranken".

IV. LG und KG Berlin – „Günther Grass vs. FAZ"[216]

Im letzten hier geschilderten Streit standen zwei Briefe des Literaturnobelpreisträgers Günter Grass an den ehemaligen Bundeswirtschafts- und Finanzminister Karl Schiller aus den Jahren 1969 und 1970, welche die Frankfurter Allgemeine Zeitung ohne das Einverständnis des Verfassers am 29. September 2006 im Rahmen der Diskussion um dessen SS-Vergangenheit nahezu vollständig abgedruckt hatte.[217] In den Briefen drängte Grass seinen damaligen politischen Freund dazu, sich zu dessen Funktion in der NS-Zeit zu bekennen bzw. kritisierte ihn dafür, dem nicht nachgekommen zu sein. Die Veröffentlichung durch die FAZ brachte Grass im Hinblick auf das sehr späte Eingeständnis seiner eigenen SS-Zugehörigkeit zusätzlich Kritik ein. Das LG Berlin und KG sahen eine Verletzung des Erstveröffentlichungsrechts gem. § 12 Abs. 1 UrhG und untersagten der FAZ diese Berichterstattung.

Die Gerichte trafen zunächst die Feststellung, dass die Briefe in Form und Inhalt über alltägliche Mitteilungen hinausgingen und daher als individuell geprägte Schöpfungen zu betrachten – mithin Werke seien (§ 2 Abs. 2 UrhG). Das KG Berlin verneinte einen Unterlassungsanspruch und lehnte eine nachgeschaltete Güter- und Interessenabwägung ab.[218] Es rekurrierte dabei auf die erwähnte „Gies-Adler-Entscheidung" des BGH, in der es heißt, dass die urheberrechtlichen Schranken abschließend seien und dass sie die verfassungsrechtlichen Vorgaben bereits in hinreichendem Maße berücksichtigt hätten, was zur Folge hat, dass für eine außerhalb der urheberrechtlichen Verwertungsbefugnisse sowie der Schrankenbestimmungen der §§ 45ff. UrhG angesiedelte

216 LG Berlin, Beschluss vom 10.10.2006, Az. 16 O 908/06, http://www.aufrecht.de/urteile/urheberrecht/grass-erreicht-einstwilige-verfuegung-gegen-die-faz-lg-berlin-beschluss-vom-10102006-az-16-o-90806.html (abgerufen am 08.01.2016 um 14:04 Uhr); KG Berlin, Urt. v. 27. 11. 2007, 5 U 63/07, NJW-RR 2008, 857 ff. – Günter Grass.

217 NJW-RR 2008, 857 (858) – Günter Grass.

218 Vgl. KG Berlin NJW-RR 2008, 857 (858) – Günter Grass.

allgemeine Güter- und Interessenabwägung kein Raum bleibe. Das KG enthielt sich zur Frage, ob eine Güter- und Interessenabwägung im Rahmen einer verfassungskonformen Auslegung des Tatbestandsmerkmals „widerrechtlich" gem. § 97 Abs. 1 UrhG möglich sei, und wies darauf hin, dass eine Abwägung im betreffenden Fall zu keinem anderen Ergebnis führen würde. Hinsichtlich des Erstveröffentlichungsrechts nach § 12 Abs. 1 UrhG konstatierte das Gericht, dass „allenfalls ganz ausnahmsweise" die Meinungs- und Pressefreiheit dieses überwiegen könne.[219] Die Einschränkbarkeit des Erstveröffentlichungsrechts wird zwar in Erwägung gezogen, der Möglichkeit einer Abwägung wird jedoch deutlich vorsichtiger und zurückhaltender begegnet als noch im ähnlich gelagerten Fall „Botho Strauß".[220]

Hier war das LG Berlin noch im Wege eine Güter- und Interessenabwägung, die angesichts der gegebenen Kollision zwischen dem Urheberpersönlichkeitsrecht und der Meinungs- und Pressefreiheit durchzuführen sei, zu der Überzeugung gelangt, dass letztere hier den Vorzug verdienten und die Veröffentlichung der Briefe mithin nicht als rechtswidrig zu beanstanden gewesen sei.[221]

Das Kammergericht Berlin folgte dieser Erwägung, nicht jedoch dem Ergebnis. Das Erstveröffentlichungsrecht sei zwar nicht „sakrosankt", also um jeden Preis unantastbar, eine Veröffentlichung jedoch wegen der besonderen Bedeutung des Erstveröffentlichungsrechts nur in besonderen Extremfällen gerechtfertigt.[222] Da vorliegend von einem solchen nicht auszugehen sei, verneinte das Kammergericht den Vorrang der Pressefreiheit und hielt die Veröffentlichung für unzulässig.

Überzeugen kann hier nur die Auffassung, die angesichts der Kollision von Urheberrecht und Meinungsfreiheit die Notwendigkeit einer Güter- und Interessenabwägung anerkennt.

In der Verfassungs- und Rechtsordnung der BRD ist die Geheimhaltungsbedürftigkeit bestimmter Informationen anerkannt. So stehen Staatsgeheimnisse oder Informationen den persönlichen Lebens- und Geheimbereich betreffend unter dem besonderen Schutz der Rechtsordnung, der in Vorschriften wie den §§ 94 ff. StGB bzw. den §§ 201 ff. StGB zum Ausdruck kommt. Diese Grundentscheidung wird mit Ausnahme von Wenigen, die für die totale Transparenz von Informationen eintreten, auch nicht in Frage gestellt. Urheberrechtliche

219 KG Berlin NJW-RR 2008, 857 (858) – Günter Grass
220 So auch Schlüter, Erstveröffentlichung, S. 33.
221 LG Berlin NJW 1995, 881 (882) – Botho Strauß.
222 KG NJW 1995, 3392 (3394) – Botho Strauß.

Regelungen dürfen jedoch nicht zur „Zensur“ unliebsamer Berichterstattung missbraucht werden und einem offenen Meinungskampf im Wege stehen. Zum einen handelt es sich bei urheberrechtlichen Normen nicht um Geheimhaltungsvorschriften. Zum anderen ist die Ausstrahlungswirkung des Art. 5 Abs. 1 GG zu beachten, wonach andere Vorschriften im Lichte des Art. 5 GG und im Interesse von Meinungspluralismus und eines offenen Gedankenaustausches auszulegen und anzuwenden sind.

Sinn und Zweck des Urheberrechts ist vor allem darin zu sehen, dem Urheber einen wirtschaftlichen Vorteil als Ausgleich seines kreativen Schaffens einzuräumen.[223] Eine Berufung auf §§ 97 Abs. 1, 12 Abs. 1 UrhG, durch die §§ 823 Abs. 1, 1004 Abs. 1 BGB i.V.m. Art. 2 Abs. 1 GG verdrängt wird, kann nicht nur rechtssystematisch problematisch, sondern auch rechtsmissbräuchlich sein.

Das zeigen neben den skizzierten Fällen auch die bis Ende 2016 anhaltenden urheberrechtlichen Streitigkeiten um Hitlers Kampfschrift „Mein Kampf“. So konnte ein britischer Verlag an der Herausgabe selbst einer kommentierten Auflage vom Freistaat Bayern, der Inhaberin der Urheberrechte, gehindert werden.[224]

Ferner sei auf einen aktuellen und durchaus brisanten Rechtsstreit zwischen dem Bayrischen Rundfunk und dem Kopp-Verlag hingewiesen.[225] Ende 2016 erschien im Kopp Verlag ein „Enthüllungsbuch“ über den Linksextremismus in Deutschland und dessen Verflechtung mit Politik und Medien. Eine parallel zu dem Buch „Der Links Staat“ erschienene DVD durfte zunächst bzw. darf nun aber nicht mehr vertrieben werden. Die Macher des Dokumentarfilms verwendeten ohne Genehmigung des Bayrischen Rundfunks Ausschnitte eines BR-Interviews mit der Leiterin der Münchner Fachstelle gegen Rechtsextremismus. Der Bayrische Rundfunk erwirkte unter Hinweis auf Urheberrechtsverletzungen eine einstweilige Verfügung vor dem LG München.

---

223 Hoeren, MMR 2011, 500 (504).

224 Vgl. LG München I, Urt. v. 8. März 2012, 7 O 1533/12, GRUR 2012, 246 ff. – Mein Kampf; die urheberrechtliche Schutzfrist von „Mein Kampf“, die gemäß § 64 UrhG 70 Jahre post mortem auctoris beträgt, endete jedoch Ende 2015. Die Schrift, die schon zuvor im Ausland erhältlich und auch digital im Internet verfügbar war, ist nunmehr auch in Deutschland de jure gemeinfrei. Ihre Verbreitung ist mit den Mitteln des Urheberrechts nicht mehr zu verhindern; vgl. auch Sebastian, AfP 2013, 101 ff.

225 http://www.epochtimes.de/politik/deutschland/autoren-des-enthuellungsbuches-der-links-staat-im-urheberrechtsstreit-mit-oeffentlich-rechtlichem-sender-a2023737.html (zuletzt abgerufen am 13.02.2017 um 17:10 Uhr).

Eine einzelfallgerechte Entscheidung müsste die Belastung für das Urheberrecht im Falle der Zulassung der Verwendung mit der Belastung für die Meinungsfreiheit für den Fall der Untersagung der Nutzung vergleichen. Auch müsste berücksichtigt werden, dass gerade in politischen Zusammenhängen Einschränkungen der Meinungsfreiheit besonders sensibel vorgenommen werden dürfen.

Dies leisten die einschlägigen gesetzlichen Bestimmungen in ihrer hergebrachten Anwendung jedoch nicht. Eine nachgelagerte Abwägung auf Basis einer „Schranke hinter den Schranken“ vermag jedoch korrigierend einzugreifen und ist geeignet, der Praxis, urheberrechtliche Vorschriften als Vehikel des Meinungskampfs zu benutzen, entgegenzuwirken.

V. Fazit

Die hergebrachte Anwendung der gesetzlichen Bestimmungen ist nicht geeignet, die verschiedenen, mitunter gegenläufigen Interessen in einen angemessenen Ausgleich zu bringen und einzelfallgerechte sowie zweckmäßige Ergebnisse zu generieren. Dies hat seinen Grund darin, dass die Schrankenregelungen der §§ 44a ff. UrhG auf das Erstveröffentlichungsrecht gem. § 12 Abs. 1 UrhG nicht anwendbar sind. Ferner hängt dies damit zusammen, dass die Schrankenregelungen, insbesondere solche, die dem Schutz freier Information und Kommunikation zu dienen bestimmt sind, relevante Aspekte nicht berücksichtigen – etwa mögliche Rechtswidrigkeit der Erlangung des streitgegenständlichen Materials, geringe Verwertungsmöglichkeit oder pädagogisch-historische Bedeutung des Materials (s.o.). Die gerichtliche Praxis, den Konflikt zwischen Meinungsfreiheit und Urheberrecht zu lösen, bedarf einer Veränderung.

B. Zulässigkeit einer „Schranke hinter den Schranken“

Den Gerichten muss es gestattet werden, ausgehend von dem Tatbestandsmerkmal „widerrechtlich“ i.S.d. § 97 Abs. 1 UrhG, das gefundene Ergebnis im Wege einer Interessenabwägung zu überprüfen. Die Schrankenregelungen konkretisieren die Interessen des Allgemeinwohls. Sie sind jedoch nicht abschließend. Hinter diesen steht eine ungeschriebene Schranke („Schranke hinter den Schranken“), die immer dann greift, wenn berücksichtigungsfähige und berücksichtigungspflichtige Belange von den geschriebenen Schranken nicht hinreichend gewürdigt werden. Dies ist ein Postulat des Verfassungsrechts, das gebietet, die Grundrechte in einen verhältnismäßigen Ausgleich zu bringen. Besonders deutlich wird dies beim Erstveröffentlichungsrecht gem. § 12 Abs. 1 UrhG, auf das die meisten Schrankenregelungen überhaupt nicht anwendbar sind. Die Frage des öffentlichen Interesses und der Eignung eines Beitrags zu einer öffentlichen Diskussion muss jedoch auch für die Frage der Zulässigkeit von Eingriffen ins Erstveröffentlichungsrecht eine Rolle spielen.

I. „Widerrechtlich" i.S.d. § 97 Abs. 1 UrhG als Einfallstor der Interessenabwägung

Auf Basis einer ungeschriebenen „Schranke hinter den Schranken" sollen die Gerichte prüfen dürfen, ob im Einzelfall die Nutzung eines Werks gerechtfertigt ist, auch wenn keine der Schranken von §§ 44a ff. UrhG einschlägig bzw. anwendbar ist. Im Rahmen einer an den Umständen des Einzelfalls ausgerichteten Interessenabwägung ist zu entscheiden, ob der Meinungsfreiheit der Vorzug vor dem Urheberrecht zu geben ist. Bei der Abwägung sollen sich die Gerichte an in dieser Untersuchung noch näher zu bestimmenden Kriterien abarbeiten.

1. Vergleich mit § 1004 BGB

Die Frage der Widerrechtlichkeit ist in rechtssystematischer Hinsicht der „richtige Ort" hierfür. Denn der Anwendungsbereich des § 97 Abs. 1 UrhG wäre erheblich verkürzt, wollte man hier nur allgemeine Rechtfertigungsgründe prüfen. Aus übergeordneten rechtlichen Erwägungen und vor dem Hintergrund der Einheit der Rechtsordnung sind Rechtfertigungsgründe ohnehin immer und bei sämtlichen Ansprüchen in Erwägung zu ziehen. Das Merkmal „widerrechtlich" muss nach hier vertretener Auffassung daher weitergehen. „Was widerrechtlich ist, bestimmt sich nach deutschem Recht" – und eben nicht nur nach allgemeinen Rechtfertigungsgründen[226]

Für ein weites Verständnis streitet auch ein Vergleich mit § 1004 BGB. Wie schon erwähnt, enthält § 97 Abs. 1 UrhG das Tatbestandsmerkmal „widerrechtlich", während § 1004 BGB darauf verzichtet.[227] Die BGB-Norm kompensiert dessen Fehlen mit Absatz 2, wonach der Anspruch ausgeschlossen ist, „wenn der Eigentümer zur Duldung verpflichtet ist". Der Anwender dieser Vorschrift hat also Duldungspflichten zu prüfen, die sich sowohl aus dem Gesetz als auch aus rechtsgeschäftlichen Vereinbarungen ergeben können. Nach herrschender Meinung besteht beim Unterlassungsanspruch zwischen der Prüfung von

---

226 Schricker/Loewenheim/*Wild*, UrhG, § 97, Rn. 19.

227 Gem. § 1004 Abs. 2 BGB ist der Anspruch ausgeschlossen, wenn der Eigentümer zur Duldung verpflichtet

Duldungspflichten kein sachlicher Unterschied zur Rechtmäßigkeitsprüfung, beim Beseitigungsanspruch muss dies differenzierter betrachtet werden.[228] Hintergrund für die Gleichsetzung von Duldungspflicht und Rechtfertigungsprüfung ist die Bindung der Gerichte an Gesetz und Recht, Art. 20 Abs. 3 GG.

Gleichwohl zeigt die im Vergleich zu § 1004 BGB sprachlich breiter gefasste Formulierung des § 97 Abs. 1 UrhG, dass die Herleitung von „Duldungspflichten“ beim urheberrechtlichen Unterlassungsanspruch gem. § 97 Abs. 1 UrhG (besonders) weit angelegt sein muss. Eine Rechtfertigung des Eingriffs kann sich auch aus dem Ergebnis einer Interessen- und Güterabwägung ergeben. Der Wortlaut des § 97 Abs. 1 UrhG versperrt dem hier vertretenen Vorschlag also keinesfalls den Weg, sondern zeigt sich diesem gegenüber offen.

2. *Vergleich mit dem Wortlaut des § 823 Abs. 1 BGB*

Die Idee einer nachgeschalteten Interessenabwägung im Rahmen des § 97 Abs. 1 UrhG gewinnt ferner an Legitimität, wenn man den bei § 97 Abs. 1 UrhG geltenden Grundsatz hinterfragt, wonach die Tatbestandsmäßigkeit die Rechtswidrigkeit indiziert. Dieser Grundsatz ist dem Rechtsanwender von deliktischen Normen, insbesondere von § 823 Abs. 1 BGB vertraut. Liegt eine Verletzung der dort aufgeführten unmittelbar geschützten Rechtsgüter vor, so ist sie regelmäßig rechtswidrig, wenn nicht ausnahmsweise Rechtsfertigungsgründe greifen.[229] Die Verwirklichung des Tatbestands lässt also auf die Rechtswidrigkeit des Eingriffs schließen. Anders verhält sich dies beim Allgemeinen Persönlichkeitsrecht, das als „sonstiges Recht“ den Schutz des § 823 Abs. 1 BGB sowie einer analogen Anwendung des § 1004 BGB genießt. Dieses gilt weithin als Rahmenrecht, als offener Tatbestand, bei dem sich Erfolgs- und Handlungsunrecht untrennbar miteinander mischen.[230] Hier wird die Rechtswidrigkeit des Verhaltens nicht durch die Beeinträchtigung von Persönlichkeitsinteressen indiziert. Vielmehr ist der Schutzbereich durch eine Interessenabwägung zu konturieren und für den Einzelfall zu konkretisieren.[231] Der Eingriff ist nur dann rechtswidrig, wenn das Schutzinteresse des Geschädigten die schutzwürdigen Belange des Schädigers überwiegt. Hierfür bietet bereits der Wortlaut hinreichenden Anhalt. „Widerrechtlich“ ist bei § 823 Abs. 1 BGB nämlich nicht an den Anfang gestellt, gleichsam vor die Klammer gezogen, sondern steht erst hinter dem Tatbestandsmerkmal

---

228 MüKoBGB/*Baldus*, BGB, § 1004, Rn. 192.

229 Siehe nur BeckOK BGB/*Förster*, BGB § 823 Rn. 26.

230 MüKoBGB/*Wagner*, BGB, § 823, Rn. 364, m.w.N.

231 MüKoBGB/*Wagner*, BGB, § 823, Rn. 364, m.w.N.

„ein sonstiges Rechtsgut eines anderen". Daher ist die Widerrechtlichkeit bei den sonstigen Rechtsgütern eigens und zwar per Abwägung festzustellen. Sie hat neben den anderen Tatbestandsmerkmalen eine eigenständige Bedeutung und ist positiv festzustellen. Dies gilt auch für das Merkmal der Widerrechtlichkeit in der Parallelvorschrift § 97 Abs. 1 UrhG.

Dieses ist das zuletzt genannte Tatbestandsmerkmal, das sich sowohl auf das „Urheberrecht" als auch auf „ein anderes nach diesem Gesetz geschütztes Recht" bezieht und dem eigenständige Bedeutung zukommen sollte.

3. *Gleichlauf mit dem Allgemeinen Persönlichkeitsrecht*

Richtigerweise sollte die Widerrechtlichkeit von Eingriffen in das Urheber- und das Urheberpersönlichkeitsrecht auf dieselbe Weise bestimmt werden wie beim Allgemeinen Persönlichkeitsrecht im Rahmen des § 823 Abs. 1 BGB bzw. § 1004 Abs. 1 BGB.

Wie erwähnt, handelt es sich beim Urheberrecht um ein Mischrecht aus Persönlichkeits- und Immaterialgüterrecht. Das Urheberpersönlichkeitsrecht (§§ 12–14 UrhG) als besonderes Persönlichkeitsrecht zielt auf den Schutz des Urhebers in den persönlichen und geistigen Beziehungen zu seinem Werk.[232] Nur hinsichtlich der Verwertungsrechte trägt das Urheberrecht immaterialgüterrechtliche Züge.[233]

a) Unbeachtlichkeit vermögensrechtlicher Aspekte

Der Grundsatz, von der Tatbestandsmäßigkeit auf die Rechtswidrigkeit zu schließen, ergibt sich nicht zuletzt daraus, dass die Verletzung von Immaterialgütern nicht als Verhaltens-, sondern als Erfolgsunrecht beurteilt wird.[234] Soweit also in Fällen, die an der Schnittstelle von Urheberrecht einerseits und Meinungsfreiheit andererseits angesiedelt sind, vermögensrechtliche Aspekte eine vernachlässigbar geringe Rolle spielen und hinter persönlichkeitsrechtliche und ideelle Belange zurücktreten, wird dort die Tatbestandsmäßigkeit die Rechtswidrigkeit regelmäßig nicht indizieren. Vielmehr ist sie *wie* beim Allgemeinen Persönlichkeitsrecht im Wege einer Abwägung positiv festzustellen.

Ein solches Vorgehen lässt sich mit den Ausführungen des BVerfG im Beschluss „Germania 3" untermauern, in dem das Gericht eine kunstspezifische Betrachtung (Art. 5 Abs. 3 GG) bei der Auslegung des § 51 Nr. 2 UrhG

---

232 Gounalakis, Rhb. Electronic Business/*Gounalakis/Rhode*, § 22, Rn. 57.
233 BeckOK UrhR/*Kroitzsch/Götting*, UrhG, § 11, Rn. 2.
234 Nordemann/Fromm/*Jan Bernd Nordemann*, UrhG, § 97, Rn. 21.

forderte.[235] Das BVerfG stellt auf die wirtschaftlichen Folgen für die Urheber ab und will nach der Intensität des Eingriffs differenzieren. So sollen nämlich die Verwertungsinteressen der Urheberrechtsinhaber hinter den Nutzungsinteressen für eine künstlerische Auseinandersetzung zurückzutreten, wenn „ein geringfügiger Eingriff in die Urheberrechte ohne die Gefahr merklicher wirtschaftlicher Nachteile der künstlerischen Entfaltungsfreiheit gegenüber“ steht.[236]

b) Geistiges Eigentum als ideelles Schutzkonzept

Das geistige Eigentum ist da, wo es vorrangig um ideelle Belange geht, so zu behandeln wie das Allgemeine Persönlichkeitsrecht, also als abwägungsoffenes Rahmenrecht. Geistiges Eigentum ist diesem insoweit näher als dem Sacheigentum, bei dem zu Recht angenommen wird, dass ein Eingriff in dieses die Rechtswidrigkeit indiziert. Die Sache kann, weil und wenn sie nur einmal vorhanden ist, regelmäßig immer nur einem oder wenigen zugleich dienen (Rivalität). Mithin ist das ausschließliche Herrschaftsrecht des Einzelnen die angemessene Form der Beherrschung der Sache. Einschränkungen des Sacheigentümers stellen sich hier zweifellos als Ausnahme eines Grundgedankens dar, die man nur mit Vorsicht erweitern darf.[237] Anders ist es hingegen beim Geisteswerk. Dieses kann wegen seiner geistigen Natur von vielen gleichzeitig benutzt werden[238]. Wegen ebenjener Nichtrivalität und Nichtexklusivität im Verbrauch und auch wegen seiner permanenten Verfügbarkeit ist es im Übrigen besonders anfällig für Verletzungen.[239] Bestenfalls geht es jedoch ins „Geistesleben der Nation“ ein und kann damit der Öffentlichkeit dienen.[240] Vor diesem Hintergrund jedenfalls lassen sich Beschränkungen nicht als Ausnahmen contra *rationem iuris* verstehen, sondern als Bestimmungen, die der Grundregel durch die Abgrenzung erst ihre eigentliche Form geben.[241] Schranken, die dazu bestimmt sind,

---

235 BVerfG NJW 2001, 598 (599) – Germania 3.

236 BVerfG NJW 2001, 598 (599) – Germania 3.

237 So *Findeisen*, der die Lehre von der „Ubiquität geistiger Werke“ nachzeichnet, Findeisen, Auslegung urheberrechtlicher Schrankenbestimmungen, S. 71

238 Nichtrivalität und Nichtexklusivität sind Wesensmerkmaler unkörperlicher Güter, vgl. Sebastian, GRUR Int 2013, 524 (533); die Nutzung einer Sache besteht wesensmäßig darin, dass der Eigentümer die Möglichkeit hat, Dritte von der Einwirkung auszuschließen. Ein geistiges Werk wird hingegen gerade dadurch genutzt, dass es Dritten zugänglich gemacht wird, vgl. Fechner, Geistiges Eigentum und Verfassung, S. 220.

239 Vgl. Sebastian, GRUR Int. 2013, 524 (533); Bisges, ZUM 2014, 930 (933).

240 Findeisen, Auslegung urheberrechtlicher Schrankenbestimmungen, S. 71.

241 Findeisen, Auslegung urheberrechtlicher Schrankenbestimmungen, S. 71.

der prägenden Wirkung geistiger Werke Rechnung zu tragen, also im Interesse der Allgemeinheit an Information und geistiger Auseinandersetzung anzuwenden sind, erfahren eine innere, dem Wesen des Urheberrechts selbst entspringende Rechtfertigung und müssen in dieser Hinsicht daher als wesensmäßige Begrenzung des Rechts angesehen werden.[242] Nicht nur ist die Anwendung des „Dogmas der engen Schrankenauslegung" hier verfehlt, sondern generell jede Zurückhaltung.

Daraus ergibt sich für den hier vertretenen Vorschlag: Wo es bei aller Achtung vor der monistischen Theorie – nicht oder kaum um den wirtschaftlichen bzw. verwertungsrechtlichen Aspekt geht, und wo zudem ein Werk einen prägenden Einfluss auf die Gesellschaft (Geistesleben der Nation) haben kann, sind keine Gründe ersichtlich, Öffnungen des Urheberrechts restriktiv zu handhaben. Im Gegenteil – der Aspekt des öffentlichen Interesses und der geistigen Auseinandersetzung müssen so stark als möglich berücksichtigt werden. Eine Interessenabwägung auf Basis einer unbenannten Schranke kann dies leisten.

c) Allgemeines Persönlichkeitsrecht und Urheberpersönlichkeitsrecht

Gegen eine Abwägung beim Urheberpersönlichkeitsrecht streitet allerdings, dass es sich beim Allgemeinen Persönlichkeitsrecht gerade nicht um einen offenen Tatbestand handelt, weil er etwa in § 12 Abs. 1 UrhG, dem Recht der Erstveröffentlichung, Ausdruck in einer gesetzlichen Vorschrift gefunden hat. Es lässt sich also einwenden: Würde man hier nun die Wertungen des Allgemeinen Persönlichkeitsrechts hineinlesen und damit das Veröffentlichungsrecht so prüfen wie das allgemeine Persönlichkeitsrecht, würde der gesetzgeberische Wille unterlaufen. Nach herrschender Meinung greift Art. 2 Abs. 1 GG i.V.m. Art. 1 Abs. 1 GG als Rahmen- und Auffangrecht nur da, wo nicht spezielle Persönlichkeitsrechte, wie das Namensrecht (§ 12 BGB), die Ehre (§ 823 Abs. 2 BGB i.V.m. §§ 185 ff. StGB; § 824) oder das Urheberpersönlichkeitsrecht (§§ 12–14 UrhG) oder das Recht am eigenen Bild (§§ 22 ff. KunstUrhG) verletzt sind.

Darauf wiederum ist dreierlei zu replizieren. Erstens: Art. 5 Abs. 1 GG muss zur größtmöglichen Geltung gelangen. Der grundrechtliche Schutz des Art. 5 GG vermittelt sich über mittelbare Drittwirkung und ist durch die Gerichte sicherzustellen. Dies erfordert eine Abwägung der grundrechtlichen Interessen im Wege praktischer Konkordanz. Diese macht keine Vorgaben, an welcher Stelle die Abwägung vorzunehmen ist.

242 Findeisen, Auslegung urheberrechtlicher Schrankenbestimmungen, S. 208.

Zweitens ist zu bedenken: Wenn das in Rede stehende Werk die erforderliche Schöpfungshöhe nur knapp verfehlt und nicht in den Genuss des urheberrechtlichen Schutzes gelangt, entscheidet über die Zulässigkeit einer Veröffentlichung ohnedies eine Interessen- und Güterabwägung, analog § 1004 BGB. Dann wäre das Allgemeine Persönlichkeitsrecht und auf Rechtfertigungsebene die Sphärentheorie zur Anwendung gelangt. Eine starre Norm wie § 12 Abs. 1 UrhG muss in Fällen, in denen es ein hohes öffentliches Interesse gibt, zugänglich sein für Ergebniskorrekturen. Diese Möglichkeit bietet § 97 Abs. 1 UrhG, wo die widerstreitenden Grundrechte bei der Frage der Widerrechtlichkeit im Wege praktischer Konkordanz in Ausgleich gebracht werden.

Drittens ergibt sich ein Gleichlauf von Urheberpersönlichkeitsrecht und Allgemeinem Persönlichkeitsrecht aus dem Verhältnis der beiden Rechtsfiguren. Wie bereits erwähnt, handelt es sich beim Urheberpersönlichkeitsrecht nach Auffassung des BGH um eine „besondere Erscheinungsform des allgemeinen Persönlichkeitsrechts“.[243] Dies darf jedoch nicht dahingehend missverstanden werden, dass das Urheberpersönlichkeitsrecht so wie der Bildnisschutz und das Namensrecht nur als Teilausschnitt aus dem allgemeinen Persönlichkeitsrecht betrachtet wird.[244] Richtigerweise ist das allgemeine Persönlichkeitsrecht als *Inbegriff* des Schutzes der persönlichen Verhältnisse eines Menschen zu verstehen, sodass auch die ideellen Interessen, die einen Urheber mit seinem Werk verbinden, unter diese persönlichen Verhältnisse fallen.[245] Dies legitimiert es, Rechtsgrundsätze, die zum allgemeinen Persönlichkeitsrecht entwickelt worden sind, auch auf den urheberrechtlichen Bereich zu übertragen. Dabei sind jedoch die Besonderheiten zu berücksichtigen, die sich aus den Erfordernisses einer nicht über Gebühr eingeschränkten Werknutzung sowie der engen Verflechtung der wirtschaftlichen und persönlichkeitsrechtlichen Interessen des Urhebers ergeben.[246] Wegen dieses Verhältnisses der beiden Rechtsfiguren verbietet sich im Übrigen auch ein Ausschluss der Anwendbarkeit des Allgemeinen Persönlichkeitsrechts in den Fällen, in denen die Spezialvorschriften zum Urheberpersönlichkeitsrecht nicht ausreichen, die ideellen Belange des Urhebers entsprechend der Wertordnung des Grundgesetzes zu schützen.[247] Vorzugswürdig ist es jedoch, die Wertungen des Allgemeinen Persönlichkeitsrechts in den bezeichneten Konstellationen in die urheberrechtlichen Regelungen, konkret in

243 BGHZ 13, 334 (339).
244 Krüger-Nieland, FS für Hauß, S. 223.
245 Krüger-Nieland, FS für Hauß, S. 223.
246 Krüger-Nieland, FS für Hauß, S. 223.
247 Krüger-Nieland, FS für Hauß, S. 223.

§ 97 Abs. 1 – widerrechtlich – hineinzulesen. Dies ist methodisch überzeugend, weil das Tatbestandsmerkmal „widerrechtlich" genau den Raum für diese Überlegungen bietet und der zugrundeliegende Konflikt urheberrechtlicher Natur ist und mithin auch nach den Vorschriften des UrhG zu lösen ist.

4. Vergleich mit § 101a Abs. 1 UrhG – BVerfG, Beschluss vom 25.5.1999 – 1 BvR 77–99 (Pressefreiheit als konkurrierendes Rechtsgut)

Die Forderung nach einer Interessenabwägung im Rahmen der Prüfung der Widerrechtlichkeit gem. § 97 Abs. 1 UrhG lässt sich durch einen Vergleich mit § 101a Abs. 1 UrhG untermauern.

Gem. § 101a Abs. 1 UrhG kann derjenige, der mit hinreichender Wahrscheinlichkeit das Urheberrecht oder ein anderes nach diesem Gesetz geschütztes Recht widerrechtlich verletzt, von dem Verletzten auf Vorlage einer Urkunde oder Besichtigung einer Sache in Anspruch genommen werden, die sich in seiner Verfügungsgewalt befindet, wenn dies zur Begründung von dessen Ansprüchen *erforderlich* ist. Gem. § 101a Abs. Abs. 2 UrhG ist der Auskunftsanspruch ausgeschlossen, wenn die Inanspruchnahme im Einzelfall unzulässig ist. Auch die Vorläuferregelung, die bis zum 31.8.2008 gültig war, regelte einen Auskunftsanspruch. Dieser war gegen jene gerichtet, die im geschäftlichen Verkehr durch die Herstellung oder Verbreitung von Vervielfältigungsstücken das Urheberrecht oder ein anderes nach diesem Gesetz geschütztes Recht verletzt haben. Auch jener Anspruch sollte dann nicht greifen, wenn dessen Geltendmachung im Einzelfall unverhältnismäßig war.

Mit Blick auf diese Vorschrift entschied das BVerfG im *Fall Holst*, dass die betroffenen Grundrechte interpretationsleitend berücksichtigt werden müssten, damit deren wertsetzender Gehalt auch auf der Rechtsanwendungsebene gewahrt bleibt.[248] Es ging ferner bei Auskunftsverpflichtungen der Presse von dem verfassungsrechtlichen Postulat aus, zwischen der Bedeutung der Pressefreiheit und dem Rang des von der privatrechtlichen Norm geschützten Rechtsgutes sorgfältig und fallbezogen abzuwägen.[249]

Den Raum für die verfassungsrechtlich gebotene Abwägung gibt nach Auffassung des BVerfG der Verhältnismäßigkeitsvorbehalt des § 101a a.F. UrhG („…es sei denn ").

Es stellte ferner klar, dass das Ergebnis dieser Abwägung verfassungsrechtlich nicht vorgegeben sei, es von Verfassungs wegen daher nicht ausgeschlossen sei,

---

248 BVerfG – NJW 1999, 2880 (2881) – Fall Holst.

249 BVerfG – NJW 1999, 2880 (2880) – Fall Holst.

dass im Einzelfall dem Schutzbedürfnis des Urheberrechtsinhabers der Vorrang vor dem Geheimhaltungsinteresse der Presse eingeräumt wird.

Nun kann man darauf verweisen, dass der Unterlassungsanspruch nach § 97 Abs. 1 UrhG anders als der Auskunftsanspruch einen ausdrücklichen Verhältnismäßigkeitsvorbehalt gerade nicht kennt. Es wäre jedoch verfehlt, deswegen anzunehmen, dass eine Interessenabwägung dann nicht durchzuführen sei. Wie sich aus den Ausführungen des BVerfG ergibt, ist eine solche vielmehr aus Gründen des Verfassungsrechts geboten und somit auch bei „stärker durchgeregelten“ Tatbeständen durchzuführen. Hinzukommt: Was für den Anspruch auf Auskunft gilt, muss erst Recht für den Anspruch auf Unterlassung gelten.

Bei einer Kollision zwischen Meinungs- und Pressefreiheit und Eigentumsrecht ist eine umfassende Interessenabwägung bei § 97 Abs. 1 UrhG im Rahmen der „Widerrechtlichkeit“ vorzunehmen, wenn die verfassungsrechtlichen Belange nicht in den Schranken gem. §§ 44a UrhG hinreichend berücksichtigt werden können.

5. *Vergleich mit § 14 Abs. 2 Nr. 3 MarkenG – BGH – „Lila-Postkarte“ (Kunstfreiheit als konkurrierendes Rechtsgut)*

Dass die Forderung nach einer Interessenabwägung im Rahmen der Prüfung der Widerrechtlichkeit gem. § 97 Abs. 1 UrhG sinnvoll ist, zeigt zudem ein Vergleich mit der Rechtsprechung des BGH hinsichtlich § 14 Abs. 2 Nr. 3 MarkenG.

Gem. § 14 Abs. 2 Nr. 3 Markengesetz ist es Dritten untersagt, ohne Zustimmung des Inhabers der Marke im geschäftlichen Verkehr ein mit der Marke identisches Zeichen oder ein ähnliches Zeichen für Waren oder Dienstleistungen zu benutzen, die nicht denen ähnlich sind, für die die Marke Schutz genießt, wenn es sich bei der Marke um eine im Inland bekannte Marke handelt und die Benutzung des Zeichens die Unterscheidungskraft oder die Wertschätzung der bekannten Marke ohne *rechtfertigenden Grund* in unlauterer Weise ausnutzt oder beeinträchtigt. Hinsichtlich dieser Vorschrift entschied der BGH mit Urteil vom 3.2.2005 (I ZR 159/02), dass die Unlauterkeit der Ausnutzung der Unterscheidungskraft der Klagemarke auf Grund der Kunstfreiheit nach Art. 5 Abs. 3 GG ausgeschlossen sein kann, wenn eine bekannte Marke bei der Aufmachung eines Produkts in witziger und humorvoller Weise verwandt wird.[250] Insbesondere nahm der Senat an, dass dem konkreten Streit um die Zulässigkeit einer witzig gestalteten lila Postkarte, die Ähnlichkeit zum Milka-Design aufwies, der Konflikt zwischen Kunstfreiheit und Eigentumsfreiheit zu Grunde lag. Weil die Kollision grundrechtlich

250 BGH GRUR 2005, 583 (583) – Lila Postkarte.

geschützter Werke auf Grundlage der verfassungsrechtlichen Wertordnung aufzulösen sei, nahm er „die notwendige Abwägung zwischen dem Eigentumsrecht der Klägerin an ihren Marken und dem Recht auf Kunstfreiheit auf Seiten der Beklagten“ vor. Der BGH sah vorliegend keine Markenverletzung für gegeben, weil die Beklagte das Zeichen nicht „ohne rechtfertigenden Grund in unlauterer Weise“ benutzte. Der BGH sieht also angesichts der Kollision von Verfassungsgütern die Pflicht zur Abwägung. Diese hat bei § 14 Abs. 2 Nr. 3 MarkenG im Rahmen des genannten Tatbestandsmerkmals, das als offener und generalklauselhafter Rechtsbegriff den Raum dafür bietet, stattzufinden.

Es bleibt zuzugeben, dass sich die Güterabwägung stärker noch als bei „widerrechtlich“ im Rahmen des § 97 Abs. 1 UrhG aufdrängt. Gleichwohl betonte der BGH in dieser Entscheidung, dass sich das Erfordernis der Abwägung angesichts des verfassungsrechtlichen Güterkonflikts ergibt. Mithin muss diese dann auch bei etwas „stärker durchgeregelten Tatbeständen“ durchgeführt werden.

6. *Vergleich mit §§ 1, 2 Abs. 2 Nr. 5 a. F. UWG – BVerfG GRUR 2008, 81 ff – Pharmakartell*

Der hier vorgeschlagene Ansatz bewirkt zudem einen Gleichlauf mit dem Lauterkeitsrecht des UWG. In der Entscheidung *Pharmakartell* entschied das BVerfG, dass bei der Auslegung des unbestimmten Rechtsbegriffs der Sittenwidrigkeit gem. § 1 UWG a.F. im Zusammenhang mit einer Auseinandersetzung um eine Frage von allgemeiner gesellschaftspolitischen Bedeutung das Grundrecht des Betroffenen aus Art. 5 Abs. 1 S. 1 GG zur Geltung zu bringen sei. Das Erfordernis einer dadurch vorzunehmenden Abwägung entfalle ausschließlich in Fällen, in denen die in § 2 Abs. 2 Nr. 5 a. F. UWG aufgeführte Herabsetzung oder Verunglimpfung des Mitbewerbers in einer Weise erfolgt, die einer Schmähkritik im Bereich der Persönlichkeitsverletzungen vergleichbar ist. Scheide eine solche Vergleichbarkeit, „bedarf es einer abwägenden Zuordnung der betroffenen Rechtsgüter im konkreten Fall“.[251]

Die Sittenwidrigkeit des UWG entspricht der Widerrechtlichkeit des UrhG. Die vom BVerfG verlangte Abwägung ergibt sich aus dem Erfordernis eines angemessenen Grundrechtsausgleichs im Wege praktischer Konkordanz. Sie kann daher nicht auf das UWG beschränkt bleiben und vor dem Urheberrecht Halt machen. Auch sind keine Gründe ersichtlich, die spezielle Dogmatik des Art. 5 Abs. 2 GG (etwa zur Schmähkritik) dem Parallelkonflikt Urheberrecht vs. Meinungsfreiheit vorzuenthalten.

---

251 BVerfG GRUR 2008, 81 (83) – Pharmakartell.

7. Vergleich mit §§ 85, 97 UrhG – BGH GRUR 2016, 268 ff. – Störerhaftung des Access-Providers

Schließlich legitimiert die BGH-Rechtsprechung zur Störerhaftung von Accessprovidern den hier ins Auge gefassten Ansatz einer nachgeschalteten Interessenabwägung.

Jedenfalls bis zur dritten Änderung des TMG vom 30.06.2017 hafteten Diensteanbieter im Sinne des TMG für Rechtsverletzungen Dritter, für die sie nicht selbst mitverantwortlich sind, nach den Grundsätzen der analog § 1004 BGB in ständiger Rechtsprechung entwickelten Störerhaftung.[252] Gemäß der Störerhaftung kann „als Störer bei der Verletzung absoluter Rechte auf Unterlassung in Anspruch genommen werden, wer – ohne Täter oder Teilnehmer zu sein – in irgendeiner Weise willentlich und adäquat-kausal zur Verletzung des geschützten Rechtsguts beiträgt“ und ihm zumutbare Prüfpflichten verletzt hat.[253] Jene Prüfpflichten werden durch Kenntnis des Diensteanbieters von der Rechtsverletzung ausgelöst und von der Rechtsprechung insbesondere als Lösch- und Sperrpflichten verstanden bzw. konkretisiert.[254]

Der BGH entschied in der jüngsten zentralen Entscheidung (vor der Änderung des TMG), dass die betroffenen Grundrechte der Beteiligten bei der umfassenden Interessenabwägung zu berücksichtigen seien, die im Rahmen der Störerhaftung bei der lediglich *nach Art einer Generalklausel* umschriebenen Bestimmung zumutbaren Prüfungspflichten vorzunehmen sei.[255] In die im Rahmen der Zumutbarkeitsprüfung vorzunehmende Abwägung sind namentlich die betroffenen unionsrechtlichen und nationalen Grundrechte des Eigentumsschutzes der Urheberrechtsinhaber, der Berufsfreiheit der Telekommunikationsunternehmen und der informationellen Selbstbestimmung der Internetnutzer einzubeziehen.[256]

Die vom Gericht als selbstverständlich vorausgesetzte, weil (unions- und) verfassungsrechtlich gebotene Interessenabwägung findet in jenen Fällen der Störerhaftung also nicht anhand eines bestimmten Tatbestandsmerkmals statt,

---

252 BGH GRUR 1955, 492 – Grundig Reporter; GRUR 1964, 104 (105) – Personalausweise; GRUR 1991, 769 (770) – Honoraranfrage; GRUR 2004, 693 (695) – Schöner Wetten (im Wettbewerbsrecht); GRUR 2008, 702 (Rn. 21) – Internet-Versteigerung III.

253 BGH GRUR 2016, 268 (Rn. 21) – Störerhaftung des Access-Providers, mwN.

254 BGH GRUR 2004, 860 (864) – Internet-Versteigerung I; GRUR 2007, 890 (Rn. 42) – Jugendgefährdende Medien bei eBay; GRUR 2013, 370 (Rn. 28) – Alone in the Dark.

255 BGH, GRUR 2016, 268 (Rn. 32) – Störerhaftung des Access-Providers.

256 BGH, GRUR 2016, 268 (1. Ls.) – Störerhaftung des Access-Providers.

sondern erfolgt auf Basis von Richterrecht und ist *nach Art einer Generalklausel* vorzunehmen.

Der hier vertretene Ansatz, der die grundrechtlich gebotene Interessenabwägung im Merkmal „widerrechtlich" angeknüpft sehen will, steht also ganz und gar im Einklang mit dem BGH bzw. schöpft die von ihm festgestellten Spielräume nicht einmal in Gänze aus. Der BGH führt nämlich in der Entscheidung aus, dass die Grundrechte, die zwar primär Abwehrrechte sind, die nicht unmittelbar zwischen Privaten gelten, als Verkörperung einer Werteordnung auf die Auslegung des Privatsrechts, insbesondere seiner Generalklausel, ausstrahlen.[257] Insbesondere meint: *nicht auf Generalklauseln beschränkt.* Hieran wird deutlich, wie ernst der BGH die Pflicht zum grundrechtlichen Interessenausgleich nimmt und dass eine Abwägung auch bei „stärker durchgeregelten" Tatbeständen zur Anwendung gelangen muss.

Ob man nun „widerrechtlich" wie „Treu und Glaube" und „sittenwidrig" als klassische Generalklausel begreift oder nicht, kann dahinstehen – der hier vorgeschlagene Ansatz findet jedenfalls eine valide Stütze in der BGH-Entscheidung Störerhaftung des Accessproviders.

II. Verfassungsrechtliche Zulässigkeit einer nachgeschalteten Interessenabwägung auf Basis einer „Schranke hinter den Schranken"

Eine solche „Ergebniskorrektur" im Rahmen des § 97 Abs. 1 UrhG („Schranke hinter der Schranke") müsste auch den verfassungsrechtlichen Vorgaben an richterliche Entscheidungsfindung genügen. Dafür maßgeblich sind im Grundsatz Prinzipien wie die richterliche Unabhängigkeit, die Herrschaft des Gesetzes, das Erfordernis verfassungskonformer Lösungen sowie die Bindung an Gesetz und Recht insbesondere an die Grundrechte. Im Besonderen ist Art. 5 Abs. 1, 2 GG mit seiner ausdifferenzierten Dogmatik und dem damit zusammenhängenden Gebot der Wechselwirkungslehre von zentraler Bedeutung.

Nach dem Grundgesetz obliegt dem Richter die antragsabhängige und letztverbindliche Klärung dessen, was Recht ist. Der Richter ist gem. Art. 97 Abs. 1 GG unabhängig und nur dem Gesetz unterworfen. Gesetzesunterworfenheit und Unabhängigkeit stehen sich nicht antagonistisch gegenüber, sondern konstituieren vielmehr ein Korrelationsverhältnis, demzufolge sich Gesetzestreue und Unabhängigkeit wechselseitig bedingen. Nach der Gewaltenteilungslehre erhält

257 BGH, GRUR 2016, 268 (Rn. 32) – Störerhaftung des Access-Providers.

der Richter seine Unabhängigkeit nicht „ohne Gegenleistung", sondern nur um den Preis der Bindung an das Gesetz.[258] Nur wenn der Richter unabhängig, mithin frei von vermeidbarer Einflussnahme ist, kann er gesetzesloyal entscheiden. Und nur die Unterworfenheit unter das Gesetz erlaubt die demokratische Lockerung des Richters und unabhängige Entscheidungsfindung.

1. *Richterliche Unabhängigkeit und Herrschaft des Gesetzes*

Materiell meint die Unabhängigkeit des Richters das verfassungsrechtliche Verbot vermeidbarer Einflussnahme auf die Rechtsstellung des Richters.[259] Die persönliche Unabhängigkeit wird vor allem durch die grundsätzliche Unabsetzbarkeit und Unversetzbarkeit in Art. 97 Abs. 2 GG (Inamovabilität) gewährleistet.[260] Sachliche Unabhängigkeit meint nach Auffassung des BVerfG, dass die Richter bei der Auslegung und Anwendung des Gesetzes an keinerlei Weisungen gebunden und zu eigenverantwortlicher Entscheidung im Rahmen des Rechts berufen sind.[261] Zur sachlichen Unabhängigkeit gehört ferner die weitgehende Freistellung von der straf-, zivil- und dienstrechtlichen Verantwortung.[262] Hingegen bleibt die sachliche Unabhängigkeit vom Unterliegen der Dienstaufsicht nach § 26 DRiG unberührt, welche der Gewährung effektiven Rechtsschutzes im Allgemeinen und im Einzelfall Geltung verschaffen will.[263] Richterliche Unabhängigkeit meint keineswegs Unabhängigkeit vom Gesetz im Sinne eines freihändigen Entscheidens. Vielmehr bedeutet es, dass jeder Richter auf Grundlage der ihm übertragenen Unabhängigkeit „eigenverantwortlich" und „in innerer Unabhängigkeit" entscheiden darf und muss, was nach seiner Einschätzung im Einzelfall „Recht" darstellt.[264] Jene innere Unabhängigkeit fungiert neben der Entscheidungsfreiheit als Leitbild richterlichen Amtsverständnisses und muss von jedem Richter stets selbst gewonnen und behauptet werden.[265] Sie ist es, die dazu führt, dass Gerichte in ein und derselben Rechtsfrage zu unterschiedlichen

258 Vgl. Braun, Einführung in die Rechtswissenschaft, S. 107.
259 Sachs/*Detterbeck*, GG, Art. 97, Rn. 5.
260 BeckOK GG/*Morgenthaler*, GG, Art. 97, Rn. 14–16; Sachs/*Detterbeck*, GG, Art. 97, Rn. 22.
261 BeckOK GG/*Morgenthaler*, GG, Art. 97, Rn. 4; BVerfGE 3, 213 (224).
262 BeckOK GG/*Morgenthaler*, GG, Art. 97, Rn. 4.
263 BVerfGE 38, 139, (151 f.); BeckOK GG/*Morgenthaler*, GG, Art. 97, Rn. 6; Sachs/*Detterbeck*, GG, Art 97, Rn. 11b.
264 v. Mangoldt/Klein/Starck/*Classen*, GG, Art. 97, Rn. 5, 7.
265 BeckOK GG/*Morgenthaler*, GG, Art. 97, Rn. 23.

Ergebnissen gelangen können.[266] „Die Rechtspflege ist wegen der Unabhängigkeit der Richter konstitutionell uneinheitlich", pointiert das BVerfG.[267] Dass Gerichte also auf Basis der hier vorgeschlagenen Prüfung der Widerrechtlichkeit zu unterschiedlichen Ergebnissen gelangen können, wird von Art. 97 Abs. 1 GG gebilligt und in Kauf genommen.

Daneben statuiert Art. 20 Abs. 3 GG: „Die Gesetzgebung ist an die verfassungsmäßige Ordnung, die vollziehende Gewalt und die Rechtsprechung sind an Gesetz und Recht gebunden." Bindung an Gesetz und Recht bedeutet, dass die rechtsprechende Gewalt bei ihrer Entscheidungsfindung ausschließlich nach Maßgabe der Verfassung und nach den Vorgaben des Grundgesetzes gültig gesetzten Rechts entscheiden muss (Herrschaft des Gesetzes).[268] Gesetz i.S.d. Art. 97 Abs. 1 GG meint neben den Verfassungen gültiges, unterverfassungsrechtliches, außenwirksames Recht.[269]

Die Gesetzesbindung verlangt also vom Richter, letztendlich festzustellen, was nach geltendem Recht richtig ist.[270] Er darf sich dabei nicht von eigenen Interessen leiten lassen, sondern muss allein nach den Maßgaben der Rechtssätze entscheiden, wobei er die anerkannten Auslegungsmethoden anwenden darf und muss, um die entsprechende Norm zu interpretieren.[271] In diesem Lichte ist auch die einfachgesetzliche Strafvorschrift der Rechtsbeugung gem. § 339 StGB zu sehen, deren Zweck im Schutz der Rechtspflege besteht, deren Aufgabe es ihrerseits ist, richtiges Recht zu sprechen.[272]

2. *Verfassungsrechtliche Grundlagen zivilgerichtlicher Abwägung*

Gesetzgebung und Rechtsprechung verhalten sich nicht zueinander wie Befehl und Ausführung, sondern wie Grundsatz und Konkretisierung.[273] Richterliche Entscheidungsfindung basiert gerade nicht auf einem gesetzlich voll determinierten, abstrakt-generell antizipierten Konfliktlösungsmodell.[274] Gerichtliche Entscheidungen

---

266 Dies wiederum lässt das Bedürfnis nach Einheitlichkeit der Rechtsprechung zu Tage treten, vgl. v. Mangold/Klein/Starck/*Classen*, GG, Art. 97, Rn. 13.

267 BVerfGE 87, 273 (278).

268 Von Münch/Kunig/*Meyer*, GG, Art. 97, Rn. 1.

269 Jarass/Pieroth/*Jarass*, GG, Art. 20, Rn. 38; von Münch/Kunig/*Meyer*, GG, Art. 97, Rn. 20.

270 Vgl. BVerfGE 7, 183 (188 f.).

271 BeckOK GG/*Morgenthaler*, GG, Art. 97, Rn. 7.

272 Lackner/Kühl/*Heger*, StGB, § 339, Rn. 1

273 Geserich, DStr 2011, 59 (59).

274 Gassner, NJW 1998, 119 (119).

sind einerseits nach gesetzlichen Vorgaben und andererseits nach den Besonderheiten des Einzelfalls zu fällen.[275]

Richter sind demnach nicht auf Buchstabengehorsam verpflichtet und in ihrer Rolle keinesfalls auf bloße „Subsumtionsautomaten" beschränkt. Denn mitnichten geht das Grundgesetz von der pandektistischen Vorstellung aus, dass Gesetze Einzelfallentscheidungen beinhalten, die bei der Entscheidungsfindung nur noch herausgeholt und ausgesprochen werden müssen.

Vollständige richterliche Gesetzesbindung ist ein unerfüllbares Ideal.[276] Sie ist schon deshalb undenkbar, weil jede Anwendung in Wirklichkeit Neuschöpfung ist.[277]

Neben der verfassungsrechtlichen Vorgabe der Gesetzesbindung ist die Rechtsprechung – wie die anderen beiden Gewalten auch – an die („nachfolgenden") Grundrechte als unmittelbar geltendes Recht gebunden, Art. 1 Abs. 3 GG. Diese Norm ergänzt Art. 20 Abs. 3 GG, der allgemein die Verfassungsbindung der öffentlichen Gewalt normiert, um eine Spezialregelung für Grundrechte und grundrechtsgleiche Rechte.[278] Für die staatliche Gewalt bedeutet dies, dass sie die (möglicherweise miteinander in Konflikt stehenden) Grundrechtspositionen aller Beteiligten in einer dem Verhältnismäßigkeitsgrundsatz genügenden Weise zum Ausgleich führen muss, anstatt die eine Grundrechtsposition ohne hinreichenden sachlichen Grund einseitig gegenüber der anderen zu bevorzugen.[279] Dementsprechend müssen die Zivilgerichte bei der Anwendung von gesetzlichen Bestimmungen verfahren[280] (mittelbare Drittwirkung)[281] und Zivilrechtsnormen grundrechtskonform auslegen, wofür sich insbesondere Generalklauseln[282] eignen.[283] Art. 1 Abs. 3 GG eröffnet das Feld der Verhältnismäßigkeits- und Abwägungsprüfungen.

---

275 Gassner, NJW 1998, 119 (119).

276 Simon, Vom Rechtsstaat zum Richterstaat?, S. 1; Rupp, NJW 1973, 1769 (1773).

277 Von Münch/Kunig/*Meyer*, GG, Art. 97, Rn. 27 ff; vgl. Adomeit, ZRP 1970, 176 (176): „Der juristische Determinismus ist gestorben."; Rupp, NJW 1973, 1769 (1770, 1773): „Der Mythos des Richters als einer Inkarnation des richtigen Rechts, als Mund des Gesetzes, und die Deutung des Richterspruchs als Manifestation des Objektiven verdienen es in der Tat, endgültig vom Podest gestoßen zu werden.".

278 BeckOK GG/*Hillgruber*, GG, Art. 1, Rn. 61.

279 BeckOK GG/*Hillgruber*, GG, Art. 1, Rn. 73.

280 St. Rspr. vgl BVerfGE 7, 198 (206 f.) = NJW 1958, 257 (257 f.) – Lüth; BVerfGE 103, 89 (100) = NJW 2001, 957 (958).

281 Maunz/Dürig/*Herdegen*, GG, Art. 1, Rn. 98.

282 BVerfG NJW 1958, 257 (257) – Lüth.

283 BeckOK GG/*Hillgruber*, GG, Art. 1, Rn. 73

Gem. Art. 1 Abs. 3 GG müssen Gerichte bei der Auslegung und Anwendung der Gesetze die Grundrechtspositionen aller Beteiligten in einer dem Verhältnismäßigkeitsgrundsatz genügenden Weise zum Ausgleich führen, wozu regelmäßig eine "Güterabwägung" erforderlich sein wird: So hatte das BVerfG in seiner „Lüth-Entscheidung“ erklärt, dass das Recht zur Meinungsäußerung zurücktreten müsse, wenn schutzwürdige Interessen eines anderen von höherem Rang durch die Betätigung der Meinungsfreiheit verletzt würden.[284] Ob solche überwiegenden Interessen anderer vorliegen, ist im Rahmen einer Güterabwägung auf Grund aller Umstände des Falles zu ermitteln.[285] Solche sind im Rahmen von offenen Tatbestandsmerkmalen, insbesondere Generalklauseln, angezeigt. Bei „Lüth“ betraf dies die Vorschrift § 826 BGB, in denen es um die „guten Sitten“ geht. Die Grundrechte entfalten ihre Wirkkraft als verfassungsrechtliche Wertentscheidungen am effektivsten durch das Medium der Vorschriften, die das jeweilige Rechtsgebiet unmittelbar beherrschen, somit vor allem durch die zivilrechtlichen Generalklauseln.

3. *Abwägung als Garantin verhältnismäßiger Lösungen*

Hinter dem Gebot der Güterabwägung nach Maßgabe des Art. 1 Abs. 3 GG steht der Grundsatz der Verhältnismäßigkeit (auch Übermaßverbot), der unter der Rechtsprechung des BVerfG zu der entscheidenden materiellen Vorgabe im Bereich des verfassungsrechtlichen Rechtsstaatsprinzips geworden ist und nach der alles staatliche Handeln einem legitimen Zweck dienen und dabei geeignet, erforderlich und verhältnismäßig i.e.S. sein muss.[286]

Insbesondere erfordert das Gebot der Verhältnismäßigkeit i.e.S. (Angemessenheit) eine Abwägung zwischen dem Nutzen der Maßnahme und den durch die Maßnahmen herbeigeführten Beeinträchtigungen und setzt dem Ergebnis so eine Grenze.[287] Weil Abwägungsentscheidungen im Gegensatz zu strengen Subsumtionsschlüssen mit enger Bindung an den Gesetzestext rational nur begrenzt zu strukturieren und zu kontrollieren sind, bereitet es gemeinhin erhebliche Probleme, diese Grenze eindeutig zu ziehen. Sowohl die Gewichtung der einzelnen in die Abwägung eingehenden Aspekte als auch deren gegenseitige Abwägung und erst recht die Bestimmung der (Unter-)Grenze im Sinne der Angemessenheit bzw. des Übermaßes werden auf subjektiven Wertungen

---

284 BVerfG, NJW 1958, 257 (258) – Lüth.
285 BVerfG, NJW 1958, 257 (258) – Lüth.
286 Maunz/Dürig/*Grzeszick* VII., GG, Art. 20, Rn. 107
287 Maunz/Dürig/*Grzeszick* VII., GG, Art. 20, Rn. 117.

des Rechtsanwenders gestützt und haben deshalb intersubjektiv nur eine sehr begrenzte Aussagekraft. Abwägungsentscheidungen und die mit ihr eröffneten Bewertungsspielräume bergen somit die Gefahr einer unkalkulierbaren Billigkeitsrechtsprechung, s.o. Wollen Abwägungsentscheidungen verfassungsrechtlich einwandfrei sein, müssen sich deren Kriterien am Maßstab der Grundrechte orientieren und soweit als möglich transparent und kontrollierbar sein.[288] Verfassungsrechtlich ist also eine Formalisierung der Abwägung gefordert. Dies könnte ein – hier noch zu erstellender – Katalog an Kriterien leisten, der sich aus den Grundrechten, der zugehörigen Rechtsprechung des BVerfG sowie entsprechenden Verhältnismäßigkeitserwägungen ableitet.

4. *Verfassungskonforme Auslegung des § 97 Abs. 1 UrhG*

Der BGH führt in der „Gies-Adler-Entscheidung" aus, dass das Urheberrechtsgesetz grundsätzlich eine abschließende Regelung der aus dem Urheberrecht fließenden Befugnisse enthalte.[289] Zudem sei „das dem Urheber vom Gesetz eingeräumte Ausschließlichkeitsrecht das Ergebnis einer vom Gesetzgeber bereits vorgenommenen Abwägung zwischen dem Interesse des Urhebers an einer möglichst umfassenden und uneingeschränkten Ausschließlichkeitsberechtigung und den Interessen der Allgemeinheit an einem möglichst unbeschränkten Zugang und einer möglichst umfassenden Nutzung des urheberrechtlich geschützten Werks".[290]

So wird dies auch von *Bornkamm* und *Schack* gesehen, die eine ergebniskorrigierende freischwebende Güter- und Interessenabwägung außerhalb der urheberrechtlichen Schranken für unzulässig halten.[291] Neben dem Argument der abgeschlossenen Schranken wird es als widersprüchlich betrachtet, die Zulässigkeit eines Eingriffs in das Urheberrecht zunächst zu verneinen und sie schließlich im Rahmen der Prüfung der Widerrechtlichkeit zu bejahen.[292] Eine Ausnahme dürfe lediglich da greifen, wo das öffentliche Interesse nicht durch die bestehenden Schranken befriedigt werden kann. Dort soll es zu einer Güter- und Interessenabwägung kommen – allerdings im Rahmen weit auszulegender

---

288 Die Pflicht zur Begründung von Entscheidungen sowie die Offenlegung des Einflusses nicht begründbarer Wertungen ergibt sich aus dem Gebot der Methodenehrlichkeit, vgl. Treder, Methoden und Technik der Rechtsanwendung, S. 1, f.

289 BGH ZUM 2003, 777 (778) – Gies-Adler.

290 BGH ZUM 2003, 777 (778) – Gies-Adler.

291 Bornkamm, FS für Piper, S. 650; Schack, FS für Schricker, S. 516 f.

292 Schlüter, Erstveröffentlichungen, S. 132; Bornkamm, FS für Piper, S. 648.

Schranken. [293] Das Erstveröffentlichungsrecht des Urhebers gem. § 12 UrhG sei von seiner Natur ein „Grundrecht" des Urhebers, das anzutasten keinesfalls, nicht einmal ausnahmsweise, zuzulassen sei.[294]

Hier ist jedoch Widerspruch geboten. Die Einordnung des Erstveröffentlichungsrechts, als „Grundrecht" des Urhebers verfängt nicht – jedenfalls nicht in Fällen, in denen das Informationsinteresse hoch, der verwertungsrechtliche Aspekt gering und keine Belange aus dem Intimbereich betroffen sind.

Daneben ist die Gegenfrage zu stellen, welche gesetzlichen Bestimmungen denn nicht verhältnismäßig und Ausdruck einer Abwägung sind? Jede Bestimmung, zumindest jede Eingriffsnorm, die sich nicht dem Verdacht der materiellen Verfassungswidrigkeit aussetzen will, muss einer Abwägung nämlich einer Verhältnismäßigkeitsprüfung standhalten. Dieses Merkmal hat das Urheberrechtsgesetz nicht exklusiv. Jede Regelung muss einem legitimen Zweck dienen, zu dessen Erreichung geeignet sein, das mildeste zur Erreichung dieses Zwecks geeignete Mittel darstellen und schließlich darf der beabsichtigte Zweck nicht außer Verhältnis zu der Schwere des Eingriffs stehen (Angemessenheit). Es ist bei sämtlichen Gesetzen, die nicht im Wege der konkreten oder abstrakten Normenkontrolle durch das BVerfG „kassiert", also für verfassungswidrig erklärt werden oder worden sind, von deren Verfassungsmäßigkeit auszugehen. Jedenfalls setzt jede Anwendung eines Gesetzes seitens der Gerichte deren stillschweigende Anerkennung der Verfassungsmäßigkeit voraus. Denn wenn Gerichte ein entscheidungserhebliches Gesetz für verfassungswidrig halten, dürfen sie es nicht anwenden. Dann müssen sie es verfassungskonform auslegen oder sie sind verpflichtet gem. Art. 100 Abs. 1 GG, es dem BVerfG zur Vorabentscheidung vorzulegen.

Denn gem. Art. 100 Abs. 1 GG muss ein Gericht, das ein Gesetz für verfassungswidrig hält, auf dessen Gültigkeit es bei der Entscheidung ankommt, die Entscheidung des Verfassungsgerichtes einholen (konkrete Normenkontrolle). Demnach dürfen bzw. müssen einfache Gerichte Gesetze, bevor sie diese anwenden, auf deren Verfassungsmäßigkeit überprüfen. Damit erfährt die Gesetzesbindung der Rechtsprechung eine weitere Relativierung. Zugleich entsteht dadurch, dass Gerichte Verstöße der Legislative gegen das Grundgesetz oder Bundesrecht einerseits kontrollieren müssen, andererseits aber der rechtsetzenden Autorität der demokratisch unmittelbar legitimierten Parlamente unterworfen bleiben, ein Spannungsverhältnis.[295] Art 100 Abs. 1 GG sieht zu dessen Lösung und zur

---

293 Bornkamm, FS für Piper, S. 650.

294 Bornkamm, FS für Piper, S. 653.

295 BeckOK GG/*Morgenthaler*, GG, Art. 100, Rn. 1.

Vermeidung von Rechtsunsicherheit und Rechtszersplitterung ein Normverwerfungsmonopol der Verfassungsgerichte vor.[296] Einfache Gerichte haben zwar die Pflicht zur Kontrolle, nicht aber die Befugnis zur Verwerfung, die allein den Verfassungsgerichten vorbehalten ist.

Um die Nichtigkeitserklärung der Norm, die einen tiefen Eingriff in die Gestaltungsfreiheit des demokratischen Gesetzgebers darstellt, zu vermeiden, ist zunächst jedoch zu prüfen, ob eine der Verfassung entsprechende Auslegung des Gesetzes möglich ist.[297] Der Richter hat immer dann eine verfassungskonforme Auslegung vorzunehmen, wenn mehrere Auslegungsmöglichkeiten bestehen, von denen mindestens eine zur Verfassungsmäßigkeit, mindestens eine andere aber zur Verfassungswidrigkeit der Norm führen würde (1), deren Ergebnis dem eindeutig zum Ausdruck gelangten subjektiven Willen des Gesetzgebers widerspricht (2); schließlich müsste die verfassungskonforme Auslegung der Norm einen vernünftigen Sinn verleihen (3).[298] Im Interesse der Normerhaltung vermeidet die verfassungskonforme Auslegung als prozessualer Erkenntnis- und Entscheidungsakt das Verdikt der Nichtigkeit bzw. der Unvereinbarkeit der Norm und der damit verknüpften Anwendungssperre.[299] Abgrenzungsfragen zwischen Verwerfung und Erhaltung liegen auf einem schmalen Grat. Die Lösung auf Basis einer „Schranke hinter den Schranken“ lässt sich vor dem Hintergrund des hier Erklärten insoweit auch als verfassungskonforme Auslegung des Tatbestandsmerkmals „widerrechtlich“ charakterisieren.

Wegen seiner begrifflichen Offenheit und Weite eignet sich das Tatbestandsmerkmal „widerrechtlich“ ideal, den grundrechtlichen Schutz im Einzelfall zu konkretisieren. Andererseits lässt sich hiergegen einwenden, dass die Rechtssicherheit bedroht ist, wenn durch die herkömmliche Anwendung der einschlägigen Bestimmungen gefundene Lösung in einem letzten Schritt durch eine nachträgliche Abwägung umgestoßen werden kann.

Dies muss jedoch hingenommen werden, wenn andernfalls wesentliche grundrechtsrelevante Belange nicht hinreichend berücksichtigt würden. Ein solches Vorgehen ist vertretbar, wenn sichergestellt ist, dass den Wertungen und Besonderheiten des Urheberrechts Rechnung getragen wird. Schließlich ist es umso weniger angreifbar, je stärker die Abwägung anhand feststehender Gesichtspunkte vorgenommen wird.

---

296 BVerfGE 63, 131 (141); 54, 47 (51); BeckOK GG/*Morgenthaler*, GG, Art. 100, Rn. 2; Jarass/Pieroth/*Pieroth*, GG, Art. 100, Rn. 1.

297 BeckOK StGB/*von Heintschel-Heinegg*, StGB, § 1, Rn. 21.

298 BeckOK StGB/*von Heintschel-Heinegg*, StGB, § 1, Rn. 21, 21a.

299 Maunz/Schmidt-Bleibtreu/Klein/Bethge/*Bethge*, BVerfGG, § 31, Rn. 261.

III. Die Vorgaben des Art. 5 Abs. 1 und 2 GG

Maßgeblich für die verfassungsrechtliche Beurteilung wie auch die Ausgestaltung einer „Schranke hinter den Schranken" sind die Vorgaben des Art. 5 Abs. 1 und 2 GG.

1. Die Kommunikationsfreiheiten

Art. 5 Abs. 1 GG schützt die Kommunikationsfreiheiten – die Meinungsfreiheit, die auf sie bezogene Informationsfreiheit, die Pressefreiheit sowie die Freiheit der Rundfunk- und Filmberichterstattung. Garantiert ist zum einen die individuelle Meinungsbildung sowie die persönliche Auffassung des sich Äußernden – die Meinungsfreiheit ist als individuelles Freiheitsrecht um ihrer Privatnützigkeit willen geschützt.[300] Zum anderen ist die öffentliche Meinungsbildung gewährleistet. So liegt der Sinn von Meinungsäußerungen vor allem darin, geistige Wirkung auf die Umwelt ausgehen zu lassen, meinungsbildend und überzeugend zu wirken.[301] Der Begriff der Meinung ist grundsätzlich weit zu verstehen und ist durch ein Element der Stellungnahme, des Dafürhaltens, der Beurteilung geprägt.[302] Jeder soll frei sagen können, was er denkt, selbst wenn er keine nachprüfbaren Gründe für sein Urteil angibt oder nennen kann.[303] Der Schutz des Art. 5 Abs. 1 GG besteht unabhängig davon, ob man die Meinung als wertvoll, wertlos, richtig oder falsch, gefährlich oder harmlos oder emotional oder rational qualifiziert.[304] Die Grundrechtsdogmatik des Art. 5 GG ist geprägt von der Unterscheidung zwischen Tatsachenbehauptung und Werturteil.[305] Letztere fallen als Äußerungen der Stellungnahme und des Dafürhaltens stets unter Art. 5 Abs. 1 GG. Tatsachenbehauptungen fallen jedenfalls dann unter den sachlichen Schutzbereich, wenn sie Voraussetzung für die Bildung von Meinungen sind.[306]

---

300 BVerfG NVwZ 2016, 761 (762).

301 BeckOK GG/*Schemmer*, GG, Art. 5, Rn. 1.

302 BVerfGE 61, 1 (8) – Wahlkampf

303 BVerfGE 42, 163 (170 f.) – Deutschland-Stiftung.

304 Maunz/Dürig/*Grabenwarter*, GG, Art. 5, Rn. 47.

305 Maunz/Dürig/*Grabenwarter*, GG, Art. 5, Rn. 47.

306 Zur Kritik an dieser „Weil-und-soweit"-Einschränkung des BVerfG und dem damit „derivativ-akzessorischen Schutz" von Tatsachenbehauptungen, vgl. Maunz/Dürig/*Grabenwarter*, GG, Art. 5, Rn. 49 ff.

2. Die Schranke der allgemeinen Gesetze

Nach Art. 5 Abs. 2 GG finden die Kommunikationsgrundrechte ihre Schranken in den Vorschriften der allgemeinen Gesetze, in den gesetzlichen Bestimmungen zum Schutze der Jugend und in dem Recht der persönlichen Ehre. Innerhalb dieser Schrankentrias sind die allgemeinen Gesetze von vorrangiger Bedeutung. Gesetz meint hierbei entweder ein förmliches Gesetz oder auch eine untergesetzliche Bestimmung einer Rechtsverordnung oder Satzung, die ihrerseits auf einer formellen Ermächtigungsgrundlage beruht.[307] Schließlich kann auch von der Rechtsprechung fortentwickeltes Recht Gesetz i.S.v. Art. 5 Abs. GG sein.[308] Allgemein sind nach der Rechtsprechung des BVerfG Gesetze, wenn sie sich nicht gegen die Meinungsfreiheit an sich oder die Äußerung einer bestimmten Meinung richten, sondern vielmehr dem Schutz eines schlechthin, ohne Rücksicht auf eine bestimmte Meinung zu schützenden Rechtsgutes dienen.[309] In der ausführlich begründeten und für die Grundrechtsdogmatik des Art. 5 GG zentralen Wunsiedel-Entscheidung hat sich das BVerfG von der Kombinationsformel (Sonderrechts- und Abwägungslehre) der Lüth-Entscheidung gelöst und sich ausdrücklich auf die Sonderrechtslehre zur Bestimmung eines allgemeinen Gesetzes festgelegt und damit das Abwägungselement in die allgemeine Verhältnismäßigkeitsprüfung verlagert.[310] Es ist demnach zu fragen, ob eine Norm an Meinungsinhalte anknüpft und wenn ja, ob die Norm dem Schutz eines auch sonst in der Rechtsordnung geschützten Rechtsguts dient, wobei eine Vermutung besteht, dass das Gesetz nicht gegen eine bestimmte Meinung gerichtet ist, sondern meinungsneutral-allgemein auf die Abwehr von Rechtsgutverletzungen zielt.[311]

Die Vorschriften des Urheberrechtsgesetzes, die Ansprüche aus § 97 UrhG, das Erstveröffentlichungsrecht gem. § 12 Abs. 1 UrhG, die Verwertungsrechte gem. § 15 ff. UrhG richten sich weder gegen die Meinungsfreiheit als solche noch gegen eine bestimmte Äußerung. Vielmehr dienen sie dem Schutz des geistigen Eigentums und des Allgemeinen Persönlichkeitsrechts, s.o. Mithin sind die Vorschriften des UrhG, §§ 12, 15 ff. UrhG, aber auch die Anspruchsgrundlage (§ 97 UrhG), die erst den Hebel darstellt, die Urheberrechte wirksam zu schützen und die Meinungsfreiheit zu verkürzen, als allgemeines Gesetz zu qualifizieren.

307 BeckOK GG/*Schemmer*, GG, Art. 5, Rn. 98.
308 BVerfGE 34, 269 (292) – Soraya.
309 BVerfGE 7, 198 (209) – Lüth.
310 BeckOK GG/*Schemmer*, GG, Art. 5, Rn. 99.2.
311 BeckOK GG/*Schemmer*, GG, Art. 5, Rn. 99.2.

3. *Die Wechselwirkungslehre des BVerfG*

Die Dogmatik des Art. 5 GG zeichnet sich jedoch durch eine weitere bedeutende und für die hiesige Problematik äußerst relevante Besonderheit aus – die Wechselwirkungslehre. Darunter ist eine besondere Ausprägung des Verhältnismäßigkeitsgrundsatzes und der verfassungskonformen Interpretation zu verstehen, die vom BVerfG in der Lüth-Entscheidung entwickelt wurde, um ein Leerlaufen der Kommunikationsfreiheiten des Art. 5 Abs. 1 GG auszuschließen.[312] Ihrem Namen gemäß verlangt sie dergestalt eine Wechselwirkung zwischen Schutzbereich und Schranke, „dass die Schranken zwar dem Wortlaut nach dem Grundrecht Grenzen setzen, ihrerseits aber aus der Erkenntnis der grundlegenden Bedeutung dieses Grundrechts im freiheitlichen demokratischen Staat ausgelegt und so in ihrer das Grundrecht begrenzenden Wirkung selbst wieder eingeschränkt werden müssen."[313]

a) *Die drei Funktionen der Wechselwirkungslehre*

Nach der Rechtsprechung des BVerfG ist die Wechselwirkungslehre auf drei Ebenen maßgeblich, der Normauslegung, der Deutung der Äußerung sowie der Normanwendung.[314]

Zunächst verlangt Art. 5 Abs. 1 S. 1 GG auf der Stufe der Normauslegung eine im Rahmen der Tatbestandsmerkmale der betreffenden Gesetze vorzunehmende Abwägung zwischen der Bedeutung der Kommunikationsfreiheit einerseits und des Rechtsguts andererseits, in dessen Interesse sie eingeschränkt worden ist.[315]

Unvereinbar damit ist eine Auslegung, die ein Tatbestandsmerkmal so weit ausdehnt, dass sie die Erfordernisse etwa des Ehren- oder Institutionenschutzes überschreitet.[316] Das gleiche gilt, wenn für die Berücksichtigung der Kommunikationsfreiheit kein Raum mehr besteht.[317]

Damit ist eindeutig die hier problematisierte Thematik der §§ 12 Abs. 1, 97 Abs. 1 UrhG angesprochen. Wird „widerrechtlich" i.S.e. Automatismus ausgelegt, demzufolge die Ansprüche aus § 97 Abs. 1 UrhG immer bestehen, wenn eine Verletzung des § 12 Abs. 1 UrhG gegeben ist, widerspricht dies der oben

312 Vgl. BeckOK GG/*Schemmer*, GG, Art. 5, Rn. 100.
313 BVerfGE 7, 198 (209) – Lüth, vgl. auch BVerfGE 59, 231 (265) – freier Rundfunkmitarbeiter; BVerfGE 71, 206 (214) – Veröffentlichung der Anklageschrift.
314 Vgl. BeckOK GG/*Schemmer*, GG, Art. 5, Rn. 100 ff.
315 Vgl. BeckOK GG/*Schemmer*, GG, Art. 5, Rn. 102.
316 BVerfGE 71, 162 (181) – Autobiographie eines Chefarztes.
317 BVerfGE 43, 130 (139) – Flugblatt.

gemachten Vorgabe. Denn eine solche Auslegung lässt von vornherein keinen Raum für die Berücksichtigung der Kommunikationsfreiheiten. Was die Schranken der §§ 44a ff. UrhG angeht, so enthalten sie Tatbestandsmerkmale, die im Lichte des Art. 5 Abs. 1 GG ausgelegt werden können. Soweit aber maßgebliche Gesichtspunkte nur bei einer Auslegung entgegen dem Wortlaut berücksichtigt werden könnten, muss deren Würdigung im Rahmen des Tatbestandsmerkmals „widerrechtlich“ gem. § 97 Abs. 1 UrhG erfolgen. In den Fällen des § 97 Abs. 1 i.V.m. § 12 Abs. 1 UrhG ist eine Abwägung jedoch aus dem genannten Grund unbedingt vorzunehmen.

Zweitens verlangt die Wechselwirkungslehre, dass Art. 5 Abs. 1 GG auch beim Verständnis der Äußerung zu beachten ist. Danach muss das Ziel der Deutung sein, den Sinn zutage zu fördern, den er nach dem Verständnis eines unvoreingenommenen und verständigen Publikums hat.[318]

Auf der dritten Stufe der Anwendung der die Kommunikationsfreiheiten einschränkenden Gesetze verlangt Art. 5 Abs. 1 GG schließlich eine Gewichtung der Beeinträchtigung, die dem entgegenstehenden Rechtsgut auf der einen und der Meinungsfreiheit auf der anderen Seite droht, wobei alle wesentlichen Umstände zu berücksichtigen sind.[319] Dies ist die wichtigste Funktion der Wechselwirkungslehre; sie eröffnet das Feld der fallbezogenen Abwägung der gegenläufigen Rechtsgüter.[320]

b) *Interessenabwägung im Einzelfall anhand der spezifischen Dogmatik des Art. 5 Abs. 1 und 2 GG*

Die Rechtsprechung hat diesbezüglich eine Reihe von Gesichtspunkten entwickelt, die als Kriterien für die konkrete Abwägung zwischen der Meinungsfreiheit und dem kollidierenden Rechtsgut herangezogen werden. Diese betreffen vor allem den Konflikt zwischen Meinungsfreiheit und Persönlichkeitsschutz.

Auch das BVerfG hat zur Lösung von Grundrechtskonflikten mit der Meinungsäußerungsfreiheit Vorzugsregeln akzeptiert oder selbst entwickelt.[321] Das Ergebnis der Abwägung ist dabei nicht generell und abstrakt vorauszubestimmen, weil dieses von Umständen des Einzelfalles abhängt.[322]

---

318 BVerfG NJW 2010, 2193 (2194) – Ausländerückführung.

319 BVerfGE 7, 198 (212) – Lüth.

320 Vgl. BeckOK GG/*Schemmer*, GG, Art. 5, Rn. 104.

321 Vgl. BVerfGE 99, 185 (196 ff.) – Scientology.

322 BVerfGE 93, 266 (293) – Soldaten sind Mörder; BVerfGE 114, 339 (348) – Stolpe; Maunz/Dürig/ *Grabenwarter*, GG, Art. 5, Rn. 145, 148.

Die Wechselwirkungslehre wird zum Teil auch kritisch gesehen. So wird ihr vorgeworfen, sie unterlaufe das Konzept der Schrankenvorbehalte, verhindere Beschränkungen, denen durch eine Schranken-Schranke begegnet werden könne und sie stelle eine Gefahr für die Rechtssicherheit dar.[323] Hierauf ist jedoch zu replizieren, dass sie trotz aller Besonderheiten im Kern eine Verhältnismäßigkeitsprüfung darstellt, zu der Gerichte gem. Art. 1 Abs. 3 GG verfassungsrechtlich verpflichtet sind. Die Bedrohung für die Rechtssicherheit und das Hineingeraten in einen „unendlichen Strudel von Abwägungsprozessen" ist der Wechselwirkungslehre als besondere Ausprägung der Verhältnismäßigkeitsprüfung immanent.[324] Diese Gefahr für den Rechtsstaat ist ernst zu nehmen, sie kann durch Formalisierung und Rationalisierung eingehegt werden.[325]

Die von BGH und BVerfG entwickelten Gesichtspunkte für die Abwägung von Meinungsfreiheit und Persönlichkeitsschutz sind nach hier vertretener Auffassung auch für den Parallelkonflikt zwischen Meinungsfreiheit und Urheberrecht von Bedeutung. Dies lässt sich mit der hohen Bedeutung der Meinungsfreiheit und ihrer demokratiesichernden Funktion begründen, die sie unabhängig von dem mit ihr kollidierenden Rechtsgut innehat. Diese verbietet zwar einen generellen Vorrang der Meinungsfreiheit vor anderen Rechtsgütern,[326] verlangt aber unbedingt, Konflikte so zu lösen, dass ihr größtmöglicher Raum und Wirksamkeit zukommt.

Die Gesichtspunkte sollen für die hier vorgeschlagene „Schranke hinter den Schranken" fruchtbar gemacht werden und insoweit Eingang in den zugehörigen Kriterienkatalog finden als sie der spezifischen Gefährdungslage zwischen Urheberrecht vs. Meinungsfreiheit und den Besonderheiten des Urheberrechts Rechnung tragen.

aa) Die Vermutungsregel – Im Zweifel für die freie Rede

Weniger ein Gesichtspunkt als vielmehr eine Abwägungsdirektive ist die erstmals im Lüth-Urteil aufgestellte sog. Vermutungsregel. Danach ist die Zulässigkeit der freien Rede zu vermuten, wenn es sich nicht um eine „Äußerung im privaten, namentlich im wirtschaftlichen Verkehr und in Verfolgung eigennütziger Ziele, sondern um einen Beitrag zum geistigen Meinungskampf in einer die Öffentlichkeit wesentlich berührenden Frage durch einen dazu Legitimierten"

---

323 Maunz/Dürig/*Grabenwarter*, GG, Art. 5, Rn. 147 m.w.N.
324 Sachs/Bethge, GG, Art. 5, Rn. 147.
325 Vgl. 3. Kapitel: Rechtstheoretische Grundlagen – Abwägung vs. Closed job.
326 Maunz/Dürig/*Grabenwarter*, GG, Art. 5, Rn. 142, 145, 146.

handelt.[327] Zu beachten ist, dass die Einschränkung „durch einen Legitimierten“ aufgegeben wurde und für jede Person grundsätzlich die Vermutungsregel gilt.[328] Begründet wird dies mit der „schlechthin konstituierenden“ Bedeutung der Meinungsfreiheit für die Demokratie.[329] Aus der Vermutungswirkung darf jedoch weder eine automatische Vorrangwirkung für die Meinungsfreiheit noch die Entwertung privater, eigennütziger und kommerzieller Äußerungen abgeleitet werden.[330]

Es wird nach bisheriger Praxis im Rahmen des § 97 Abs. 1 UrhG nicht nach Kontext und Eignung des Beitrags zu einer öffentlichen Debatte in urheberrechtlichen Fällen differenziert. Wie dargestellt, wurde lange und wird noch immer der Grundsatz der engen Schrankenauslegung vertreten – also einer Vermutungswirkung zu Gunsten des Urheberrechts. Diese verträgt sich nicht mit der Dogmatik des Art. 5 GG.

bb) Werturteil und Tatsachenbehauptung

Ferner ist die feine Differenzierung zwischen Werturteil und Tatsachenbehauptung ein wichtiges Element der speziellen Dogmatik des Art. 5 GG, der auch auf den hier untersuchten Parallelkonflikt zu übertragen ist.

Nach der Wechselwirkungslehre hängt bei Tatsachenbehauptungen die Abwägung vom Wahrheitsgehalt ab. Hier gilt der Grundsatz, dass wahre Aussagen, auch wenn sie für den Betroffenen nachteilig sind, regelmäßig hingenommen werden müssen, unwahre dagegen nicht.[331] In diesem Zusammenhang werden die sog. Sorgfaltspflichten relevant. Deren Umfang hängt von den Aufklärungsmöglichkeiten im Einzelfall ab, sie dürfen jedoch nicht als eine die Meinungsfreiheit beschränkende Wahrheitspflicht verstanden werden. Medien unterliegen strengeren Anforderungen als Privatpersonen.[332]

Bei Werturteilen ist die Schwere der Beeinträchtigung der betroffenen Rechtsgüter maßgeblich. Die äußersten Grenzen bilden der Menschenwürdeverstoß, die Formalbeleidigung sowie die Schmähkritik. Bei den beiden letztgenannten

---

327 St. Rspr. seit BVerfGE 7, 198 (212) – Lüth; BVerfGE 93, 266 (294 f.) – Soldaten sind Mörder.

328 BVerfGE 12, 113 (125) – Schmid/"Spiegel"; BeckOK InfoMedienR/*Kühling*, GG, Art. 5, Rn. 141.

329 BeckOK InfoMedienR/*Kühling*, GG, Art. 5, Rn. 140.

330 BeckOK InfoMedienR/*Kühling*, GG, Art. 5, Rn. 143.

331 Vgl. BVerfGE 97, 391 (403) – Missbrauchsvorwurf; BeckOK GG/*Schemmer*, GG, Art. 5, Rn. 100–107.2

332 Maunz/Dürig/*Grabenwarter*, GG, Art. 5, Rn. 170.

ist eine Abwägung im Konkreten entbehrlich. Beiträge, die gegen die Menschenwürde verstoßen, sind vornherein einer Abwägung entzogen.[333]

Auch in Kollisionsfällen mit dem Urheberrecht ist es prinzipiell möglich, die in Rede stehenden Beiträge danach zu differenzieren, ob sie einer Tatsachenbehauptung entsprechen oder eher wertender Natur sind. Ebenfalls scheint es zweckmäßig, insbesondere in den Fällen, in denen Medien die urheberrechtsrelevante Handlung begangen haben, die Einhaltung von Sorgfaltspflichten zu überprüfen.

So ist der Revisionsbericht im Fall „Ergo vs. Handelsblatt" eher ein Tatsachenbericht, während die Briefe von *Günther Grass* zumindest auch Elemente der Stellungnahme enthalten. Überdies wäre die Frage zu stellen, ob die Revisionsberichte geleakt oder rechtmäßig erlangt und auf ihren Wahrheitsgehalt überprüft wurden. Auch ließe sich der hinter der Rechtsprechung zur Schmähkritik stehende Gedanke nutzbar machen und danach differenzieren, ob es im Kern noch um eine Sachauseinandersetzung oder vordergründig um eine Diffamierung des Betroffenen geht. Diese Aspekte zu berücksichtigen, ist ein Gebot aus Art. 5 GG und schafft zugleich die Voraussetzung dafür, ein sachgerechtes und ausgewogenes Ergebnis zu generieren.

cc) Form der Äußerung

Zu einem weiteren Kriterium des Art. 5 Abs. 1 GG gehört auch die Äußerungsform eines Beitrages. Im Spannungsfeld der Meinungsfreiheit mit dem Schutz der Persönlichkeitsrechte gilt der Grundsatz, dass Polemiken, Schärfen und Übersteigerungen erlaubt sind und nicht vorschnell als Schmähkritik qualifiziert werden.[334] Das gilt erst Recht für satirische Äußerungen, die einer besonderen Auslegung unterliegen und nicht „beim Wort genommen" werden dürfen.[335]

dd) Recht zum Gegenschlag

Ferner ist bei Fragen des Ehrschutzes das Vorverhalten des Kritisierten berücksichtigungsfähig und mithin zu beachten, ob derjenige, der Adressat einer kritischen Äußerung ist, Anlass zu einer derartigen Reaktion gegeben hat („sog. Gegenschlags"-These).[336]

---

333 BeckOK GG/*Schemmer*, GG, Art. 5, Rn. 107.1.

334 Maunz/Dürig/*Grabenwarter*, GG, Art. 5, Rn. 164.

335 Maunz/Dürig/*Grabenwarter*, GG, Art. 5, Rn. 165.

336 Maunz/Dürig/*Grabenwarter*, GG, Art. 5, Rn. 167.

ee) Fazit

Die aufgeführten Kriterien sind Ausfluss von Art. 5 Abs. 1, 2 GG. Sie sind geeignet, als Vorgaben für den hier untersuchten Konflikt zwischen Urheberrecht und Meinungsfreiheit herangezogen zu werden und die Abwägung auf Basis einer „Schranke hinter der Schranke“ zu konkretisieren.

IV. Vereinbarkeit einer nachgeschalteten Interessenabwägung mit der Rechtsprechung der Zivilgerichte

Der hier vertretene Vorschlag der nachgeschalteten Interessenabwägung („Schranke hinter der Schranke“) ist der Zivilrechtsprechung nicht fremd. Vielmehr existieren gerichtliche Entscheidungen, an die der hier gemachte Vorschlag angeknüpft werden kann.

1. BGH-Rechtsprechung – ambivalente Haltung

Es lassen sich neben der „Gies-Adler-Entscheidung“, in der der BGH dezidiert eine nachgelagerte Interessenabwägung ablehnt, Entscheidungen heranziehen, die sich dem hier unterbreiteten Vorschlag durchaus zugänglich zeigen.

In seiner Entscheidung „Verhüllter Reichstag“ gestattet bzw. fordert der BGH, dass eine enge am Wortlaut orientierte Auslegung einer großzügigeren, der verfassungsrechtlich geschützten Position des Verwerters Rechnung tragenden Interpretation (einer Schrankenbestimmung) im Einzelfall weichen soll, wenn an der Wiedergabe eines geschützten Werkes ein gesteigertes öffentliches Interesse besteht.[337]

Eine Durchbrechung des Grundsatzes der engen Schrankenauslegung soll ferner dann gestattet sein, wenn neue Technologien dies erfordern[338] und immer dann, wenn neben dem Urheberrecht weitere Grundrechtspositionen betroffen sind.[339] In der Entscheidung zum „Elektronischen Pressespiegel“ heißt es, dass „(in jedem Fall) neben den Interessen des Urhebers die durch die Schrankenbestimmungen geschützten Interessen zu beachten und ihrem Gewicht entsprechend für die Auslegung der gesetzlichen Regelung heranzuziehen“ sind.[340]

---

337 BGH ZUM 2002, 636 (637) – Verhüllter Reichstag.

338 Vgl. BGH GRUR 2002, 963 ff. – Elektronischer Pressespiegel; BGH GRUR 2008, 245 (246, Tz. 19 f.) – Drucker und Plotter, danach kommt es darauf an, dass der heute in Rede stehende Vorgang „funktional dem entspricht, was der Gesetzgeber seinerzeit als regelungsbedürftig angesehen hat“.

339 BVerfG GRUR 2012, 389 ff. (Tz. 17) – Kunstaustellung im Online-Archiv.

340 BGH GRUR 2002, 963 (966) – Elektronischer Pressespiegel.

Auch lässt die bereits ältere Entscheidung „Liedtextwiedergabe“ Sympathie für den hier vertretenen Vorschlag erkennen. Hier musste über die Zulässigkeit eines Berichts in der „Bild am Sonntag“ in ihrer Ausgabe vom 24. Februar 1980 mit dem Titel „Unsterbliche Lili Marleen“ entscheiden. Im Rahmen dieses Berichts wurde der vollständige Text, sämtliche fünf Strophen des Liedes, in der Bild am Sonntag abgedruckt. In der Ausgabe des "Hamburger Abendblattes", vom 11. Juli 1980, einer wie die Bild (am Sonntag) ebenfalls von Axel Springer verlegten Zeitung, wurde im Zusammenhang mit einem Bericht über die Aufstellung einer Straßenlaterne mit Gedenktafel für Lale Andersen in ihrer Heimatstadt Bremerhaven die erste Strophe des Textes dieses Liedes wiedergegeben. Beide Veröffentlichungen erfolgten ohne Erlaubnis der Rechteinhaber des Liedes.

Der BGH sah weder die Voraussetzungen des § 50 UrhG (Berichterstattung über Tagesereignisse) noch die Schranke des § 51 Abs. 1 Nr. 2 UrhG a.F. mangels Vorliegen eines Zitatzwecks als erfüllt an. Ebenso wenig erkannte er ein „unabweisbares redaktionelles Bedürfnis an der vollständigen Wiedergabe des Textes“[341]Berufungsgericht wie BGH sprachen zwar grundsätzlich die Möglichkeit an, in Ausnahmefällen urheberrechtliche Befugnisse über die ausdrücklich gesetzten Schranken hinaus zu beschränken, hielten eine derartige Konstellation jedoch vorliegend für nicht gegeben.

Die erwähnten Entscheidungen lassen deutlich werden: Die Bedeutung der mit dem Urheberrecht konkurrierenden Rechtsgüter wird vom BGH keineswegs verkannt. Auch wird zutreffend gesehen, dass der Grad des öffentlichen Interesses für die Auslegung eine Rolle spielen und auch unterschiedlich gewichtet werden muss. Der hier vertretene Vorschlag denkt diese Ansätze konsequent weiter.

Wie erwähnt, vertritt der BGH jedoch in der Gies-Adler-Entscheidung den Standpunkt, dass eine „außerhalb der urheberrechtlichen Verwertungsbefugnisse sowie der Schrankenbestimmungen der § 45 ff. UrhG angesiedelte allgemeine Güter- und Interessenabwägung“ nicht zulässig sei.[342] Denn das Urheberrechtsgesetz enthalte grundsätzlich eine abschließende Regelung der aus dem Urheberrecht fließenden Befugnisse.[343] Weil das dem Urheber vom Gesetz eingeräumte Ausschließlichkeitsrecht das Ergebnis einer vom Gesetzgeber bereits vorgenommenen Abwägung zwischen den Interessen des Urhebers sowie den Interessen der Allgemeinheit sei, sei für eine nachgelagerte

341 BGH, Urt. v. 07.03.1985, I ZR 70/82, NJW 1985, 2134 (2135) – Lili Marleen.
342 BGH ZUM 2003, 777 (779) – Gies-Adler.
343 BGH ZUM 2003, 777 (779) – Gies-Adler.

Interessenabwägung kein Raum.[344] Vielmehr überschreite dies die Kompetenzen der Zivilgerichte.[345]

Dass diese Auffassung ihrerseits aus verfassungsrechtlichen und weiteren Gründen angreifbar ist, wurde bereits erörtert. Es sei noch erwähnt, dass die Argumentation des BGH nicht zuletzt im Grundsatz der engen Schrankenauslegung wurzelt, wenn es heißt: „Besteht beispielsweise an der Wiedergabe eines geschützten Werkes ein gesteigertes öffentliches Interesse, kann dies unter Umständen schon bei der Auslegung der dem Urheber zustehenden Befugnisse, in jedem Fall aber bei der Auslegung der Schrankenbestimmungen berücksichtigt werden und im *Einzelfall* dazu führen, dass eine enge, am Gesetzeswortlaut orientierte Auslegung einer großzügigeren, dem Informations- und Nutzungsinteresse der Allgemeinheit Rechnung tragenden Interpretation weichen muss.“[346] Schon diese Grundannahme ist in Frage zu stellen, s.o.

Dieser Entscheidung kann noch insoweit gefolgt werden, als in erster Linie versucht werden soll, den verfassungsrechtlichen Konflikt im Rahmen der Auslegung von Ausschließlichkeitsrechten sowie der Schrankenbestimmungen zu lösen. Wenn die Tatbestandsmerkmale wegen ihres eindeutigen Wortlautes jedoch berücksichtigungspflichtige Belange unberücksichtigt lassen, bedarf dies einer Korrektur. Diese Belange müssen dann bei der Frage der „Widerrechtlichkeit“ abgewogen werden.

2. *Landes- und oberlandesgerichtliche Rechtsprechung – teilweise Anwendung ungeschriebener Schranken*

Der hier vertretene Vorschlag wird jedoch gestützt durch und lässt sich anknüpfen an einige Entscheidungen, die von Landes- und Oberlandesgerichten getroffen wurden.

So sei zunächst noch einmal an den Fall „Berufungsschrift“ erinnert. Hier nahm das OLG Hamburg eine jenseits der Schrankenregelung angesiedelte „Güterabwägung“ vor und kam zu dem Ergebnis, dass die Veröffentlichung nicht rechtswidrig gewesen sei und kein Verstoß gegen §§ 12, 15 UrhG vorgelegen hätte.[347] Begründet wurde dies mit der Meinungs- und Informationsfreiheit, die vorgehen müssten, wenn eine Abwägung ergebe, dass schützenswerte Belange des Urheberrechtsinhabers nicht gefährdet seien und überragende Interessen

344 BGH ZUM 2003, 777 (779) – Gies-Adler.
345 BGH ZUM 2003, 777 (779) – Gies-Adler.
346 BGH ZUM 2003, 777 (779) – Gies-Adler.
347 OLG Hamburg NJW 1999, 3343 (3344) – Berufungsschrift.

der Allgemeinheit eine Veröffentlichung verlangten.[348] Das Gericht sah davon ab, seine Überlegung dogmatisch näher einzuordnen: „Es mag verfehlt sein, von einem übergesetzlichen Notstand zu sprechen. Es kommt nicht auf Begriffe an (...).“[349]

Ferner sind die bereits angesprochenen Entscheidungen des LG und KG Berlin im Fall „Botho Strauß“ zu nennen, an die sich der hier vertretene Vorschlag anknüpfen lässt. Das LG Berlin nahm angesichts der Kollision zwischen dem Urheberpersönlichkeitsrecht und der Meinungs- und Pressefreiheit eine Güter- und Interessenabwägung vor. Bei dieser gelangte er zu der Überzeugung, dass letztere hier den Vorzug verdienten und die Veröffentlichung der Briefe mithin nicht als rechtswidrig zu beanstanden seien.[350] Das Kammergericht Berlin hielt eine nachgeschaltete Güterabwägung ebenfalls für möglich und das Erstveröffentlichungsrecht für nicht „sakrosankt“, allerdings Eingriffe in dieses nur in besonderen Extremfällen für gerechtfertigt.[351]

Vorbildlich im Sinne des hier unterbreiteten Vorschlags ist schließlich die Entscheidung des OLG Stuttgart im Fall „Sexfilm“.[352] Denn dieses vertrat darin die Auffassung, dass die Ausstrahlungswirkung der Grundrechte es geböten, „bei einem Unterlassungsanspruch wegen eines Eingriffs in das durch Art. 14 Abs. 1 S. 1 UrhG geschützte Urheberrecht im Rahmen der Rechtswidrigkeit den Schutz der Grundrechte des Schädigers, insbesondere Art. 5 GG zu berücksichtigen und die Grundrechte der Beteiligten gegeneinander abzuwägen. Eines Rückgriffes auf einen übergesetzlichen Notstand bedarf es hierfür nicht“.[353]

Dabei hat das Gericht auch die besondere Dogmatik des Art. 5 GG berücksichtigt und zwischen Meinung und Tatsachenbehauptung differenziert. Ferner legte es die sog. Vermutung für die freie Rede zu Grunde, zumal es den in Rede stehenden Beitrag als Beitrag zum geistigen Meinungskampf in einer die Öffentlichkeit wesentlich berührenden Frage qualifiziert. In einem solchen Fall seien die Auswirkungen der Äußerung auf den Rechtskreis Dritter zwar unvermeidliche Folge, nicht jedoch eigentliches Ziel der Äußerung. Die Vermutung der freien Rede müsse in diesen Fällen gelten, weil sonst die Meinungsfreiheit, die Voraussetzung eines freien und offenen politischen Prozesses ist, in ihrem Kern betroffen wäre.

---

348 OLG Hamburg NJW 1999, 3343 (3344) – Berufungsschrift.
349 OLG Hamburg NJW 1999, 3343 (3344) – Berufungsschrift.
350 LG Berlin NJW 1995, 881 (882) – Botho Strauß.
351 KG NJW 1995, 3392 (3394) – Botho Strauß.
352 OLG Stuttgart – Beschluss vom 22.07.2003 – 4 W 32/03 – Sexfilm.
353 OLG Stuttgart – Beschluss vom 22.07.2003 – 4 W 32/03, Leitsatz 3 – Sexfilm.

C. Vereinbarkeit der „Schranke hinter den Schranken“ mit der EMRK

Die Möglichkeit einer nachgeschalteten Interessenabwägung sowie ihre konkrete Ausgestaltung sollen im Einklang mit der Europäischen Menschenrechtskonvention (EMRK) stehen.

Gem. Art. 1 EMRK ist Deutschland als Vertragsstaat zur Sicherung der EMRK verpflichtet. Eine unmittelbare völkerrechtliche Bindung der Organe oder gar von Privaten besteht in aller Regel jedoch nicht.[354] Im Falle der BRD folgt die mittelbare Verpflichtung sämtlicher staatlicher Organe vielmehr erst aus Art. 20 Abs. 3 GG i.V.m. Art. 59 Abs. 2 GG.[355]

Deutschland als Völkerrechtssubjekt trägt auch dann die Verantwortung für eine Konventionsverletzung, wenn es, wie auf die Jurisdiktion der unabhängigen Gerichte keine Möglichkeit der Einflussnahme hat.[356]

Gem. Art. 10 Abs. 1 EMRK hat jede Person das Recht auf freie Meinungsäußerung. Gem. Art. 1 1. des EMRK-ZProt ist ferner jede natürliche oder juristische Person in ihrem Recht auf Achtung ihres Eigentums geschützt.

Wie ein konventionsmäßiger Ausgleich zwischen diesen Rechten seitens der Vertragsstaaten auszusehen hat, ergibt sich aus der Rechtsprechung des Europäischen Gerichtshofs für Menschenrechte.

I. Die EGMR-Entscheidung „Ashby Donald vs. Frankreich“ (2013)

Die EGMR-Entscheidungen „Ashby Donald vs. Frankreich“ sowie „Kolmissoppi vs. Schweden“ aus dem Jahr 2013 sind maßgebend für das Verhältnis von Urheberrecht und Meinungsfreiheit. Diese sollen im Folgenden beleuchtet werden.

1. Vom innerfranzösischen Rechtsstreit zur europäischen Leitentscheidung

Anlass für den Rechtsstreit „Ashby vs. Frankreich“ waren Modefotografien, welche von den Modejournalisten *Ashby Donald* und anderen unter Verletzung des französischen Urheberrechts im Internet öffentlich zugänglich gemacht wurden. Nachdem sie dafür von französischen Gerichten zu Geldstrafen und Schadensersatz verurteilt worden waren, rügten sie vor dem EGMR eine Verletzung ihrer Meinungsfreiheit gem. Art. 10 Abs. 1 EMRK. Diese Rüge wurde

354 Von Arnauld, Völkerrecht, Rn. 636; Grabenwarter/Pabel, EMRK, § 17, Rn. 6; Karpenstein/Mayer/*Johann*, EMRK, Art. 1, Rn. 10.

355 Karpenstein/Mayer/*Johann*, EMRK, Art. 1, Rn. 10.

356 Ehlers, Jura 2000, 372 (376).

von der 5. Kammer abgewiesen, jedoch nicht als „offensichtlich unbegründet" i.S.d. Art. 35 Abs. 3 EMRK und damit als „unzulässig", sondern als unbegründet, sodass es zu wichtigen Ausführungen zum Verhältnis von Urheberrecht und Meinungsfreiheit kam.

a) Schutzbereich von Art. 10 Abs. 1 EMRK

Zunächst machte die Kammer unter Hinweis auf entsprechende Vorgängerentscheidungen deutlich, dass der Schutzbereich von Art. 10 EMRK jedwede Kommunikation – ungeachtet von Form und Inhalt – erfasst.[357] Mithin sei auch Kommunikation geschützt, die, wie vorliegend, im Internet stattfindet, sich in Lichtbildern manifestiert und kommerzielle Zwecke verfolgt.[358]

b) Eingriff in den Schutzbereich

Die Kammer betrachtete die Verurteilung der drei Beschwerdeführer durch die französischen Gerichte als einen Eingriff in das Recht der Meinungsfreiheit.

c) Konventionsrechtliche Rechtfertigung

Der Eingriff ist jedoch gerechtfertigt, wenn er nach Art. 10 Abs. 2 EMRK „vom Gesetz vorgesehen" ist, „legitime Ziele" verfolgt und in einer „demokratischen Gesellschaft" notwendig ist. Weil die Verurteilungen durch die französischen Gerichte auf Art. L. 335-2 und L. 335-3 des Gesetzes zum geistigen Eigentum basierten, war der Eingriff nach Auffassung der Richter auch vom Gesetz vorgesehen. Zudem habe er „legitime Ziele" verfolgt, weil die Verurteilungen dem Schutz der Urheberrechte der Modehäuser und damit dem Schutz der in Art. 10 Abs. 2 EMRK genannten Rechtsgüter dienten.[359]

Ausführlicher widmete sich die Kammer schließlich der Frage, ob der „Eingriff in einer demokratischen Gesellschaft notwendig" war. Dies ist der Fall, wenn er einem dringenden sozialen Bedürfnis („besoin social imperieux") folgt.[360] Hierzu wiederholte die Kammer die hergebrachte Rechtfertigungsdogmatik und

---

357 Angeführt werden: Times Newspaper Ltd. vs. das Vereinigte Königreich (1 und 2), 3002/03 und 23676/03, EGMR 2009, Redaktion Pravoye Delo und Shtekel vs. Ukraine, Nr. 33014/05, EGMR 2011; Kommerzielle Zwecke verfolgende Kommunikation als Teil des Art. 10 EMRK: Autronic AG vs. die Schweiz, 22.5.1990, § 47, Serie A, Nr. 178; Casado Coca vs. Spanien 24.02.1994, § 35, Serie A Nr. 285-A, vgl. EGMR K&R 2013, 313 ff., Rn. 34 – Ashby.

358 EGMR K&R 2013, 313 ff., Rn. 34 – Ashby.

359 EGMR K&R 2013, 313 ff., Rn. 36 – Ashby.

360 EGMR K&R 2013, 313 ff., Rn. 37 ff. – Ashby.

erklärte, dass der Eingriff verhältnismäßig zum verfolgten legitimen Zweck sein müsse, wobei die nationalen Stellen der Vertragsstaaten bei der Beurteilung des Vorliegens einer solchen Notwendigkeit (grundsätzlich) einen gewissen Beurteilungsspielraum (marge d' appreciation) genössen.[361] Die Kammer machte deutlich, dass der Umfang dieses Spielraums von mehreren Faktoren bestimmt werde.[362] Eines dieser Kriterien, das das Gericht hier (wie auch bereits in anderen Entscheidungen) herausstellte, ist die Art des Diskurses.[363] So verenge sich der nationale „Ermessensspielraum“, wenn etwa die Äußerung kommerziellen Charakters sei.[364] Er sei dagegen erweitert, wenn die Äußerung der Beteiligung an einer Debatte von allgemeinem Interesse diene.[365] Im Fall „Ashby“ werteten die Straßburger Richter – der Öffentlichkeit zwar ein grundsätzliches Interesse an Mode zugestehend – den Beitrag als in erster Linie kommerzielle Äußerung und gingen dementsprechend von einem *weiten Beurteilungsspielraum* zu Gunsten des Staates aus.[366]

Hinzu kommt ein Weiteres: Wenn das durch den Eingriff seinerseits verfolgte Ziel im Schutz von solchen Rechten und Rechtsgütern besteht, die ebenfalls und ausdrücklich dem Schutz der EMRK unterstehen, sei den Konventionsstaaten abermals eine Erweiterung des Beurteilungsspielraums zuzugestehen.[367] Das mit dem Eingriff verfolgte Ziel diente dem Schutz der Urheberrechte der Modedesigner, welche als geistiges Eigentum von Art. 1 Nr. 1 1. ZProt geschützt sind.[368] Die Kammer bemerkte hierzu: „Das Abwägen unterschiedlicher und möglicherweise entgegengesetzter Interessen ist dabei schwierig.“[369] Im vorliegenden Fall sah sich die Kammer also durch die beiden gegebenen Faktoren veranlasst, von einem besonders bedeutenden Ermessenspielraum seitens der nationalen Behörden auszugehen. Von diesem Standpunkt aus befand sie Art und Schwere der den Beschwerdeführern auferlegten Sanktionen für nicht unverhältnismäßig zu dem verfolgten Ziel und stellte mithin keine Verletzung von Art. 10 EMRK fest.[370]

361 EGMR K&R 2013, 313 ff., Rn. 38 ii. – Ashby.
362 Hierzu: EGMR K&R 2013, 313 ff., Rn. 39 – Ashby.
363 EGMR K&R 2013, 313 ff., Rn. 39 – Ashby.
364 EGMR K&R 2013, 313 ff., Rn. 39 – Ashby.
365 EGMR K&R 2013, 313 ff., Rn. 39 – Ashby.
366 EGMR K&R 2013, 313 ff., Rn. 39 – Ashby.
367 EGMR K&R 2013, 313 ff., Rn. 40 – Ashby.
368 EGMR K&R 2013, 313 ff., Rn. 40 – Ashby.
369 EGMR K&R 2013, 313 ff., Rn. 40 – Ashby.
370 EGMR K&R 2013, 313 ff., Rn. 44 – Ashby.

2. Rezeption der „Ashby-Entscheidung“

Die Resonanz auf die EGMR Entscheidung „Ashby Donald vs. Frankreich“ war groß und überwiegend euphorisch, weil in ihr Implikationen für deutsche Fälle erblickt werden.

So wird den Ausführungen des EGMR zum Merkmal „notwendig“ teilweise entnommen, dass bei Fällen an der Schnittstelle zwischen Urheber- und Presserecht eine Einzelfallabwägung der widerstreitenden Rechtsgüter seitens der nationalen Fachgerichte vorzunehmen sei.[371] *Nieland* prophezeit insoweit einen „Paradigmenwechsel“.[372] Die „Ashby-Entscheidung“ sei der BGH-Linie, wonach urheberrechtliche Schranken als abschließende, gleichsam vorweggenommene Abwägungsentscheidungen des Gesetzgebers verstanden werden, diametral entgegengesetzt.[373] Insbesondere müssten fortan Fälle, in denen Urheber eine Veröffentlichung von vertraulichen Aufzeichnungen zu verhindern suchten, anders bewertet werden. Bislang habe gegolten: Urheber von unveröffentlichten Werken können die unberechtigte Veröffentlichung durch Dritte unter Hinweis auf § 12 Abs. 1 UrhG unterbinden. Die Vorgaben aus Straßburg verlangten jedoch nunmehr eine Abwägung. Sollte das Informationsbedürfnis und das öffentliche Interesse schwerer wiegen als das Urheberpersönlichkeitsrecht und das Geheimhaltungsinteresse des Urhebers, sei eine Veröffentlichung zulässig.

Auch *Hoeren* sieht in dem Urteil eine „Sensation, zwar nicht im Ergebnis jedoch in der Argumentation“.[374] Auch er folgert, dass deutsche Fachgerichte bei der Entscheidung urheberrechtlicher Fälle, in denen Berührungen zum Recht der Informations- Meinungs- und Pressefreiheit bestehen, ihre klassische Dogmatik der engen Schranken aufgeben müssten.[375] Weil das Urheberrecht eine Ausnahmeerscheinung gegenüber den Fundamentalrechten der Kommunikationsfreiheiten darstelle, müsse vielmehr die Meinungsfreiheit weit und die sie beschränkenden Rechte, wie z.B. das Urheberrecht, eng ausgelegt werden.[376]

Dieser Feststellung schließt sich *Peifer* an, der angesichts der „Ashby-Entscheidung“ eine „großzügigere Auslegung von Schranken zu Gunsten meinungsbildender Äußerungen“ für angezeigt hält.[377]

---

371 Nieland, K&R 2013, 285 (285); Mann, AfP 2015, 295 (300).
372 Nieland, K&R 2013, 285 (287).
373 Nieland, K&R 2013, 285 (287).
374 Hoeren, MMR 2013, 797.
375 Hoeren, MMR 2013, 797.
376 Hoeren, MMR 2013, 797.
377 Peifer, ZUM 2014, 86 (87, Fn. 3).

Der Hamburger Medienanwalt *Roger Mann* wird mit Blick auf das „Ashby-Urteil“ in der FAZ mit den Worten zitiert: „Ein Gericht kann eine Veröffentlichung künftig nicht mehr allein deswegen verbieten, weil sie nicht von den Ausnahmeklauseln im deutschen Urheberrechtsgesetz erlaubt wird“.[378]

Auch die Juristen des online-Magazins „*Recht am Bild*“ prognostizieren in Ansehung der Entscheidung aus Straßburg, dass die Pressefreiheit bei Urheberrechtsverstößen nunmehr ein größeres Gewicht erhalten werde.[379]

Besonders euphorisch gibt sich ein britischer Online-Publizist. Die Entscheidung nämlich habe die Schwelle für das Vorliegen von Urheberrechtsverstößen beträchtlich erhöht und zeige zudem, dass das „Urheberrechtsmonopol den Europäischen Menschenrechten fundamental entgegensteht.“[380]

In einem systematischen Zusammenhang wird das Urteil auf *telemedicus.info*[381] bewertet. Hier gelangt man zur Feststellung, dass „Ashby“ auf einer gemeinsamen Linie mit der Germania-3-Entscheidung[382] des BVerfG liege. Denn beiden Urteilen sei zu entnehmen, dass das Urheberrecht nicht als starres Regelwerk betrachtet und „stur“ nach seinem Wortlaut angewendet werden dürfe. Vielmehr müsse auch das Urheberrecht in Relation zu anderen, betroffenen berechtigten Interessen gesetzt werden und könne auch in konkreten Einzelfällen hinter diesen zurücktreten.[383]

---

378 http://www.faz.net/aktuell/feuilleton/debatten/urheberrecht/zum-strassburger-urheberrechtsurteil-das-ende-der-pressezensur-12054689.html (abgerufen am 09.11.2015 um 13:18 Uhr).

379 http://www.rechtambild.de/2013/02/egmr-zum-verhaltnis-von-urheberrecht-und-pressefreiheit/ (abgerufen am: 09.11.2015 um 13:19 Uhr).

380 „*The European Court of Human Rights has declared that the copyright monopoly stands in direct conflict with fundamental Human Rights, as defined in the European Union and elsewhere.*“ http://falkvinge.net/2013/02/07/court-of-human-rights-convictions-for-file-sharing-violates-human-rights/ (abgerufen am 09.11.2015 um 13:20 Uhr), es sei darauf hingewiesen, dass im Vereinigten Königreich dem Urheberrechtsschutz ein anderes Konzept und Verständnis zu Grunde liegt.

381 telemedicus.info ist ausweislich seiner Selbstbeschreibung ein von telemedicus e.V. getragenes non-profit-Projekt, das den freien Austausch von Wissen über Rechtsfragen auf juristischer und interdisziplinärer Ebene fördern will (http://www.telemedicus.info/pages/telemedicus.html).

382 Beschluss des BVerfG (2. Kammer des Ersten Senats) vom 29. 6. 2000 – 1 BvR 825/98, in dem es um die Reichweite des § 51 a.F. UrhG ging und in dem die Anwendungsmöglichkeiten der Zitierfreiheit erweitert wurden; vgl. BVerfG, NJW 2001, 598 ff. – Germania 3.

383 http://www.telemedicus.info/article/2518-EGMR-Verhaeltnis-von-Urheberrecht-und-Pressefreiheit.html (abgerufen am 09.11.2015 um 13:42 Uhr).

Abschließend sei die Entscheidung des KG Berlin vom 10.06.2015 erwähnt, die entgegen der im Schrifttum kursierenden Euphorie nüchtern feststellte, dass der EGMR mit seinem Urteil vom 10.01.2013 keine Vorgaben gemacht habe, „die sich nicht ohnehin aus dem Grundgesetz ergeben würden".[384]

3. EMRK-Konformität der „Schranke hinter den Schranken"

In der Entscheidung „Ashby" wird zu Recht ein wichtiger Impuls erblickt, der für das Verhältnis Urheberrecht / Meinungsfreiheit von Bedeutung ist. Welche Implikationen von ihr ausgehen und wie die Entscheidung von deutschen Zivilgerichten genau zu rezipieren ist, ist richtigerweise differenziert zu beantworten.

a) „Notwendig" (Art. 10 Abs. 2 EMRK) als Ansatzpunkt der Abwägung

Die Vorgabe des Art. 10 Abs. 2 EMRK, wonach der Eingriff zum Schutz anderer Rechte *notwendig* sein muss, könnte der Ansatzpunkt sein, der das Feld der Einzelfallabwägung auch für nationale Fachgerichte eröffnet.[385] Das Urheberrecht ist, wie bereits erwähnt, eines jener „anderen Rechte", s.o. Das Merkmal der Notwendigkeit liegt nach der Rechtsprechung des EGMR vor, wenn der Eingriff im Verhältnis zum verfolgten Zweck steht und die nationalen Stellen stichhaltige und ausreichende Gründe zur Rechtfertigung angeführt haben.[386]

Davon ausgehend könnte man also zu Recht folgern, dass die Gerichte der Vertragsstaaten nicht nur berechtigt, sondern verpflichtet sind, die Verhältnismäßigkeit im Wege einer Güterabwägung im Einzelfall zu ermitteln. Die wiederholte Rede der Kammer von dem den Vertragsstaaten zugebilligten Beurteilungsspielraum lässt sich ebenfalls als Argument für diese Annahme deuten. Dass die Abwägung insbesondere durch die *Gerichte* vorzunehmen sei, könnte vor allem die ausdrückliche Bezugnahme der Kammer auf das Axel Springer Urteil nahelegen.[387] Die Kammer unterstreicht, dass die Art und die Schwere der verhängten Sanktionen bei der Beurteilung der Verhältnismäßigkeit eines Eingriffs in die Ausübung des Rechts der freien Meinungsäußerung zu berücksichtigen seien[388] – im Original: „Il es vrai que la nature et la gravité des sanctions infligées sont á prendre en compte lorsque il s agit d évaluer la proportionalité d une ingérence dans l exercice du droit á la liberté d expression."[389]

---

384 KG Berlin, Urt. v. 10.06.2015, 24 U 101/14 – Strittmatter-Briefe.
385 Nieland, K&R 2013, 285 (287).
386 Nieland, K&R 2013, 285 (287).
387 EGMR K&R 2013, 313 ff., Rn. 43 – Ashby; Nieland, K&R, 285 (287).
388 EGMR K&R 2013, 313 ff., Rn. 43 – Ashby.
389 Voir, parmi d autres, Axel Springer AG c. Allemagne (GC), no 39954/08, § 95, 7 février 2012

b) Zweifel an einer Pflicht zur Abwägung

Es lassen sich jedoch auch Zweifel an einer Pflicht zur Abwägung durch die Zivilgerichte annehmen.

aa) Adressat der Abwägungspflicht – Gesetzgeber oder Gerichte?

So ist der vielfach im Urteilstext erwähnte Beurteilungsspielraum regelmäßig ein den Vertragsstaaten als Gesamtheit zugestandener. So heißt es: „Der Umfang des Ermessensspielraums, welcher den *Vertragsstaaten* in dem jeweiligen Bereich zusteht, ist abhängig von mehreren Faktoren…“ bzw. „L' étendue de la marge d' appréciation dont disposent les *Etats contractants* en la matiére varie en fonction de plusieurs éléments, (…)“. [390] Ferner findet sich die Aussage: „Der Ausgleich zwischen den möglicherweise widerstreitenden Interessen des einen und des anderen ist somit schwierig zu finden. Die *Vertragsstaaten* müssen in diesem Zusammenhang einen weiten Ermessensspielraum haben“ bzw. „et les *Etats contractants* doivent disposer á cet égard d'une marge d' appréciation importante.“[391] Das Gericht weist selbst darauf hin, dass sich die Kontrolle des EGMR zulässigerweise sowohl auf die Gerichtsentscheidungen als auch auf die ihnen zugrunde liegenden Rechtsvorschriften beziehen kann. „Aber dieser [Beurteilungsspielraum] ist verbunden mit einer europäischen Kontrolle, die in diesem Fall sowohl die Rechtsvorschriften als auch die angewendeten Entscheidungen umfasst, selbst wenn diese durch ein unabhängiges Gericht gefällt werden.“ [392]

So wäre es zumindest theoretisch denkbar, dass der den Mitgliedsstaaten zugestandene Ermessensspielraum allein und abschließend vom Gesetzgeber in Anspruch genommen und ausgefüllt werden könnte? Dann würde die Entscheidung weniger mit der Germania-3-Entscheidung des BVerfG auf einer Linie liegen als vielmehr mit der lange Zeit verbreiteten Auffassung des BGH und des Schrifttums korrespondieren, wonach es sich beim urheberrechtlichen Ausschließlichkeitsrecht nebst Schrankenkatalog um eine abschließend vor(weg) genommene Interessenabwägung des Gesetzgebers handelt, neben der für eine richterliche Abwägung – außerhalb der Schranken – kein Platz mehr ist.[393]

---

390 EGMR K&R 2013, 313 ff., Rn. 39 – Ashby; (voir, parmi d autres, Axel Springer AG c. Allemagne (GC), no 39954/08, § 95, 7 février 2012

391 EGMR K&R 2013, 313 ff., Rn. 40 – Ashby.

392 EGMR K&R 2013, 313 ff., Rn. 38 ii – Ashby.

393 BGH, NJW 2003, 3633 (3634 f.) – Gies-Adler; BGHZ 114, 368 (371) – Liedersammlung; BGHZ 116, 305 (308) – Altenwohnheim; BGH GRUR 1994, 800 (802) – Museumskatalog; BGH GRUR 1994, 45 (47) – Verteileranlage; Schricker/Loewenheim/*Melichar*,

Im Ergebnis sprechen gute Gründe dafür, anzunehmen, dass die Kammer hier eher die Spielräume des *Gerichts* meint. Schließlich befasst sie sich mit dem gerügten Gerichtsurteil und nicht mit der französischen Rechtsordnung *in toto*. Dies dürfte auch mit der Auffassung korrespondieren, die zuvörderst die nationalen Gerichte in der Pflicht sieht, den Rechtsschutz nach der EMRK zu gewährleisten und letztere innerstaatlich anzuwenden, wofür nicht zuletzt das Recht auf wirksame Beschwerde gem. Art. 13 EMRK als Indiz herangezogen werden könne.[394] Selbst wenn man dem nicht zustimmen wollte, ist zu bedenken, dass der EGMR nur in Ausnahmefällen den jeweiligen konventionswidrigen Akt explizit bezeichnet.[395]

Dem ist jedoch entgegenzuhalten, dass der Gerichtshof zum weitaus präziseren Formulieren fähig ist. Dies ließ er in seinen Ausführungen zur Verletzung von Art. 7 EMRK in derselben Entscheidung erkennen, wo er sich *expressis verbis* mit der Entscheidungsfindung durch die Gerichte („cours"), mit deren Auslegung und Anwendung, befasst. Dort heißt es, dass es in erster Linie den nationalen Behörden, insbesondere den Gerichten obliege, das innerstaatliche Recht auszulegen und anzuwenden („autorités nationales, et singuliérement aux cours et tribunaux, d' interpréter et d' appliquer le droit interne.")[396] Ferner zeigt sich in der Wiedergabe der Regierungsauffassung eine andere Art der Formulierung, wenn unterstrichen wird, dass „die Geldstrafen souverän durch den Richter abhängig von der Schwere der Umstände und unter Abwägung der Interessen festgesetzt wurden."[397]

Auch der Konventionstext selbst differenziert zwischen den Trägern staatlicher Gewalt und ermahnt insoweit zur Eindeutigkeit. So heißt es in Art. 2 Abs. 1 S. 2 EMRK, dass vom Tötungsverbot eine Ausnahme gemacht werden darf, wenn die Tötung „durch Vollstreckung eines Todesurteils, das ein Gericht wegen eines Verbrechens verhängt hat, für das die Todesstrafe gesetzlich vorgesehen war."

bb) Erstveröffentlichung (§ 12 Abs. 1 UrhG) oder Zweitverwertung (15 ff. UrhG)

Ferner gilt zu überlegen, ob sich die Vorgabe zur Güterabwägung nur auf Kollisionsfälle beziehen soll, in denen das Urheberrecht in seinen

UrhG, Vor § 44a, Rn. 21; siehe auch Dreier/Schulze/*Schulze*, UrhG, Vor § 44a, Rn. 7; Vinck, LMK 2003, 236 (237).

394 Hoffmann/Mellech/Rudolphi, Jura 2009, 256 (257).

395 Frowein/Peukert/*Frowein*, EMRK, Art. 46, Rn. 2.

396 EGMR – K&R 2013, 313 ff., Rn. 23 – Ashby.

397 EGMR – K&R 2013, 313 ff., Rn. 33 – Ashby.

verwertungsrechtlichen Aspekten (§ 16 ff. UrhG) und nicht in seiner urheberpersönlichkeitsrechtlichen Dimension (§ 12 UrhG) betroffen ist. Diesbezüglich ist zu konstatieren, dass in den Schrankenbestimmungen, die dem freien Informationsfluss und den Kommunikationsfreiheiten zu dienen bestimmt sind (§§ 44a ff. UrhG), Ansatzpunkte für richterliche Wertung vorhanden sind und bereits von den Gerichten ausgenutzt werden. Theoretisch denkbar wäre, dass das „Ashby-Urteil“ Fälle unbefugter Erstveröffentlichung durch Dritte gar nicht betrifft und sich dementsprechend keine Aussagen zu § 12 Abs. 1 UrhG entnehmen lassen. Man könnte andererseits aber auch folgern, dass – eben weil „Ashby“ nicht explizit differenziert und das Kriterium der Eignung zu einer Debatte von allgemeinem Interesse als maßgeblich für Kollisionsfälle herausstellt – dieses eben auch dann von Bedeutung sein soll, wenn in deutschen Fällen das Erstveröffentlichungsrecht nach § 12 Abs. 1 UrhG in Rede steht.

cc) Einzelfallabwägung vs. „wertendes Entscheiden“

Eine Ausnahme der sonst allgemein gehaltenen Formulierungsweise bilden die Ausführungen der Kammer unter Rn. 42. Tatsächlich ist hier explizit vom Ermessensspielraum der *innerstaatlichen Gerichte* die Rede, den die Kammer in der „Ashby-Entscheidung“ als nicht überschritten beanstandet: „Elle ne voit pas de raison de considérer que le *juge interne* a excédé son arge d' appréciation en faisant par ces motifs prévaloir le droit au respect des biens des créateurs de mode sur le droit á la liberté d' expression de requérants.“[398] Hierzu sei jedoch angemerkt, dass sich die Kammer unmittelbar vor dieser Feststellung mit Sachverhaltsdetails auseinandersetzt. Fraglich ist, ob der EGMR bloß an einen Auslegungs- und Subsumtionsvorgang des französischen Gerichts anknüpft. Selbst in diesen Stadien der Rechtsanwendung bestehen („Ermessens“)-Spielräume für rechtsschöpferische Elemente und Werturteile zu Gunsten der erkennenden Gerichte bestehen.[399] Zu beachten ist ferner, dass die Kammer das französische Gerichtsurteil auch auf die Frage hin überprüft, ob die von den nationalen Behörden vorgebrachten Gründe zur Rechtfertigung „maßgeblich“ und „ausreichend“ erscheinen und ob deren Beurteilung auf einer „akzeptablen Würdigung

398 EGMR K&R 2013, 313 ff., Rn. 42 – Ashby.

399 Vgl. Adomeit, ZRP 1970, 176 (176): „Der juristische Determinismus ist gestorben.“; Rupp, NJW 1973, 1769 (1770): „Längst ist anerkannt, daß (sic) der Richter nicht nur Mund des Gesetzes, Sklave vorgegebener Maximen ist, sondern in jedem Akt der Rechtsfindung wertende Elemente, subjektive Gehalte und Motivationen mitschwingen, die den Richterspruch erkenntnistheoretisch zu einem Akt der Rechtsschöpfung machen.“.

des Sachverhalts erfolgt ist".[400] Dass diesen Anforderungen ausschließlich im Wege einer Güter- und Interessenabwägung anhand des Einzelfalles Rechnung getragen werden kann[401], muss hier einstweilen bezweifelt werden und kann erst im Laufe der Untersuchung abschließend beantwortet werden.

dd) Vorgabe für nationale Gerichte oder Beschreibung der eigenen Entscheidungsfindung

Fraglich ist darüber hinaus, ob die von *Nieland* als Schlüsselstelle ausgewiesene Passage[402], die an das „Axel-Springer-Urteil" anknüpft und die auf „Art und Schwere" der verhängten Sanktion abstellt, tatsächlich aussagekräftiger ist. Hinsichtlich dieser Ausführungen sei nämlich klargestellt: Diese beiden Elemente sind aus der Perspektive der erkennenden nationalen Fachgerichte, die zu einem bestimmten Urteil gelangen müssen, nicht Kriterien einer Abwägung, sondern deren Ergebnis, das am Schluss einer Beurteilung steht. Ein Kriterium der Abwägung, ein Topos bei der Bewertung, sind sie dagegen nur für den EGMR, nämlich hinsichtlich der Frage eines Verstoßes gegen Art. 10 Abs. 1 EMRK. Wenn die Kammer also ausführt, dass Art und Schwere der verhängten Sanktion bei der Beurteilung der Verhältnismäßigkeit eines Eingriffs zu berücksichtigen sind, dann beschreibt sie damit die Bezugspunkte und Gegenstände ihrer eigenen Prüfung und macht damit nicht zwangsläufig Vorgaben für die Prüfung und Rechtsanwendung nationaler Gerichte. Andernfalls könnte die Abgrenzung zwischen Fachgerichtsbarkeit und Konventionsgerichtsbarkeit verschwimmen; der EGMR droht dann zur Superrevisionsinstanz zu werden.[403]

ee) Vergleich: „Ashby vs. Frankreich" – „Caroline vs. Deutschland I"

Der EGMR hat sich in anderen Urteilen schon eindeutiger und weniger vage positioniert, so etwa in der Caroline-Entscheidung von 2004, die hier zu einem kurzen Vergleich herangezogen werden soll.

Die Caroline-Entscheidung hat einschneidende Veränderungen für die deutsche Rechtssprechungspraxis herbeigeführt.[404] In ihr erblickt man einen

---

400 EGMR K&R 2013, 313 ff., Rn. 38 iii – Ashby.

401 Man denke etwa an die Abwägung im Rahmen des § 23 Abs. 1 KUG.

402 EGMR K&R 2013, 313 ff., Rn. 43 – Ashby.

403 Vgl. Coelln, ZUM 2001, 478 (484) hinsichtlich des Verhältnisses zwischen der deutschen Fachgerichtsbarkeit und dem BVerfG; näheres zur Wirkung von Entscheidungen des EGMR im 2. Kapitel.

404 So wurde u.a. getitelt: „Bundesregierung akzeptiert Einschränkung der Pressefreiheit" (BILD v. 2004, S. 3) oder „Maulkorb-Urteil: Verleger fordern Bundestag zum Handeln auf" (BILD v. 7.9. 2004, S. 1), vgl. Messing, Das Caroline-Urteil, S. 1.

„bedeutsamen Schritt, vielleicht sogar einen Meilenstein" [405] und eine „einschneidende Neuorientierung"[406] hinsichtlich des Schutzes des Privatlebens und der Meinungs- bzw. Pressefreiheit. Die deutsche Rechtsprechung gab mit einem Mal ihre jahrelang aufgebaute und dem deutschen Juristen eingängig gewordene Gewichtung der widerstreitenden Interessen auf, wie sie in der vom BVerfG gutgeheißenen Abwägungsdogmatik des BGH zum Ausdruck kam. [407] Das vom EGMR ausgegebene Kriterium führte zur Flexibilisierung des Medienpersönlichkeitsrechtsschutzes, näherhin zur Beseitigung der als zu starr gescholtenen Begriffe der *absoluten* und *relative Person der Zeitgeschichte* und *örtliche Abgeschiedenheit* herbeigeführt.

Betrachtet man anlässlich eines Vergleichs mit „Ashby" die „Caroline-Entscheidung" hinsichtlich der inhaltlichen Präzision, so fällt auf:

Die Kammer äußerte sich in ihrer „Caroline-Entscheidung" von 2004 ausdrücklich zur Rechtsanwendung der deutschen Gerichte: *„Dem Gerichtshof bereitet es Schwierigkeiten, der Auslegung der innerstaatlichen Gerichte zu § 23 Abs. 1 KUG zu folgen, derzufolge eine Person als solche „absolute" Person der Zeitgeschichte eingestuft werde".*[408] Die Kammer machte darüber hinaus konkrete Vorschläge zur richterlichen Entscheidungsfindung und Rechtsanwendung: Nach Auffassung des EGMR ist jedenfalls dann eine *„restriktive Auslegung des Gesetzes"* geboten, wenn man die Figur der absoluten Person der Zeitgeschichte zu Grunde legt, unter die auch Privatpersonen fallen können.[409] Zudem machte er explizit deutlich, dass er die von innerstaatlichen Gerichten herangezogenen Kriterien für unzureichend halte:[410] *„Auch das Kriterium der ‚örtlichen Abgeschiedenheit' hält die Kammer für in der Praxis zu vage und schwerlich im Voraus für die betroffene Person bestimmbar, mag es in der Theorie noch so eindeutig erscheinen."*[411]

405 Dörr, JuS 2005, 160 (164); *Klass* nannte das Urteil zwar keinen Meilenstein, jedoch „eine erhebliche Präzisierung der langjährigen Rechtsprechungstradition in Bezug auf absolute Personen der Zeitgeschichte", ZUM 2014, 261 (261); differenzierend Mann, NJW 2004, 3220 (3220).

406 Schricker/Loewenheim/*Götting*, § 23 KUG/§ 60, Rn. 66.

407 Dörr, JuS 2005, 160 (161); trotz lautstarker Proteste der Medien, welche in der Entscheidung einen „Maulkorb" und „Zensur" ihrer Pressefreiheit erblickten, hatte die damalige Regierung um „Medien-Kanzler" Gerhard Schröder darauf verzichtet, Rechtsmittel einzulegen, vgl. Messing, Das Caroline-Urteil, S. 2; Lehr, GRUR 2012, 745 (750).

408 EGMR NJW 2004, 2647 ff., Rn. 72 – Caroline I.

409 E.b.d.

410 A.a.O., Rn. 74.

411 A.a.O., Rn. 75.

Der EGMR äußerte sich also direkt zur Rechtsanwendung der deutschen Gerichte und übte Kritik an bestimmten Aspekten.[412] Vereinzelt wird der Kammer zwar auch Oberflächlichkeit und fehlende Bereitschaft vorgeworfen, sich mit der etablierten deutschen Rechtsprechung auseinanderzusetzen.[413] Jedoch nahmen die Richter explizit zu den von der deutschen Rechtsprechung entwickelten Figuren und zur Falllösung der Fachgerichte Stellung. Wie gezeigt wurde, kann „*Ashby*" derlei nicht nachgewiesen werden.

ff) Fazit

Die Entscheidung „Ashby" verlangt, den Gesichtspunkt der Eignung eines Beitrags zu einer Debatte von öffentlichem Interesse stärker zu berücksichtigen und fordert generell eine stärker wertende Entscheidungsfindung. Sie hält sich jedoch mit detaillierten Vorgaben zurück, sodass deren Bedeutung auch nicht überbewertet werden sollte. Man wird zu dem Ergebnis kommen müssen, dass eine „Schranke hinter den Schranken" im Sinne dieses Vorschlags mit der Entscheidung „Ashby Donald vs. Frankreich" ganz und gar vereinbar ist. Eine nachgeschaltete Interessenabwägung steht auf EGMR-Linie. Umgekehrt kann der EGMR-Rechtsprechung wegen der aufgezeigten Punkte keine Pflicht entnommen werden, Fälle ausschließlich auf diese – hier favorisierte – Weise zu entscheiden. Es sei schließlich erwähnt, dass nicht nur der EGMR, sondern auch der EuGH und zwar gerade für urheberrechtliche Verletzungsprozesse in jüngerer Zeit die Notwendigkeit einer Abwägung konkurrierender (europäischer) Grundrechte betont hat. Dies kann etwa den Entscheidungen *SABAM/Netlog* von 2012 oder *McFadden/Sony Music* von 2016 entnommen werden, deren genaue Analyse jedoch nicht Gegenstand der vorliegenden Arbeit sein soll.[414]

---

412 So fand etwa eine breite Auseinandersetzung mit dem Begriff der „absoluten Person der Zeitgeschichte" statt, die als zu starr befunden, im Sondervotum Zupancic gar mit „Begriffsjurisprudenz" assoziiert wurde, vgl. Grabenwarter, AfP 2004, 309 (313, Fn. 45); Sondervotum des Richters Zupancic zu EGMR – Caroline I.

413 *Grabenwarter* beklagt, dass die Rspr. der deutschen Gerichte vom EGMR „einseitig rezipiert" wurde und dass insbesondere das Urteil vom BVerfG vom 15.12.1999, das das Gebot der „einzelfallbezogenen Abwägung" statuiert hatte, „weitgehend ausgeblendet wurde.", Grabenwarter, AfP 2004, 309 (313); so auch *Mann*, der darauf hinweist, dass „schon vor dem Urteil [des EGMR] die Subsumtion eines Betroffenen unter die Begriffe 'absoluten' und 'relative Person der Zeitgeschichte' keinem Automatismus folgte, Mann, NJW 2004, 3220 (3222).

414 EuGH GRUR 2012, 382 ff. (Rn. 44) – SABAM/Netlog; EuGH GRUR 2016, 1146 ff. (Rn. 80–83.

II. EGMR – „Neij and Sunde Kolmisoppi vs. Sweden” (The Pirate Bay)

Ähnlich gelagert wie „*Ashby*“ ist der EGMR-Beschluss vom 19.2.2013 im Streitfall „Neij and Sunde Kolmisoppi vs. Sweden“ (The Pirate Bay)[415], weil auch er an der Schnittstelle von Urheberrecht und Meinungsfreiheit angesiedelt ist. Fraglich ist, ob dieser Entscheidung das umfassende Gebot der Güter- und Interessenabwägung anhand der Umstände des Einzelfalls für Zivilgerichte entnommen werden kann.

a) Unzulässiges „Filesharing“

Zum Konflikt kam es hier wegen des (potentiellen) Austauschs von Daten und Informationen über das Internet. Der oberste schwedische Gerichtshof verurteilte die Betreiber der Filesharing-Plattform „The Pirate Bay“ (TPB) *Neij* und *Sunde Kolmisoppi* zu Haftstrafen und Schadensersatz, weil diese die Begehung von Urheberrechtsverletzungen gefördert und ermöglicht hätten. Die Antragsteller sahen sich in Art. 10 Abs. 1 EMRK verletzt und legten Individualbeschwerde vor dem EGMR ein.

b) Entscheidung des EGMR – „offensichtlich unbegründet“

Die Individualbeschwerde wurde als offensichtlich unbegründet zurückgewiesen. Die Kammer stellte in ihrer Entscheidung zunächst klar, dass der Schutzbereich von Art. 10 Abs. 1 EMRK auch dann eröffnet ist, wenn es sich um den Austausch von Daten über das Internet handelt, selbst wenn urheberrechtlich geschütztes Material betroffen ist und der Austausch zum Zwecke der Gewinnerzielung erfolgt. Dementsprechend wurde die Verurteilung der Beschwerdeführer als Eingriff („interference“) qualifiziert.[416]

c) Ausführungen des EGMR zur Notwendigkeit der Abwägung

Zur Frage, ob der Eingriff in einer demokratischen Gesellschaft notwendig („necessary in a democratic society“) ist bzw. einem dringenden sozialen Bedürfnis entspricht („pressing social need“), erklärte die Kammer zunächst, dass dies nicht in abstrakten Begriffen definiert werden könne („cannot be applied in

415 EGMR, Beschl. v. 19.2.2013 – 40397/12, GRUR Int. 2013, 476 (476) – Neij and Sunde Kolmisoppi vs. Sweden.

416 EGMR, Beschl. v. 19.2.2013, 40397/12, GRUR Int. 2013, 476 (478) – Neij and Sunde Kolmisoppi vs. Sweden.

abstract terms").[417] Vielmehr müsse die Kammer eine Reihe verschiedener Faktoren berücksichtigen, *wie etwa die Natur der widerstreitenden Interessen und den Grad des Schutzes, den sie angesichts der Umstände des konkreten Falles verdienen würde.*[418]

So sei sie im konkreten Falle aufgerufen, die Interessen der Antragsteller am Betreiben der Plattform mit den Interessen am Schutz der Urheberrechte abzuwägen („weigh").[419] Das Gericht stellte darüber hinaus klar, dass die EMRK nicht nur von den Vertragsstaaten verlange, Eingriffe zu unterlassen, sondern dass sie auch die Übernahme positiver Schutzpflichten einfordern könne („require positive measures of protection").[420] Die Kammer traf zudem die Feststellung, dass der Vertragsstaat Schweden im vorliegenden Falle zwei Rechte miteinander in Einklang zu bringen habe („had to balance two competing interests"), die beide unter dem Schutz der EMRK stünden (Art. 10 EMRK und Art. 1 des 1. ZP der EMRK).[421] Dies begründe, wie schon in *„Ashby"*, die Annahme, den Vertragsstaaten einen hohen Einschätzungsspielraum zuzugestehen („wide margin of appreciation").[422] Da vorliegend zudem kommerzielle Äußerungen im Raum stünden, könne erst recht von einem hohen, erweiterten Einschätzungsspielraum ausgegangen werden.[423] Diesen betrachtete die Kammer durch das Urteil des höchsten schwedischen Gerichts als nicht überschritten, zumal es maßgebliche und ausreichende Gründe für ihr Urteil vorgetragen hätte („Swedish courts advanced relevant and sufficient reasons").[424]

d) Bewertung – keine hinreichende Eindeutigkeit

Anhand der aufgeführten Passagen ergibt sich ein ähnliches Bild wie schon bei „Ashby". Zwar unterscheiden sich die Entscheidungen zunächst darin, dass die schwedische Beschwerde als bereits „offensichtlich unbegründet" abgelehnt, „Ashby" hingegen einer materiellen Prüfung unterzogen wurde. Eine Ähnlichkeit besteht jedoch darin, dass die Kammer kaum Aussagen oder Vorgaben für die Prüfung durch die nationalen Fachgerichte trifft. Vielmehr beschreibt sie ihr eigenes Vorgehen für die Prüfung einer Verletzung am Maßstab von Art. 10

417 E.b.d.
418 E.b.d.
419 E.b.d.
420 E.b.d.
421 E.b.d.
422 E.b.d.
423 E.b.d.
424 E.b.d.

Abs. 1, 2 EMRK. Sie steckt den Rahmen ihrer eigenen Bewertung ab, wenn sie darauf hinweist, die widerstreitenden Interessen gegeneinander *abzuwägen*. Dies hängt damit zusammen, dass der EGMR gleich[425] dem durch Verfassungsbeschwerde angerufenen BVerfG die Verletzung subjektiver Rechte im Wege einer Verhältnismäßigkeitsprüfung prüft. Diese Prüfung erfolgt durch die Abwägung der widerstreitenden Interessen. Die einzige Anforderung, die die Kammer explizit an das nationale Gericht adressiert, ist, dass es zu sachlich und ausreichend begründeten Urteilen gelangen muss. Dies ist jedoch nicht viel mehr als eine formale Vorgabe, die für jede gerichtliche Sachentscheidung gilt, will sie rechtsstaatlichen Minimalanforderungen genügen.

Schließlich sei noch einmal darauf hingewiesen, dass auch in dieser Entscheidung dem Vertragsstaat (Schweden) ein sehr weiter Ermessensspielraum zugestanden wurde. Ursächlich hierfür war neben der Qualifizierung der Äußerung als kommerziell die Tatsache, dass beide Interessen ausdrücklich durch Rechte der Konvention geschützt werden. Ein weiter Ermessensspielraum zieht, wie bereits ausgeführt, eine zurückgenommene, eingeschränkte Kontrolldichte nach sich. Insoweit verbietet es sich, die Tragweite des Urteils zu überschätzen.

III. Debatte von öffentlichem Interesse

Der EGMR unterstreicht in „Ashby“ das Kriterium der Eignung eines Beitrags zu einer Debatte von öffentlichem Interesse, das für die Dogmatik des Art. 10 Abs. 1 EMRK zentral ist.

1. Public watchdog

Art. 10 Abs. 1 EMRK schützt die Meinungs- und Pressefreiheit.[426] Ähnlich wie im deutschen System kommt diesen Freiheiten eine herausgehobene Position zu;

425 Die EMRK wurde häufig als „eine Art europäische Verfassung angesprochen“. Der EGMR hat sie als „European Public Order“ qualifiziert. Auch wenn dem EGMR Eingriffsbefugnisse fehlen, wurde er oft als „europäisches Verfassungsgericht“ bezeichnet, siehe Ress, ZaöRV 2009, 289 (292; Schritt für Schritt hat der EGMR herausgearbeitet, dass der Terminus „in einer demokratischen Gesellschaft notwendig“ nicht mit Erforderlichkeit gleichzusetzen, sondern als Verhältnismäßigkeit i.S.d. deutschen Rechts zu verstehen ist. Ferner folgt der EGMR der Unterscheidung Geeignetheit, Erforderlichkeit und Angemessenheit (Verhältnismäßigkeit im engeren Sinne), worin ein wichtiger Beitrag der deutschen Rechtskultur für die europäische Rechtsordnung gesehen werden kann, Ehlers, Jura 2000, 372 (380).

426 Instruktiv zur Medienfreiheit in der EMRK Holoubek, AfP 2003, 193 ff.

zwischen Art. 5 Abs. 1 GG und 10 Abs. 1 EMRK besteht zwar „keine Textidentität, wohl aber eine Sinnidentität".[427] Für den EGMR ist die Garantie dieser Freiheiten wesentliche Voraussetzung für den Fortschritt sowohl einer Gesellschaft als auch für die Entwicklung eines jeden Individuums.[428] Der daher weit zu verstehende Schutz des Art. 10 EMRK umfasst im Sinne des Modells vom „Marktplatz der Meinungen" Tatsachen und Meinungsäußerungen (Werturteile) ohne Rücksicht auf den konkreten Inhalt sowie deren Wertigkeit.[429] Wie von Art. 5 Abs. 1 GG bekannt, werden vom Schutzbereich des Art. 10 Abs. 1 EMRK sämtliche Äußerungen erfasst – auch oder gerade die, die provozieren, schockieren oder stören sollen.[430] Mit Blick auf die Presse geht der EGMR davon aus, dass sie als *public watchdog* einen Grundpfeiler des demokratischen Staatssystems darstellt und ihr nicht nur das Recht, sondern auch die Pflicht zukommt, Informationen und Ideen über alle Fragen von öffentlichen Interesse zu unterrichten.[431] Insbesondere ist es ihr originäres Recht selbst darüber zu entscheiden, wie berichtet wird.[432] Die Funktion der Presse als Wachhund ergibt sich neben dem Recht der Presse selbst aus dem Recht der Medienrezipienten, mit Informationen versorgt zu werden.[433]

Im Hinblick auf die Reichweite von Art. 10 Abs. 1 EMRK hat der Gerichtshof stets darauf rekurriert, ob die betreffende Äußerung, Fotoaufnahme oder der Presseartikel zu einer öffentlichen Diskussion über eine Frage von allgemeinem Interesse beigetragen bzw. „matters of public interest" betreffen.[434] Ausgehend

427 Dieter Grimm, FAZ v. 13.01.2004, zitiert nach Heldrich, NJW 2004, 2634 (2634).

428 EGMR NJW 1987, 2143, Rn. 41 – Lingens vs. Österreich; EGMR NJW-RR 2011, 981, Rn. 35 – Ruokanen u.a. vs. Finnland.

429 EGMR NJW 1999, 1315 (1316) – Fressoz u Roire vs. Frankreich; EGMR NJW 1987, 2143 (2144) – Lingens vs. Österreich; EGMR NJW 2006, 591 f. – Karhuvaara u. Iltahelehti vs. Finnland; vgl. Holoubek, AfP 2003, 193 (194); vgl. Klaas, ZUM 20014, 261 (262).

430 Vgl. EGMR ZUM 2012, 551 ff. (Rn. 103) – Caroline II.

431 EGMR AfP 2004, 348 (352) – Caroline; EGMR, Urt. v. 17.12.2004, Nr. 49017/99, Rn. 71 – Pedersen vs. Dänermark; Klass, ZUM 2014, 261 (263, Fn. 26 mit einer Auflistung von EGMR-Urteilen); Mann, NJW 2004, 3220 (3221); Heldrich, NJW 2004, 2634 (2634); Zagouras, AfP 2004, 509 (509); Partsch, AfP 2013, 214 (215).

432 Vgl. EGMR ZUM 2012, 551 ff. (Rn. 101) – Caroline II.

433 EGMR Urt. v. 7.2.2012, Nr. 39954/08, Rn. 80 – Axel Springer AG vs. Deutschland; BeckOK InfoMedienR/*Cornils*, EMRK, Art. 10, Rn. 74; Pomorin, ZUM 2008, 40 (40); Prepeluh, ZaöRV 2001, 771 (783).

434 Auch "considerable public interest" – EGMR, Urt. v. 10.101.2010, Nr. 184/06, Rn. 67 – Saaristo u.a. vs. Finnland; vgl. EGMR NJW 2004, 2647 ff. Rn. 60 – Caroline I; Dörr, JuS 2005, 160 (162).

vom Leitbild der Presse als „public watchdog" betont der EGMR immer wieder, dass Art. 10 EMRK sehr wenig Raum für die Einschränkung der politischen Rede oder von Debatten von öffentlichem Interesse lasse.[435] Beiträge zu einer „Debatte von öffentlichem Interesse" liegen jedenfalls dann vor, wenn die Presse auf Mängel, Fehler oder gar rechtswidrige Machenschaften in Politik und Gesellschaft hinweist oder Kritik an Regierung, individuellen Politikern oder anderen staatlichen Funktionsträgern übt.[436] Eine Verengung des Schutzbereichs, in den nur wertvolle Kommunikation einbezogen ist, sollte richtigerweise jedoch vermieden werden; der Begriff des allgemeinen Interesses ist daher weit auszulegen.[437] Dieser umfasst nicht nur politischen Inhalte oder die Berichterstattung über Straftaten, sondern auch Informationen über Sport oder Kunstereignisse.[438]

2. *Risiken des Kriteriums der Debatte von öffentlichem Interesse*

Eine zentrale Rolle spielte das Kriterium Debatte von öffentlichem Interesse auch in der erwähnten und für Deutschland so bedeutsamen Caroline-Entscheidung von 2004. Dieser lag ein Konflikt zwischen Meinungs- und Pressefreiheit (Art. 10 EMRK) und Persönlichkeitsrecht bzw. der Recht auf Achtung des Privat und Familienlebens (Art. 8 EMRK) zu Grunde.

Das Urteil und die Betonung dieses Aspekts riefen in Deutschland heftige Kritik hervor.[439] Als Hauptkritik wird vorgetragen, dass das Urteil Ausdruck eines paternalistischen und elitäre Züge tragenden Grundrechtsverständnisses sei und an den Grundfesten der deutschen Kommunikationsverfassung rüttele, die auf einem staatsfreien und egalitären Verständnis beruhe.[440] Es wird moniert, dass der Gerichtshof im Zusammenhang mit dem Kriterium der „Eignung zu einer öffentlichen Diskussion" den Begriff des „bestimmten Publikums" eingeführt habe, ohne jedoch eine nähere Definition dessen zu liefern.[441] Der Begriff suggeriere eine Unterscheidung zwischen Debatten, die von gebildeten und belesenen

---

435 Statt vieler EGMR, Urt. v. 8.7.1986, Serie A, Nr. 103 – Lingens vs. Österreich; Prepeluh, ZaöRV 2001, 771 (783).

436 Prepeluh, ZaöRV 2001, 771 (783).

437 EGMR Urt. v. 7.2.2012, Nr. 39954/08, Rn. 90 – Axel Springer AG vs. Deutschland; BeckOK InfoMedienR/*Cornils*, EMRK, Art. 10, Rn. 74; Klass, ZUM 2014, 261 (267).

438 BeckOK InfoMedienR/*Cornils*, EMRK, Art. 10, Rn. 74; Klass, ZUM 2014, 261 (267).

439 Überblick bei Zagouras, AfP 2004, 509 (509 f.); siehe auch Ohly, GRUR Int 2004, 902 (910 f.); Klass, ZUM 2014, 261 (268).

440 Gersdorf, AfP 2005, 221 (221 f.).

441 Ecktstein/Altenhofen, Das Caroline-Urteil des EGMR, S. 58; vgl. Ohly, GRUR Int. 2004, 902 (910).

europäischen Bürgern über tagespolitisch brisante Themen vermeintlich geführt werden und den Lesern der sog. Regenbogenpresse, die sich über Seiten hinweg daran erfreuen können, wie von Hannover Fahrräder[442] abstellt.[443] Dabei würde letztere mitnichten einer öffentlichen Debatte, sondern lediglich die Neugierde ebendieses „bestimmten Publikums" befriedigen.[444] Die deutsche Medienverfassung atme jedoch den Geist der Freiheitlichkeit, der sich nach den Erfahrungen zweier Diktaturen herausgebildet hat und dem ein tief verwurzeltes Unbehagen gegen jedwede Form einer staatlichen Bewertung und Lenkung von Kommunikationsinhalten wesenseigen ist.[445] Staatsfreiheit und kommunikative Chancengleichheit schlössen die Qualifizierung von Bildern und Beiträgen in „wertlos" und „wertvoll", selbst im Sinne von *förderlich zum Anstoßen einer Debatte*, aus. Dies werde auch vom Bundesverfassungsgericht so gesehen, das sich hinsichtlich der Regenbogenpresse und der Zulässigkeit von Boulevardmeldungen permissiver zeigt.[446] Zum einen weiß es um die Schwierigkeit, Nachrichten mit Informationsgehalt von reinen Unterhaltungsmeldungen trennscharf zu unterscheiden (Stichwort: „Infotainment").[447] Zum anderen erkennt es Medienbeiträgen, die einem gebildeten Publikum als Banalitäten erscheinen, ein Schutzbedürfnis zu, weil auch Beiträge von geringer geistiger intellektueller Höhe dazu geeignet sein können, Diskussionen in Gang zu setzen und breite Schichten der Gesellschaft in den öffentlichen Diskurs einzubinden.[448]

Dieser Kritik ist sich anzuschließen. Bei der Umsetzung dieses Kriteriums in deutsches Recht und der Anwendung im Kriterienkatalog muss dies beachtet werden.

---

442 Bunte, Nr. 16, 10. April 1997.

443 Ecktstein/Altenhofen, Das Caroline-Urteil des EGMR S. 58.

444 Ecktstein/Altenhofen, Das Caroline-Urteil des EGMR, S. 58.

445 Gersdorf, AfP 2005, 221 (221 f.).

446 BVerfGE 101, 361 (389) = NJW 2000, 1021 (1024) – Caroline; vgl. auch Grabenwarter, AfP 2004, 309 (313); Ossenbühel, JZ 1995, 633 (636).

447 So auch der Verband deutscher Zeitungsverleger, der darauf hinweist, dass die Grenze zwischen politischer und unterhaltender Berichterstattung zunehmend verschwimme, vgl. EGMR NJW 2004, 2647 (2648) – Caroline I. Zudem will der Verband das berechtigte Informationsinteresse der Öffentlichkeit nicht nur auf Politiker, sondern grundsätzlich auf sämtliche Personen des öffentlichen Lebens bezogen wissen, vgl. EGMR NJW 2004, 2647 (2648) – Caroline.

448 BVerfGE 101, 361 (389) = NJW 2000, 1021 (1024) – Caroline; vgl. Ohly, GRUR Int 2004, 902 (910); vgl. Gersdorf, AfP 2005, 221 (225).

IV. Völkerrechtliche und innerstaatliche Wirkung der „Ashby-Entscheidung“ des EGMR auf die deutsche Rechtsordnung

„Ashby“ und „Kolmisoppi“ stellen den Aspekt der Eignung zu *einer Debatte von öffentlichem Interesse* heraus. Es ist jedoch noch zu erörtern, inwieweit diese Entscheidungen für deutsche Zivilgerichte maßgebend sein können, insbesondere wie sich mit diesen eine Flexibilisierung der Entscheidungsfindung im Sinne einer „Schranke hinter den Schranken“ begründen lässt.

1. *Zunehmender Einfluss der EGMR-Rechtsprechung*

Mit Blick auf die Frage der Bedeutung des „Ashby-Urteils“ ist nämlich zunächst daran zu erinnern, dass ein ernsthafter Einfluss des Straßburger Grundrechtsschutzes auf die deutsche Rechtsprechung lange Zeit kaum feststellbar war und dass sich die deutsche Rechtsordnung nur allmählich offen für internationale Entwicklungen gezeigt habe.[449] Zum Teil wurde sie für „stärker introvertiert (...) als andere europäische Rechtsordnungen“ befunden.[450] Verbreitet war die Vorstellung eines die Nationalstaaten umgebenden „Souveränitätspanzers“, „den zu durchbrechen das Völkerrecht nicht aus sich heraus in der Lage sei.“[451] Diesen Vorstellungen kann allerdings Art. 32 EMRK, also die umfassende Kompetenz zur Anwendung und Auslegung der Konvention entgegengehalten werden. Hieraus erklärt sich das Verständnis der EMRK als „living instrument which must be interpreted in the light of the present day conditions“[452], die durch den EGMR erst mit Leben gefüllt werde.[453] Während beim BVerfG das Spannungsverhältnis zum Gesetzgeber im Vordergrund steht, müssen Entscheidungen des EGMR im Spannungsverhältnis zwischen ihm und den Vertragsstaaten bzw. seinen politischen Organen gesehen werden.[454]

---

449 Frowein, NVwZ 2002, 29 (29).

450 So die Beurteilung *Froweins* aus dem Jahr 2002, NVwZ 2002, 29 (29).

451 Sehr kritisch Sauer, ZaöRV 2005, 35 (36) rekurrierend auf die von Bleckmann in Grundgesetz und Völkerrecht, 1975, 272 (308) verwendete Figur.

452 Ständige Rspr., s. EGMR, Urt. v. 25.02.1987, Beschwerde-Nr. 5856/72, Ziff. 31 – Tyrer; Urt. v. 13.06.1979, Beschwerde-Nr. 6833/74, Ziff. 41 – Marckx; Urt. v. 17.10.1986, Beschwerde-Nr. 9532/81, Ziff. 47 – Rees; Urt. v. 23.03.1995, Beschwerde-Nr. 15318/89, Ziff. 71 – Loizidou.

453 Sauer, ZaöRV 2005, 35 (41); instruktiv zum margin of appreciation im Hinblick auf die Pressefreiheit Prepeluh, ZaöRV 2001, 771 ff.

454 Vgl. Ress, ZaöRV 2009, 289 (299).

2. *Margin of appreciation*

Die Frage, inwieweit der EGMR mittelbar in die innere Ordnung der Vertragsstaaten eingreifen sollte bzw. darf, hängt – wie auch in „Ashby" deutlich wurde – u. a. mit dem sehr variablen Begriff des „margin of appreciation" zusammen, mit dem der EGMR entsprechend der Natur des betreffenden Rechts, der Intensität des Eingriffs und seiner eigenen Sachnähe die Eingriffstiefe flexibel austarieren kann.[455] Damit korrespondiert, ebenfalls in „Ashby" deutlich sichtbar, das aus der Subsidiarität folgende Gebot der richterlichen Zurückhaltung. Dieses verbietet dem EGMR, die fehlerhafte Anwendung des innerstaatlichen Rechts sowie die fehlerhafte Sachverhaltsfeststellung durch die nationalen Gerichte zu überprüfen, sich gleichsam als „Vierte-Instanz" zu gerieren (4.-Instanzformel).[456]

a) Zurückhaltung in mehrpoligen Grundrechtsbeziehungen

Ausnahmsweise ist eine weitergehende Kontrolle (Prüfung auf Willkür) des EGMR zulässig, soweit die EMRK ihrerseits auf das nationale Recht verweist und dessen richtige Anwendung fordert, was etwa bei Art. 5 EMRK („auf die gesetzlich vorgeschriebene Weise; „rechtmäßig") und Art. 1 ZP 1 zur EMRK (Enteignung nur „unter den durch Gesetz vorgesehenen Bedingungen") der Fall ist.[457] In Bezug auf „Ashby" liegt keine derartige Ausnahme vom Grundsatz der richterlichen Zurückhaltung vor. Weder kann Art. 10 EMRK eine solche Verweisung entnommen werden noch liegt ein Fall der Enteignung vor.[458] Der Grundsatz richterlicher Zurückhaltung gilt insbesondere hinsichtlich der Kontrolle des staatlicherseits gefundenen Ausgleichs in mehrpoligen Grundrechtsbeziehungen.[459] Teilweise wird indes das Gegenteil vertreten, dass nämlich in Fällen mehrpoliger Grundrechtsbeziehungen, in denen der EGMR zum „staatsinternen Arbiter" wird, grundsätzlich ein „voller Zugriff" geboten sein soll.[460] Danach dürfte der EGMR also im Fall „Ashby", in dem das Eigentumsrecht einerseits und die Berufung auf die Meinungsfreiheit andererseits einen mehrpoligen Grundrechtskonflikt ausfalten, die nationalen Gerichtsentscheidungen voll überprüfen

---

455 Vgl. Ress, ZaöRV 2009, 289 (300).

456 Altwicker/Peters, EMRK, § 2, Rn. 6 f.

457 Altwicker/Peters, EMRK, § 2, Rn. 7.

458 Zwar können sich die Modehersteller ihrerseits auf Art. 1 1. EMRK-ZProt berufen und die Achtung ihres Eigentums einfordern. Allerdings wird man in der Veröffentlichung der Fotos keine Enteignung erblicken können.

459 Altwicker/Peters, EMRK, § 2, Rn. 5.

460 Ress, ZaöRV 2009, 289 (305 f.).

und in die nationale Rechtsordnung hineinregeln. Diese Ansicht muss jedoch dezidiert abgelehnt werden, da schon die Logik gebietet, dass die richterliche Zurückhaltung, die schon in klassischen zweipoligen Konflikten gilt, *erst recht* in Konstellationen gelten muss, in denen gleich mehrere EMRK-Grundrechte betroffen sind, der Konflikt also noch brisanter, weil menschenrechtssensibler ist (*argumentum a minore ad maius*). Dies gilt umso mehr, wenn nicht alle Grundrechtsbetroffenen an dem Verfahren beteiligt werden.[461] Hinzu kommt ein Weiteres: Der EGMR geht von einer Vergrößerung des Einschätzungsspielraums der Nationalstaaten aus, wenn mehrpolige Menschenrechtskonflikte gegeben sind (s.o.). Dies ist dann der Fall, wenn nicht der Schutz gegen staatliche Eingriffe (status negativus), sondern grundrechtliche Schutzpflichten zum Tragen kommen.[462] Folglich darf angenommen werden, dass er in diesen Fällen auch für eine stärkere richterliche Zurückhaltung plädieren wird. Richterliche Zurückhaltung und Umfang des Einschätzungsspielraums bedingen sich schließlich wechselseitig. Wie die Freiheitssphären zwischen Privaten abzustecken sind, ist zuvörderst Aufgabe des nationalen Gesetzgebers. Es liefe auf einen Verstoß gegen den Subsidiaritätsgrundsatz hinaus, wenn das Konventionsrecht respektive der EGMR dies bestimmen wollte. Damit korrespondiert die zum Teil energisch vertretene Auffassung, die dem EGMR eine größere Selbstbeschränkung in Abwägungsfragen auferlegen will und von ihm verlangt, nationale Rechtstraditionen stärker zu berücksichtigen und sich schließlich auf die Beseitigung struktureller Menschenrechtsdefizite zu beschränken, anstatt in Detailfragen der Grundrechtsabwägung das „bessere BVerfG“ sein zu wollen.[463] Der EGMR läuft zudem Gefahr, sich zum „obersten Rechtsmittelgericht“[464] aufzuschwingen, wenn er in Streitigkeiten um die „verfeinerte Gewichtung bei der Abwägung an sich unbestrittener Grundwerte“[465] urteilt. Der nationale Einschätzungsspielraum scheint vor allem dann gewahrt, wenn der EGMR bereit ist, gut vertretbare und sorgfältig begründete Grundrechtsabwägungen der obersten nationalen Fach- und Verfassungsgerichte zu respektieren.[466]

461 Schmidt-Bleibtreu/Hofmann/Henneke/*Hopfauf*, GG, Art. 92, Rn. 176.
462 Ohly, GRUR Int 2004, 902 (911).
463 Schmidt-Bleibtreu/Hofmann/Henneke/*Hopfauf*, GG, Art. 92, Rn. 176; Klein, NVwZ 2010, 221 (225); Michael, AfP 2006, 313 (319).
464 Vgl. Papier, Interview in FAZ vom 9.12.2004, S. 5
465 Stürner, AfP 2005, 213 (220).
466 Ohly, GRUR Int 2004, 902 (912).

b) Zurückhaltung wegen unterschiedlicher Schutzniveaus

Ein letzter Aspekt sei hier mitbedacht. Beim Beurteilungsspielraum („margin of appreciation"), dessen Dogmatik vom EGMR (noch) nicht in aller Klarheit und Konsistenz entfaltet worden ist, handelt es sich nicht nur um ein Justierungsinstrument zur Bestimmung der Kontrolldichte, sondern um eine Beschreibung der materiellen Grundrechtsbindung.[467] Er steht in engem Zusammenhang mit der Verhältnismäßigkeitsprüfung. Die Grundsätze für die Schärfe-Einstellung der Verhältnismäßigkeitsprüfung sind – bei Art. 10 EMRK – weitgehend identisch mit den Kriterien für die fallkontextspezifisch unterschiedliche Bestimmung des Beurteilungsspielraums.[468] Nach der Rechtsprechung des EGMR ist ein bestimmender Faktor für die Einräumung eines größeren Beurteilungsspielraums und damit auch der Intensität der Verhältnismäßigkeitsprüfung, wenn er auf keine einheitliche und gefestigte Rechtsauffassung zwischen den Mitgliedstaaten aufbauen kann.[469] Trotz allmählicher Angleichung bestehen Unterschiede in der Anerkennung und Gewichtung von Gründen für die Einschränkung der Kommunikationsfreiheit insbesondere der Pressefreiheit.[470] Darüber hinaus sind auch die zum Teil erheblichen Divergenzen der europäischen Rechtsordnungen hinsichtlich des Schutzes der Persönlichkeit zu beachten, der ja das deutsche Urheberrecht in Teilen zuzuordnen ist.[471] Die fehlende europaweite Einheitlichkeit veranlasst also grundsätzlich zu einer zurückhaltenden Einschätzung der Wirkungsweise des „Ashby-Urteils". Denn zu beachten ist, dass die Kontrolle auf einen „review" der staatlichen Instanzen und Gerichte beschränkt bleiben muss, bei der es für den EGMR nicht darum gehen kann, an die Stellen der staatlichen Autoritäten zu treten und die von diesen in Ausschöpfung der ihnen zustehenden Spielräume getroffenen Entscheidungen zu ersetzen, sondern vielmehr um eine Aufsicht darüber, ob jene Stellen die ihnen obliegende konventionsrechtlichen Grenzen ihres Handlungsermessens beachtet haben[472]– „supervisory function"[473].

467 BeckOK InfoMedienR/*Cornils*, EMRK, Art. 10, Rn. 58; Prepeluh, ZaöRV 771 (825).
468 BeckOK InfoMedienR/*Cornils*, EMRK, Art. 10, Rn. 59.
469 BeckOK InfoMedienR/*Cornils*, EMRK, Art. 10, Rn. 60; Grabenwarter, AfP 2004, 309 (315).
470 So Grabenwarter, AfP 2004, 309 (315); vgl. Michael, AfP 2006, 313 (314 f.).
471 Ohly, GRUR Int 2004, 902 (904).
472 BeckOK InfoMedienR/*Cornils*, EMRK, Art. 10, Rn. 58
473 EGMR, Urt. v. 16.07.2013, Nr. 73469/10, Rn. 93 – Nagla vs. Litauen.

3. *Die innerstaatliche Wirkung von Urteilen des EGMR*

Die EMRK genießt in Deutschland, auch wenn sie faktische „Hochzonungen“[474] erfahren hat, formal-rechtlich den Rang eines Bundesgesetzes. Hinsichtlich der Bindungswirkung von EGMR-Entscheidungen ist der Görgülü-Beschluss des BVerfG als zentrale Positionsbestimmung heranzuziehen.[475]

a) Berücksichtigung der Gewährleistungsgehalte

Nach dem Görgülü-Beschluss erstreckt sich die Bindungswirkung von EGMR-Entscheidungen nicht nur auf den Gesamtstaat, sondern auf alle Träger der deutschen öffentlichen Gewalt.[476] Die Bindung an Recht und Gesetz gem. Art. 20 Abs. 3 GG verlangt dabei die Berücksichtigung der Gewährleistungen der EMRK und der Entscheidungen des EGMR im Rahmen methodisch vertretbarer Gesetzesauslegung.[477] Mithin läge ein verfassungsrechtlicher Verstoß vor, wenn ein nationales Gericht ein Urteil des EGMR unter Berufung auf die allein gegenüber der Bundesrepublik bestehende Bindungswirkung ignorieren würde.[478]

Ähnlich wie aus völkerrechtlicher Perspektive wird auch aus verfassungsrechtlicher Sicht nicht von einer strikten verfassungsrechtlichen Bindungswirkung, etwa im Sinne einer „Beachtenspflicht“ ausgegangen.[479] Das BVerfG statuiert vielmehr, dass Urteile des EGMR „berücksichtigt“ werden müssten[480], ihnen also über die Vorgaben des Art. 46 Abs. 1 EMRK eine „quasi-erga-omnes-Wirkung“[481] für den deutschen Rechtsraum zukommt. Die Kategorie der Berücksichtigung ist indes kein Rechtsbegriff und bedarf daher der Erläuterung. Das BVerfG versteht darunter, „dass die Konventionsbestimmungen in der Auslegung des Gerichtshofs zur Kenntnis zu nehmen und auf den Fall anzuwenden“ sind.[482]

---

474 Karpenstein/Mayer/*Breuer*, EMRK, Art. 46, Rn. 48; Begriff nach Ress, EuGRZ 1996, 350 (353).

475 BVerfGE 111, 307 ff. = NJW 2004, 3407 ff. – Görgülü.

476 BVerfG NJW 2004, 3407 (3409) – Görgülü.

477 BVerfG NJW 2004, 3407 (3407, 3410) – Görgülü.

478 So noch OLG Naumburg EuGRZ 2004, 749; vgl. Karpenstein/Mayer/*Breuer*, EMRK, Art. 46, Rn. 49.

479 Karpenstein/Mayer/Breuer, EMRK, Art. 46, Rn. 49; Haß, Die Urteile des EGMR, S. 164.

480 BVerfG NJW 2004, 3407 (3407) – Görgülü.

481 Vgl. Hoffmann/Mellech/Rudolphi, Jura 2009, 256 (258).

482 BVerfG NJW 2004, 3407 (3411) – Görgülü; vgl. auch Breuer, der, nicht ohne die positiven Impulsen des Görgülü-Beschlusses zu loben, das Fehlen sprachlicher Klarheit kritisiert, NVwZ 2005, 412 ff.

Denn das BVerfG nimmt an, dass sich in den Entscheidungen der aktuelle Entwicklungsstand der Konvention und ihrer Protokolle widerspiegelt.[483]

b) Dispens von der Befolgungspflicht

Ein Dispens von der Befolgungspflicht liegt nach der Rechtsprechung des BVerfG in den Fällen vor, in denen eine „Änderung der tatsächlichen Verhältnisse" eingetreten ist[484] und in denen gegen höherrangiges Recht, insbesondere gegen Verfassungsrecht verstoßen würde[485]. Schließlich negiert das BVerfG eine Pflicht zur „schematischen Vollstreckung"[486] auch und insbesondere bei sog. „mehrpoligen Grundrechtsverhältnissen", bei denen die innerstaatliche Rechtsordnung „widerstreitende Grundrechtspositionen durch die Bildung von Fallgruppen und abgestuften Rechtsfolgen zu einem Ausgleich" bringt.[487] Hier ist der Richter dazu berufen, eine Entscheidung des EGMR in den betroffenen Teilrechtsbereich der nationalen Rechtsordnung „einzupassen", was eine „wertende Berücksichtigung" verlange.[488] Diese beinhaltet die Befugnis des nationalen Richters, ein vom EGMR erlassenes Urteil, das ein solches Teilrechtssystem betrifft, zunächst zur *Kenntnis zu nehmen* und nicht zu ignorieren, aber bei Missachtung „nachvollziehbar (zu) begründen, warum (er) der völkerrechtlichen Rechtsauffassung gleichwohl nicht folgt."[489] Einerseits – und das ist für den Umgang mit der „Ashby-Entscheidung" besonders relevant – soll nach Ansicht des BVerfG „eine Auseinandersetzung mit den vom Gerichtshof gefundenen Abwägungsergebnissen stattfinden".[490] Andererseits verbietet sich ein automatischer Vorrang der EMRK vor anderem Bundesrecht.[491] Hier ist streitig, ob der nationale Fachrichter nach einem Urteil des EGMR eine eigenständige Wertung vornehmen darf, ohne dass es noch darauf ankommt, ob eindeutig entgegenstehendes Gesetzesrecht vorliegt.[492] Gegen einen entsprechenden Ansatz lassen sich stichhaltige Einwände anführen.[493] Insgesamt

483 BVerfG NJW 2004, 3407 (3409) – Görgülü.
484 BVerfG NJW 2004, 3407 (3410) – Görgülü.
485 BVerfG NJW 2004, 307 (3411) – Görgülü.
486 BVerfG NJW 3407 (3407) – Görgülü.
487 BVerfG NJW 2004, 3407 (3411) – Görgülü.
488 BVerfG NJW 2004, 3407 (3409) – Görgülü.
489 BVerfG NJW 2004, 3407 (3411) – Görgülü.
490 BVerfG NJW 2004, 3407 (3410) – Görgülü.
491 So Peters/Altwicker, EMRK, § 37, Rn. 4 hinsichtlich der Görgülü-Entscheidung.
492 Heckötter, Die Bedeutung der EMRK, S. 190; so auch Breuer NVwZ 2005, 412 (414).
493 Hierzu induktiv Heckötter, Die Bedeutung der EMRK, S. 191 ff; Klein, JZ 2004, 1176 (1177 f.); Mayer/Karpenstein/*Breuer*, EMRK, Art. 46, Rn. 53; Meyer-Ladewig, EMRK, Art. 46, Rn. 34.

lässt sich konstatieren, dass es keine einheitliche Lösung für sämtliche Fallgestaltungen geben wird und dass das von den Fachgerichten gefundene Ergebnis den Wertungen des EGMR *grundsätzlich* nicht widersprechen darf.[494]

c) Verpflichtung für Drittstaaten

Es ist schließlich für die Frage der Wirkung des „Ashby-Urteils“ auf deutsche Zivilgerichte noch zu bedenken, dass „Ashby“ anders als „Görgülü“ einen Rechtsstreit betrifft, in dem die BRD gar nicht Beschwerdegegner war. Das BVerfG erkennt jedoch auch den Urteilen des IGH eine „Orientierungswirkung“ für die nicht am Verfahren beteiligten Staaten zu und fordert demgemäß generell Berücksichtigung, sofern die BRD Partei des in Rede stehenden Vertrags ist und sich der Gerichtsbarkeit des IGH unterworfen hat.[495] Bezogen auf die EMRK bedeutet das, dass die Berücksichtigungspflicht auch in „nichtdeutschen“ Fällen besteht, zumal eine gesonderte Unterwerfung unter die Gerichtsbarkeit des EGMR nicht erforderlich ist.[496] In diesem Sinne entschied das BVerfG auch in seiner Entscheidung zur Sicherungsverwahrung. Darin heißt es, dass die Heranziehung der EMRK und der Rechtsprechung des EGMR als Auslegungshilfe auf der Ebene des Verfassungsrechts über den Einzelfall hinaus dazu diene, den Garantien der Menschenrechtskonvention in der Bundesrepublik Deutschland möglichst umfassend Geltung zu verschaffen und darüber hinaus Verurteilungen der Bundesrepublik Deutschland zu vermeiden helfe.[497] Dass das BVerfG bei der Heranziehung der EMRK als Auslegungshilfe Entscheidungen des EGMR auch dann berücksichtigt, wenn sie nicht denselben Streitgegenstand betreffen, beruht auf der jedenfalls faktischen Orientierungs- und Leitfunktion, die der Rechtsprechung des EGMR für die Auslegung der EMRK auch über den konkret entschiedenen Einzelfall hinaus zukommt, so das BVerfG.[498]

Art. 1 EMRK verpflichtet die Konventionsstaaten, die Rechte und Freiheiten der Konvention zu gewährleisten, soweit sie der Konventionsstaat ratifiziert hat. Zu lesen sind sie in der Gestalt, die sich in der Rechtsprechung des EGMR entwickelt hat, weil sich darin der aktuelle Entwicklungsstand der Konvention und ihrer Protokolle widerspiegelt.[499] Der Gerichtshof hat insoweit Richterrecht

494 So Hoffmann/Mellech/Rudolphi, Jura 2009, 256 (259).
495 BVerfG, NJW 2007, 499 (502) – Belehrung ausländischer Beschuldigter über das Recht auf konsularischen Beistand.
496 Mayer/Karpenstein/*Breuer*, EMRK, Art. 46, Rn. 54.
497 BVerfG – Sicherungsverwahrung, NJW 2011, 1931 (1935).
498 BVerfG – Sicherungsverwahrung, NJW 2011, 1931 (1935).
499 Meyer-Ladewig, EMRK, Art. 46, Rn. 17.

geschaffen, mit dem die EMRK fortentwickelt worden und das durch Art. 59 Abs. 2 GG in den Vorrang des Gesetzes einbezogen ist. Dies bedeutet in letzter Konsequenz, dass es weder wünschenswert, noch rechtlich möglich ist, zwischen der Konvention selbst und der dazu ergangenen Rechtsprechung zu differenzieren.[500]

So wird im Übrigen verständlich, warum den Urteilen jedenfalls hinsichtlich ihrer Auslegung eine gewisse Vagheit eigen ist bzw. dass sie sich vor diesem Hintergrund als Abstraktheit erweist. Damit die EMRK in nationale Rechtsordnungen effektiv hineinwirkt, bedarf es nicht notwendigerweise präziser Entscheidungen des EGMR im Sinne konkreter Beanstandungen der gerichtlichen Praktiken.

4. *Fazit*

Hinsichtlich der Wirkung von „Ashby" ist festzuhalten: Befolgungspflicht und Rechtskraft beziehen sich gem. Art. 46 Abs. 1 EMRK ausdrücklich nur auf die Parteien des Beschwerdeverfahrens (inter partes). Deutsche Gerichte sind daher aus dem gegen Frankreich ergangenen „Ashby-Urteil" nicht direkt und unmittelbar verpflichtet.[501] Urteile des EGMR sind aber trotz ihrer inter-partes-Wirkung nicht ohne Bedeutung für dritte Parteien. Vielmehr besteht eine Bindung an die Auslegung von Konventionsrechten, die mit Begriffen wie „Orientierungswirkung" oder „Leitfunktion" umschrieben wird. So besteht nach der „Görgülü"-Rechtsprechung eine Pflicht der staatlichen Organe, die Rechtsprechung des EGMR, also die „Konventionsbestimmungen in der Auslegung des Gerichtshofs zur Kenntnis zu nehmen und auf den Fall anzuwenden". Aus dem Beschluss des BVerfG[502] zur Handhabung der IGH-Entscheidung ergibt sich ferner, dass die Berücksichtigungspflicht / Orientierungswirkung für die BRD und ihre Organe auch dann greift, wenn diese gar nicht Verfahrenspartei ist.

Gerichte müssen also Art. 10 EMRK berücksichtigen, und zwar auf eine Weise, wie er in „Ashby" ausgelegt und gegen Art. 1 1. ZProt konturiert wurde. Sie müssen sich mit der „Ashby-Entscheidung" auseinandersetzen und dürfen sie nicht ignorieren. Dabei soll das von den Fachgerichten gefundene / zu findende Ergebnis den Wertungen des EGMR *grundsätzlich* nicht widersprechen.[503]

500 Meyer-Ladewig, EMRK, Art. 46, Rn. 17.

501 Peters/Altwicker, EMRK, § 37, Rn. 18.

502 BVerfG, NJW 2007, 499 (502) – Belehrung ausländischer Beschuldigter über das Recht auf konsularischen Beistand.

503 So Hoffmann/Mellech/Rudolphi, Jura 2009, 256 (259).

Die damit befassten Gerichte dürfen diese jedoch nicht schematisch vollstrecken, sondern sind dazu berufen, die Entscheidung im Wege einer wertenden Berücksichtigung in den betroffenen Teilrechtsbereich der nationalen Rechtsordnung „einzupassen“.

Dies wird von dem hier unterbreiteten Vorschlag der „Schranke hinter den Schranken“ geleistet. Eine nachgeschaltete Interessenabwägung läuft nach hier vertretener Auffassung keine Gefahr, vom EGMR beanstandet zu werden, weil sie ganz auf dessen Linie steht. Aus Straßburg geht der Impuls aus, die gegenläufigen Interessen miteinander abzuwägen und die Frage der Zulässigkeit einer ureberrechtsrelevanten Nutzung davon abhängig zu machen, ob sie einen Beitrag zu einer *Debatte von öffentlichem Interesse* leisten kann. Dieses Kriterium wird dann nicht schematisch vollstreckt, sondern wertend berücksichtigt, wenn es weit verstanden wird und sich Gerichte im Hinblick auf die Frage des öffentlichen Interesses nicht zum Schiedsrichter über Qualität, Niveau und Opportunität von Meinungen aufschwingen. Eine Einpassung in den betroffenen Teilrechtsbereich der nationalen Rechtsordnung dürfte zudem dann gegeben sein, wenn das obige Kriterium von weiteren Kriterien, die in einem Katalog zusammengefasst sind, flankiert würde.

3. Kapitel: Rechtstheoretische Grundlagen: Abwägung vs. Closed job
Legal theory – balancing interests vs. closed system

Abstract: The claim for "balancing the interests" is controversial from a perspective of legal theory. It concerns the dualism between a closed positivistic system of legal decision-making and a rather flexible and open system. The modern history of legal theory is fundamentally influenced by the rivalry of two different schools – "Pandektismus" on the one hand and "Freirechtsschule" on the other hand. In regards to the emergence and validity of legal norms there is the dualism between positivism and natural law, which builds the fundamental theoretic background.

The process of balancing is usually attacked with the argument of incommensurability. However, it can be shown that this attack itself may be attacked with substantial arguments. The process of "balancing" and "weighing" is not free of legal risks and dangers. Flexible and open decision-making may lead to injustice and to incalculable und unforeseeable rulings. But these risks can be limited by compiling relevant factors, based upon which courts may conduct the process of balancing.

Die hier vertretene Forderung, die Zulässigkeit einer urheberrechtsrelevanten Verwendung im Wege einer Abwägung zu ermitteln und nicht beim durch Subsumtion gefundenen Ergebnis stehen zu bleiben, ist aus rechtstheoretischer Perspektive hoch brisant. Sie betrifft Grundfragen des Rechts – etwa das Verständnis von Gerechtigkeit und Recht, die Methodik der Rechtsanwendung, das Verhältnis von Gerichten und Gesetzgeber sowie die Rolle des Richters. Es verbietet sich daher, diese Forderung isoliert und ohne Rücksicht auf rechtstheoretische Grundlagen zu erheben. Diese sollen in der gebotenen Kürze erörtert werden.

A. Pandektistik vs. Freirechtsschule

Mit dem Plädoyer für eine starre, deduktive und an den Begriffen des Rechts orientierte Anwendung des Urheberrechts etwa geht automatisch ein bestimmtes Rechtsverständnis einher, das in seiner reinen Form als „pandektistisch" bezeichnet werden kann. Die Pandektistik war das im 19. Jahrhundert herrschende Rechtsverständnis.[504] Es ging von einem geschlossenen wissenschaftlichen Rechtssystem aus, aus dessen präfabrizierten Wertungselementen axiomatisch-deduktiv, also mit den Richtigkeitsgarantien logischen Denkens die Lösung jedes an das Gesetzessystem herangetragenen Falles ermittelt werden sollte.[505] Der Rechtsanwender wurde dadurch von der Ermittlung des legislativen Sinngehalts der gesetzlichen Regelung anlässlich der Einzelfallentscheidung entlastet.[506] Die Schaffung des BGB etwa stand ganz und gar unter dem Zeichen der Pandektistik.[507] Dessen Gesetzessystem war nicht wie die von ihm abgelösten Landrechte an den sozialen Lebensphänomenen orientiert.[508] Vielmehr ist für dieses kennzeichnend, dass es die Wirklichkeit mittels abstrakter Allgemeinbegriffe und formaler Kategorien erfasst, die in der sozialen Realität keine unmittelbare Entsprechung haben.[509] Der strenge begriffliche Formalismus der Begriffsjurisprudenz zielte darauf ab, eine abschließende und erschöpfende gesetzliche Regelung zu erreichen, die dem positivistischen Ideal der Lückenlosigkeit und der Bindung des Richters an das Gesetz verpflichtet war.[510]

Es liegt auf der Hand, dass eine solche Rechtsauffassung nicht ohne Widerspruch blieb. Ihre ersten und schärfsten Kritiker waren zu Anfang des 20. Jahrhunderts *Eugen Ehrlich*, *Herman Kantorowicz* und *Ernst Fuchs* – die Vertreter der Freirechtsschule. Die Freirechtsschule kritisierte den strengen Gesetzespositivismus der Begriffsjurisprudenz als den fehlgeleiteten Versuch „mit Hilfe rein logischer Operationen und einer nur ihm verständlichen Geheimtechnik die vom Gesetzgeber vorherbestimmte Entscheidung im Gesetzbuch mit absoluter Exaktheit nachzuweisen."[511] Sie warf ihr insbesondere vor, als Folge ihres abstrakten, begriffsorientierten Vorgehens, die tatsächlichen zugrunde liegenden Verhältnisse zu vernachlässigen und für eine wertende Entscheidung keinen Raum zu lassen.[512] So heißt es bei *Fuchs*: „Wo

---

504 Vgl. MüKo/*Säcker*, BGB, Einl., Rn. 24.
505 MüKo/*Säcker*, BGB, Einl., Rn. 24.
506 MüKo/*Säcker*, BGB, Einl., Rn. 24.
507 MüKo/*Säcker*, BGB, Einl., Rn. 24.
508 MüKo/*Säcker*, BGB, Einl., Rn. 24.
509 MüKo/*Säcker*, BGB, Einl., Rn. 24.
510 MüKo/*Säcker*, BGB, Einl., Rn. 24.
511 Gnaeus Flavius, Kampf um die Rechtswissenschaft, S. 4; vgl. auch Rupp, NJW 1973, 1769 (1771).
512 Melin, Gesetzesauslegung in den USA und Dtl., S. 210.

das formallogische Ergebnis dem geschulten Rechtsgefühl als für den Fall nicht passend erscheint, da zieht der reine Systemlogiker, d.i. der schlechte Richter, dennoch kalt die ungerechte Schlussfolgerung und gibt achselzuckend dem 'harten Gesetz' die Schuld".[513]

Die Begründer des Freirechts hatten die Sorge, dass die Kodifikation des Bürgerlichen Gesetzbuches zu Beginn des 20. Jahrhunderts zu einer „Rechtserstarrung" führen könnte.[514] Als Gegenmodell warb die Freirechtsbewegung also für eine freizügige Rechtsfindung, in der sich ein Urteil als die schöpferisch-persönliche Leistung des mit „königlicher Freiheit" ausgestatteten Richters darstellt.[515] Dieser müsse seinem subjektiven Rechtsempfinden folgen und könne so das gewünschte Ergebnis als Erzeugnis seines Willens „konstruktiv" aus dem Gesetz entwickeln.[516] Das zur Urteilsfindung und Rechtssetzung einsetzbare Freirecht sei damit flexibel und einzelfallgerecht.[517]

In der heutigen Rechtstheorie wird der von der Freirechtsschule vorgetragene, an der Wirklichkeit orientierte Denkansatz begrüßt und deren Kritik an der abstrakten Begriffsjurisprudenz als gerechtfertigt betrachtet. Indessen sieht man die „königliche Freiheit" des über dem Gesetz stehenden Richters als unvereinbar mit dem Demokratie- und Rechtsstaatsprinzip an.[518] Dieses Postulat könne jedenfalls in der hiesigen Verfassungsordnung nicht aufrechterhalten werden, verkenne es doch die rechtstheoretische und verfassungsrechtliche Bedeutung der Gewaltentrennung und der Gesetzesbindung des Richters (Art. 20 Abs. 3, Art. 97 Abs. 1 GG), so dessen Kritiker.[519] Sowohl beim Ausfüllen gesetzlicher Lücken wie auch bei der herkömmlichen Gesetzesanwendung habe der Richter vielmehr als dienender Partner der Gesetzgebung die gesetzlichen Wertmaßstäbe der gesamten Rechtsordnung sowie das geltende Recht vielmehr „in denkendem Gehorsam" zu beachten.[520]

513 Fuchs, Was will die Freirechtsschule, S. 15.
514 Vgl. Reichel, Gesetz und Richterspruch, S. 16: „Formale Konstruktionen und elegante Deduktionen galten prinzipiell mehr als ersprießliche Ergebnisse."
515 Rüthers, Rechtstheorie, § 18 (Rn. 610).
516 http://universal_lexikon.deacademic.com/239852/Freirechtsschule (abgerufen am 25.03.2015 um 12.34 Uhr).
517 http://www.wissen.de/lexikon/freirechtsschule (abgerufen am 25.03.2015 um 12.34 Uhr).
518 Rüthers, Rechtstheorie, § 18 (Rn. 610).
519 Rüthers, Rechtstheorie, § 18 (Rn. 610).
520 Rüthers, Rechtstheorie, § 18 (Rn. 610).

B. Das Erkennbarkeits- und Relativismus-Argument

Richter seien mehr als bloße Subsumtionsautomaten, die das abstrakte Gesetz auf den konkreten Lebenssachverhalt anzuwenden haben. Vielmehr bestehe deren Funktion darin, dem Recht individuelle Geltung in der Lebenswirklichkeit zu verschaffen.[521] Sie seien gehalten, zeitgemäß, produktiv und einzelfallgerecht zu urteilen. Jene Agenda kann, vereinfacht gesagt, als Gemeinsamkeit flexibler Theorien (z.B. Freirechtsschule, Topische Jurisprudenz) identifiziert werden.

Gegen diese Auffassung erhebt sich jedoch massive Kritik: So wird in Zweifel gezogen, dass das Ziel richterlicher Tätigkeit überhaupt in der Herstellung von Einzelfallgerechtigkeit besteht. Dass etwa *Viehweg* mit seiner juristischen Topik mit dem Ziel antritt, zu erforschen, was „hier und jetzt gerecht sei", hält etwa *Rüthers* nicht nur für verfassungsrechtlich unhaltbar, sondern auch für rechtsphilosophisch verfehlt.[522]

I. Naturrecht vs. Rechtspositivismus

„Im Original" – auf der tiefsten Abstraktionsebene – wird dieser Einwand von Seiten des Rechtspositivismus gegen überpositivistische Rechtsüberzeugungen wie dem Naturrecht formuliert, und zwar im Hinblick auf die Frage der Geltung von Recht. Nach dem Naturrecht gilt Recht, weil bzw. wenn es gerecht ist, dem Rechtspositivismus zufolge gilt es einzig und allein kraft Setzung.[523] Die Kernthese des Rechtspositivismus besagt, dass der Rechtsbegriff wie auch die abgeleiteten Begriffe der Rechtsgeltung, Rechtsgültigkeit, Rechtspflicht und Rechtsverbindlichkeit strikt moralneutral zu bestimmen seien (Trennungsthese).[524] Für die rechtspositivistische Theorie, die seit den sechziger Jahren des 19. Jahrhunderts in besonderer Blüte gestanden hat, kann neben *Rudolf Smend*, *Hermann Heller*, *Carl Schmitt* vor allem *Hans Kelsen* mit seinem Hauptwerk *„Reine Rechtslehre"* von 1934 herangezogen werden.[525] Ausgehend von der vom Neukantianismus des 19. Jahrhundert entwickelten strikten Trennung zwischen Sein und Sollen wird in diesem Grundwerk der „Stufenbau der Rechtsordnung" entworfen, wonach eine Rechtsnorm nur Geltung besitzt, weil und wenn eine

521 Vgl. Rieble, NJW 2011, 819 (820).
522 Rüthers, Rechtstheorie, § 18 (Rn. 614).
523 http://www.rechtslexikon.net/d/naturrecht/naturrecht.htm (abgerufen am 26.3.2015 um 15:33 Uhr).
524 Hoerster, NJW 1986, 2480 (2480); vgl. Robbers, Jura 1993, 69 (69).
525 Robbers, Jura 1993, 69 (69).

höherrangige Rechtsnorm anordnet, dass sie von den Rechtsunterworfenen befolgt werden soll.[526]

Rechtspositivisten attackieren naturrechtliche Ansätze in erster Linie mit dem Erkennbarkeits- und Relativismus-Argument. *Kelsen* etwa hält Gerechtigkeit nur für einen „schönen Traum der Menschheit"; man könne und werde nicht wissen, was Gerechtigkeit ist (werttheoretischer Relativismus).[527] Rechtspositivisten weisen also darauf hin, dass die Definition von Gerechtigkeit von dem subjektiven Verständnis des Definierenden abhängt. Sie sei relativ, also nicht bestimmbar, vielmehr hänge die Anzahl ihrer Definitionen von der Zahl der Befragten ab. Der Vorteil rechtspositivistischer Überlegungen liege bereits darin, dass diese der Frage der Gerechtigkeit des Rechts gleichgültig gegenüberstehen. Recht gilt kraft Setzung, unabhängig davon, ob es an der Idee der Gerechtigkeit teilhat. Wenn sich nach dieser Vorstellung Recht auch nicht als Gerechtigkeit manifestiert, so erzeugt und gewährleistet dieses jedoch zumindest Rechtssicherheit.

Das Relativismus-Argument hat sein berechtigtes Anliegen, weil die Definition von Gerechtigkeit nicht auf der Hand liegt und der – an sich vertraute – Begriff vielmehr ein weites semantisches Feld beschreibt.[528] Gleichwohl sind Annäherungen und Eingrenzungen möglich. Dabei kann auf die Philosophen aller Zeiten rekurriert werden, die sich des Gerechtigkeitsbegriffs angenommen haben.[529] Schließlich darf die den Rechtspositivismus charakterisierende

---

526 Robbers, Jura 1993, 69 (70).

527 Kaufmann, Jura 1992, 9 (13).

528 Schmidt, RdA 2015, 260 (260).

529 Hierzu ein knapper, aber sehr anschaulicher Überblick bei Schmidt, RdA 2015, 260 (260), der hier kurz wiedergegeben werden soll: „Jedem das Seine" (suum cuique) meinte Platon, „Jedem das Gleiche" Aristoteles. Gerechtigkeit wird zum Teil als ein offener Prozess verstanden, als eine Verfahrensfrage begriffen oder als ein Institutionenproblem beschrieben. Gewiss wird Gerechtigkeit etwas mit Maß und Proportion zu tun haben: Etwas, das unverhältnismäßig ist – ob Strafe, eine Steuer oder Kündigung eine Bonuszahlung – durfte wohl stets als ungerecht empfunden werden. Gerechte Entscheidungen zielen auf die Auflösung vielschichtiger Interessenkonflikte, bei denen jeder Beteiligte nachvollziehbare, aber einander ausschließende Forderungen erhebt. John Rawls sieht eine gerechte Lösung mit dem Grundgedanken der Unparteilichkeit verknüpft. Zu fragen sei, ob man vernünftigerweise das Urteil zur Beilegung eines Konflikts akzeptieren würde, wenn man zwar daran beteiligt wäre, aber nicht wüsste, in welcher Rolle, ob z.B. als Staatsanwalt, Angeklagter, Verteidiger, Gesetzgeber oder Richter, wenn also der „Schleier des Nichtwissens" die persönliche Betroffenheit verhüllen würde. Dieser Gedanke hat zweifellos seine Wurzeln in Kants kategorischem Imperativ: Verhalte dich so, dass die Maxime deines Handelns jederzeit zur allgemeinen Richtschnur erhoben werden könnte. Damit unmittelbar verbunden

Trennungsthese nicht als „sakrosankt“ betrachtet, sondern muss ihrerseits mit Kritik bedacht werden. Die Haupteinwände gegen sie sind das Wertungs-, Prinzipien- und Unrechtsargument.[530] Zudem sei die „Reinheit“ von Kelsens Rechtslehre in Frage gestellt und darauf hingewiesen, dass die Grundnorm in Kelsens Stufenbau „wie eine Norm des Naturrechts gelte“.[531]

II. Einzelfallgerechtigkeit vs. Rechtssicherheit

Kritische Einwände auf Basis des Relativismus-Argumentes gegen die Genese des Rechts lassen sich auf die Anwendung des Rechts übertragen, näherhin den Anspruch flexibler Theorien, einzelfallgerechte Entscheidungen zu erzeugen. Hier verschärft sich sogar das Problem: Wenn der Richter jedes Ergebnis am Maßstab naturrechtlicher Gerechtigkeit zu messen hätte, ginge dies zusätzlich zu Lasten von Vorhersehbarkeit, Rechtsklarheit und Rechtssicherheit.[532] Zudem wäre Rechtsanwendung ein immerzu komplexer und komplizierter Vorgang, der hohe Vollzugskosten herbeiführen würde. Routinemäßige „Closed job“- Rechtsanwendung bietet, weil das Gesetz angewendet wird, berechenbare und vorhersehbare Ergebnisse, die in diesem Sinne „gerecht“ sind. Wer die Herstellung von Einzelfallgerechtigkeit als des Richters oberste Aufgabe betrachtet, billigt dagegen ein Rechtsverständnis, das einmal von Supreme Court Justice *O.W. Holmes*, wie folgt, lakonisch beschrieben wurde: „Recht ist nicht das, was im Gesetz steht, sondern die richtige Vorhersage dessen, was die letzte Instanz entscheidet.“[533]

---

ist ein weiterer Gedanke Kants, nach dem die Publizität des staatlichen, also auch des Justizhandelns gewährleistet sein muss. „Nur wer nichts verbirgt, kann das Vertrauen darauf in Anspruch nehmen, er habe nichts zu verbergen.“; ein knapper geschichtlicher Abriss der abendländischen Rechtsphilosophie findet sich ferner bei Kaufmann, Jura 1992, 178 (179 ff.).

530 Siehe im Einzelnen Osterkamp, Juristische Gerechtigkeit, S. 26.

531 Kelsen, zitiert nach Kaufmann, Jura 1992, 9 (14).

532 Dies ist ein zugegebenermaßen zugespitztes Argument. Denn das Naturrecht redet nicht automatisch dem königlichen Freirichter oder gar dem Kadi das Wort. Rechtstheoretisch-methodologisch ist das Naturrecht rechtspositivistischen Konzeptionen nämlich nicht allzu fern, sind beide doch axiomatisch orientiert, liegt ihnen ein kodifikatorisches Denken zu Grunde und sind beide der Systemphilosophie des Rationalismus verpflichtet, der auf ein geschlossenes und auf Deduktion basierendes System zielt. Der Unterschied zwischen Naturrecht und Rechtspositivismus ist rechtsphilosophisch-ontologischer Natur und betrifft den Geltungsgrund von Recht, vgl. hierzu auch Kaufmann, Jura 1992, 178 (183).

533 Zitiert nach Rüthers, NJW 2005, 2759 (2759).

Die vermeintliche Relativität des naturrechtlichen Gerechtigkeitsbegriffs, zumindest aber die schwierige objektive Bestimmbarkeit des Begriffs der Einzelfallgerechtigkeit kann zu Beliebigkeit, im schlimmsten Fall zu Missbrauch führen. Die Präsidentin des Bundesarbeitsgerichts *Schmidt* hat daran erinnert, dass Entscheidungen der höchsten Gerichte, die mit allgemeinen Gerechtigkeitsgedanken begründet wurden, nicht zu den „Sternstunden der deutschen Justizgeschichte" gehörten.[534]

Am Problem der Abwägung wird die grundsätzliche Schwierigkeit der juristischen Begründung von Gerechtigkeit, die sich aus der Spannung von Einzelfallgerechtigkeit und Gleichbehandlung ergibt, deutlich sichtbar.[535] Während strenge Subsumtionslösungen dem Einwand mangelnder Einzelfallgerechtigkeit ausgesetzt sind, wird gegen Abwägungsprozesse der Vorwurf der Rechtsunsicherheit und Missbrauchsanfälligkeit angesichts eines einseitigen Rekurses auf den Einzelfall erhoben; ihren Gegnern gilt die Abwägung als „Situationsjurisprudenz" oder gar als „Kadijustiz".[536] Deren Gerechtigkeitsvorstellung verweist auf die jeweils unter Abwägung aller Faktoren richtige Entscheidung eines Einzelfalles.[537] Der Grundsatz der normativen Gleichbehandlung, also der Anspruch gesetzmäßige und wiederholbare Entscheidungen zu generieren, ist für die Kadijustiz nicht konstitutiv. Allerdings könnten Abwägungsentscheidungen sich diesem Grundsatz nähern, wenn der abwägende Richter die Entscheidung, „inwieweit dem Wert des Verkehrsschutzes gegenüber dem Wert der Privatautonomie Rechnung zu tragen [ist], später in allen gleichen Fällen wiederholt".[538] Damit Abwägung also nicht in persönliche Willkür abgleitet, nicht auf eine „lex situationis" oder „Situationsjurisprudenz" hinausläuft und auf diese Weise den Rechtsstaat gefährdet, dürfte ein Ansatzpunkt ihrer Beherrschung darin liegen, sie nach Möglichkeit fallgruppenspezifisch anzuwenden.[539] Bereits der Rückgriff auf einen Kriterienkatalog, wie ihn diese Untersuchung vorsieht, vermag den Prozess der Abwägung zu formalisieren und rationalisieren.

534 Schmidt, RdA 2015, 260 (260).
535 Osterkamp, Juristische Gerechtigkeit, S. 241.
536 Vgl. Coelln, ZUM 2001, 478 (484); vgl. Leisner, Der Abwägungsstaat, S. 117 ff.; Pawlowski, Methodenlehre für Juristen, § 3 (S. 29, Rn. 50 ff.).
537 Pawlowski, Methodenlehre für Juristen, § 3 (S. 31, Rn. 53).
538 Pawlowski, Methodenlehre für Juristen, § 3 (S. 29, Rn. 50).
539 Osterkamp, Juristische Gerechtigkeit, S. 249.

C. Die Unbestimmtheit der Abwägung

Über das „Ob" und den Gerechtigkeitsanspruch und -mehrwert von Abwägungsprozessen findet schon seit geraumer Zeit eine breite Diskussion statt. Diese hat sich intensiviert, seitdem Gerichte zu ihren Entscheidungen verstärkt mit Hilfe von Abwägung gelangen und oder sie mit Verhältnismäßigkeitserwägungen begründen.[540] Verhältnismäßigkeit meint dabei „geronnene Abwägung".[541] Präziser gesagt, handelt es sich bei Verhältnismäßigkeit um jenen Zustand, respektive diejenige Falllösung, welche aus Abwägung erwächst und nur aus ihr entstehen kann. Abwägung ist das Mittel, um materiell ausgewogene Lösungen herbeizuführen.[542]

Nach der Prinzipientheorie von R. Alexy ist Abwägung stets dann erforderlich, wenn zwei Prinzipien miteinander kollidieren.[543] Es lässt sich beobachten, dass insbesondere in jüngeren Verfassungsgerichtsurteilen weit häufiger als in älteren Entscheidungen die Begriffe „Verhältnismäßigkeit" und „Abwägung" benutzt werden.[544] Dies lässt auf eine Intensivierung und ein häufigeres Auftreten jener Art des Entscheidens schließen.

Diese Entwicklung wird zum Teil äußerst kritisch gesehen. Bereits gegen die Vokabel wird heftig polemisiert: Abwägung sei ein „gutes", „unbelastetes" Wort der Rechtssprache, das „Ausgewogenheit" suggeriere und auf einen guten und weisen Juristen schließen lasse.[545] Wer abwägt, würdigt angeblich umfassend die „besonderen Umstände des Einzelfalles" und urteilt weder vorschnell noch einseitig. Ganz und gar verschleiert werde dabei jedoch der hinter jedweder Abwägung stehende „getarnte Dezisionismus".[546] Zudem wisse kaum jemand, wie denn nun genau abzuwägen, was bei diesem modus operandi zu unternehmen sei.[547] Wie erwähnt, wird gegen die vom BVerfG in Bezug auf Art. 5 Abs. 1 GG vertretene Wechselwirkungslehre eingewendet, sie erzeuge einen „unendlichen Strudel von Abwägungsprozessen" (s.o.).

---

540 „Das Abwägen widerstreitender Interessen ist im Recht ein ubiquitärer Vorgang", Hofmann, Abwägung im Recht, S. 1.

541 Leisner, Der Abwägungsstaat, S. 33; Leisner, NJW 1997, 636 (636).

542 Leisner, Der Abwägungsstaat, S. 33.

543 Klatt, Prinzipientheorie und Theorie der Abwägung, S. 240, m.w.N.

544 Leisner, Der Abwägungsstaat, S. 14 ff.

545 Leisner, NJW 1997, 636 (637).

546 Leisner, NJW 1997, 636 (637).

547 Leisner, NJW 1997, 636 (637).

Hinzu komme, dass Schritte wie die sorgfältige Würdigung und einzelfallgerechte Beurteilung des Sachverhalts, die als konstitutives Element des Abwägungsvorgangs ausgegeben werden, kein Alleinstellungsmerkmal desselben seien, sondern eine Selbstverständlichkeit juristischen Entscheidens.

Andererseits besteht innerhalb der Rechtstheorie nahezu Einigkeit, dass die Abwägung, so kritikwürdig sie auch sein mag, unausweichlich ist.[548] Als Gründe werden hier die Grenzen der vollständigen Normierbarkeit bestimmter Regelungsmaterien sowie die mit ihr verbundene „Konkretisierung als Hinwendung zum Realen in Recht und Rechtswissenschaft“[549] genannt.[550] Davon ausgehend kann man den Vorwurf der Unbestimmtheit, jedenfalls da, wo sich Abwägungsentscheidungen strukturieren und sich durch Maßstäbe insoweit rational fundieren lassen, entschärfen und selbst entschiedene Gegner der Abwägung mit ihr versöhnen.

D. Das Inkommensurabilitätsargument

Schließlich sei noch ein letztes Standardargument gegen das Verfahren der Abwägung skizziert, das gemeinhin als die schwerwiegendste Kritik betrachtet wird. Dem Einwand der Inkommensurabilität[551] zufolge können miteinander abzuwägenden Werte und Prinzipien nicht auf einer gemeinsamen Skala gemessen werden.[552] Es sei nachgerade unmöglich, inkommensurable Werte gegeneinander abzuwägen.[553] Der Einwand der Inkommensurabilität leugnet demnach, dass abzuwägende Interessen ein „natürliches“, durch juristische Schwerkraft bestimmtes Gewicht besäßen, das eine Waage mit Selbstverständlichkeit vergleichen könnte.[554]

Zwei Varianten des Einwandes lassen sich unterscheiden: Die erste Variante verneint, dass es überhaupt Prinzipien und Werte gebe, die quantifizierbar seien (starke Inkommensurabilitätsthese). Die zweite leugnet die Möglichkeit der Abwägbarkeit auf Grund des Fehlens einer gemeinsamen Skala (schwache

---

548 Gassner, NJW 1998, 119 (119).

549 Engisch, Die Idee der Konkretisierung, S. 85.

550 Gassner, NJW 1998, 119 (119).

551 (In)kommensurabel; von lat. mensura für Maß, wörtlich etwa „nicht zusammen messbar“, „ohne gemeinsames Maß“); neben der Ethik ist der Begriff der Kommensurabilität auch in der Physik, Mathematik und Wissenschaftstheorie etabliert.

552 Klatt, Prinzipientheorie und Theorie der Abwägung, S. 78.

553 Klatt, Prinzipientheorie und Theorie der Abwägung, S. 78.

554 Leisner, NJW 1997, 637 (638).

Inkommensurabilitätsthese). Erst genannte bezieht sich auf die einzelnen Prinzipien, letztere auf Relationen.

Das Problem der Inkommensurabilität stellt sich aus Sicht der Abwägungskritiker in besonderer Weise im öffentlichen Recht, da die „Wertigkeit" gegenüberstehender Interessen kaum bestimmt werden könne.[555] *Leisner* fragt daher provokant: „Überwiegt das Interesse der Landesverteidigung am Bau eines Flugplatzes jenes einer Bauernfamilie, die den jahrhundertelang bewirtschafteten Hof nicht aufgeben will?" Selbst innerhalb der öffentlichen Interessen lasse sich trefflich darüber streiten, ob nun die Bewaffnung der Streitkräfte oder die gute Bildung der Jugend wichtiger sei, ob ein moralisch freier oder einem restriktiv gehandhabten Jugendschutz der Vorzug zu geben sei.[556]

Das Privatrecht kenne als gemeinsamen Nenner zumindest den Geldwert, mit dem sich in bestimmten Konstellationen die in Rede stehenden Interessen monetarisieren und damit bewertbar machen lassen. In diesen Fällen verliert der Einwand der Inkommensurabilität also an Schärfe.[557] Soweit aber nicht nur ein bipolarer Konflikt gegeben ist, sondern Interessen in Rede stehen, die sich nicht ohne weiteres monetarisieren lassen, weil dem Konflikt gleich ein ganzes Geflecht betroffener Interessen zu Grunde liegt, kann nicht mehr von der klassischen privatrechtlichen Konstellation ausgegangen werden, die gegen den Einwand der Inkommensurabilität weitgehend immun ist. Das bedeutet für den hier untersuchten Konflikt: Die Freiheit, Meinungen und Beiträge zu entäußern, lässt sich nur teilweise – im Hinblick auf seinen kommerziellen Aspekt – in bare Münze verwandeln. Meinungs- und Pressefreiheit gehen jedoch über diesen Aspekt weit hinaus. Sie müssen etwa in ihrer Funktion für eine pluralistische und demokratische Gesellschaft betrachtet werden. Auch das Urheberrecht lässt sich nicht auf seinen vermögensrechtlichen und damit zählbaren Gehalt reduzieren. Nach § 11 UrhG i.V.m. mit der monistischen Theorie ist damit die nicht monetarisierbare, persönlichkeitsrechtliche Komponente untrennbar verwoben.[558]

---

555 Leisner, NJW 1997, 636 (638).

556 Leisner, NJW 1997, 636 (638).

557 *Leisner* leugnet aber keineswegs, dass abwägendes Entscheiden im Privatrecht, das vom Prinzip der Gleichordnung ausgeht, auf eine längere Tradition zurückblickt, Der Abwägungsstaat, S. 53. Zudem stellt er klar, dass gegen „die guten Sitten" und „Treu und Glaube" als Reserve-Korrektiv auch nichts einzuwenden sei, vgl. Leisner, Der Abwägungsstaat, S. 14.

558 Nicht eskamotiert wird dabei, dass die Höhe von Schmerzensgeldansprüchen und Schadensersatzansprüchen infolge von Persönlichkeitsrechtsverletzungen mit Hilfe entsprechender Kriterien und fingierter Lizenzgebühren bestimmt werden kann. Es

Hinzu kommt, dass an urheberrechtlichen Konflikten grundsätzlich weitere Akteure und deren Interessen betroffen sind. All dies veranlasst zu der Schlussfolgerung, dass der Einwand der Inkommensurabilität auf den hiesigen Konflikt zwischen Urheberrecht und Pressefreiheit zur Anwendung gelangen kann.

Dem Einwand der Inkommensurabilität kann jedoch nicht frei von Polemik erwidert werden, dass er auf Intuition und unzureichender Durchdachtheit beruhe. Sehr wohl kann man nämlich „Äpfel mit Birnen vergleichen" – und zwar im Hinblick auf einen bestimmten Vergleichswert, wie beispielsweise ihren Vitamingehalt.[559] Unter Zugrundelegung geeigneter Vergleichswerte, von deren Tauglichkeit die Qualität der Vergleichung abhängt, lassen sich Werte sehr wohl miteinander vergleichen.[560]

Zweitens wird der Einwand der fehlenden Quantifizierbarkeit von Prinzipien selbst von Abwägungsbefürwortern nicht in toto bestritten (Variante 1). Verwiesen wird zunächst darauf, dass eine gelingende Abwägungsprüfung keiner exakten, mathematischen Bezifferung der Gewichte bedürfe.[561] Zur Erreichung der rationalisierenden Wirkung von Abwägungsprozessen sei es bereits ausreichend, wenn sich die Merkmale auf einer Ordinalskala verorten lassen. Bereits die Anwendung einer an den Größen „leicht, mittel und schwer" ausgerichteten, sog. triadischen Skala führe zu einem Rationalitätsgewinn.[562]

Gleichwohl haben Methodologen den Versuch unternommen, Abwägungsvorgänge in eine mathematische Struktur zu gießen. Dabei ist die Gewichtsformel herausgekommen, welche auch vom BVerwG bei Abwägungsvorgängen

---

bleibt aus rechtstheoretischer Sicht dabei: Dem Persönlichkeitsrecht entspricht, trotz seiner Kommerzialisierbarkeit, kein direkter Geldwert.

559 Klatt, Prinzipientheorie und Theorie der Abwägung, S. 269; zur Veranschaulichung sei ein weiteres Beispiel aus dem Bereich Musik skizziert. Nicht zulässig dürfte wohl die Aussage sein, dass die Barockwerke Bachs „besser" oder „schlechter" seien als die Hits von Madonna. Denn die „Qualität" von Musik taugt nicht als Kriterium des Vergleichs – sinnvolle Vergleichswerte sind dagegen: „Eignung zum Tanzen" oder „Grad der Komplexität". Dementsprechend nimmt Prof. Joachim Kaiser von einer qualitativen Abstufung bzgl. „E"- und „U"-Musik dezidiert Abstand, erachtet indes die Aussage für zulässig, dass Popmusik in aller Regel „dümmer" (nicht despektierlich) und „schlichter" sei als klassische Musik. Dieser Vergleich ist offenkundig am Kriterium des „Grades der Komplexität" ausgerichtet, vgl. „Sprechen wir über Musik" / Kolumne für die Süddeutsche Zeitung: „Ist klassische Musik besser als Popmusik?", https://www.youtube.com/watch?v=e81_lAwOBgg (abgerufen am 14.12.2015 um 17:37 Uhr).

560 Klatt, Prinzipientheorie und Theorie der Abwägung, S. 248.

561 Klatt, Prinzipientheorie und Theorie der Abwägung, S. 78.

562 Klatt, Prinzipientheorie und Theorie der Abwägung, S. 79.

herangezogen wird.[563] Die Leistung der Gewichtsformel besteht darin, den Abwägungsprozess zu strukturieren oder formalisieren. Man sollte aber auch hier keinem Missverständnis erliegen. Ähnlich wie pandektistische Vorstellungen erweckt die Gewichtsformel nämlich den Eindruck der Mathematisierbarkeit juristischer Entscheidungen und der mechanischen Lösbarkeit sozialer Konflikte – „Abwägung als Rechenoperation". Zu bedenken gilt aber, dass der Vorgang unleugbar in Eigenwertung fundiert ist und bleibt. Die Einstufung der Merkmale ihrerseits läuft über Wertung und ist ohne Objektivitätsanspruch. In der Strukturierung des Abwägungsprozesses manifestiert sich also keine Wertungsneutralität. Sie vermag jedoch die Variablen offenzulegen, also die Stellen transparent zu machen, an denen Wertungen vorgenommen wurden.[564]

Der zweiten Variante des Einwands der Inkommensurabilität, wonach es an einer gemeinsamen Skala zwischen den Vergleichsgruppen fehlt, begegnen die Fürsprecher der Prinzipientheorie zunächst zustimmend, dass die Existenz einer gemeinsamen Skala in der Tat für Vergleichung und für Abwägung unverzichtbar sei.[565] Gleichwohl lasse sich, wenn es auch an einer gemeinsamen Skala fehlt, „Präferenzrelationen" zwischen den Prinzipien, gestützt auf rationale Gründe, herstellen, was auch von den Vertretern der schwachen Inkommensurabilitätsthese nicht bestritten wird. Diese rationalen Gründe dann zu kritisieren, indem man deren Rationalität bestreitet oder ihnen die moralische Neutralität abspricht, betrifft die außerhalb des Abwägungsmodells liegende externe Rechtfertigung, lässt indessen den Abwägungsvorgang an sich unberührt.[566] Denn die formale Struktur der Abwägung ist moralisch neutral.

Abwägungsbefürworter halten also die Kategorie der Inkommensurabilität für kein Hindernis, sondern für den Ausgangspunkt der Abwägung.[567] Diese habe rationalisierende und strukturierende Wirkung auf die juristische Entscheidungsfindung und dekuvriere dabei zugleich den Einfluss moralischer und wertender Argumentation.

563 Klatt/Schmidt, Spielräume des öff. Rechts, S. 12 f.
564 Klatt, Prinzipientheorie und Theorie der Abwägung, S. 85.
565 Klatt, Prinzipientheorie und Theorie der Abwägung, S. 81.
566 Klatt, Prinzipientheorie und Theorie der Abwägung, S. 83.
567 Klatt, Prinzipientheorie und Theorie der Abwägung, S. 83.

4. Kapitel: Kriterienkatalog für die Interessenabwägung auf Basis der „Schranke hinter den Schranken" Compilation of factors to be used in the process of balancing

Abstract: Balancing a number of factors as proposed in this thesis is superior to the different approaches brought into the legal discussion. Most of the alternative approaches would replace an unsufficient concept for another. Models *de lege ferenda* are not sufficient and are not necessary either.

The list of factors given here is inspired by the Fair use doctrine rooting in the Common Law. Additionally, it is derived from considerations regarding the theory of media, in particular the relation between copyright and information, of information and confusion and not least from the idea/expression dichotomy.

Additionaly, some factors arise out from the Basic Law, particularly from Art. 5 Basic Law and the specific dogmatic related to Art. 5 (2) ("Wechselwirkungslehre") and from the European Court's of Human Right decision "Ashby Donald vs. France".

Hence, the list contains factors like the holder's interest in exploiting the copyright, matters of public interest, level of creativity of the particular work and factors resulting from the Art. 5 Basic Law related dogmatic, such such as the distinction between value judgment and factual claim and some more.

Ob nun das Veröffentlichungsinteresse legitimerweise über die Interessen des Berechtigten gestellt werden darf, sollen die Gerichte nach hier vertretener Auffassung anhand einer nachgeschalteten Abwägung der gegenläufigen Interessen entscheiden. Dieser Vorgang ist dabei so weit als möglich rational zu fundieren. Bei der Interessenabwägung im Rahmen der Widerrechtlichkeit gem. § 97 Abs. 1 UrhG soll daher auf einen feststehenden Katalog entscheidungsrelevanter Gesichtspunkte zurückgegriffen werden.

A. Vorbilder des Kriterienkatalogs

Die Verwendung von Kriterienkatalogen im Rahmen von Abwägungsentscheidungen anhand der Umstände des Einzelfalles ist der Rechtspraxis, insbesondere dem Presserecht für die Feststellung der Zulässigkeit von Veröffentlichungen keineswegs fremd. So gibt der EGMR in seinen Entscheidungen „Caroline II“ und „Axel Springer“ berücksichtigungswürdige Topoi vor, die für die Lösung des Konflikts zwischen Persönlichkeitsrecht und Meinungsfreiheit maßgeblich sein sollen.[568] Auch die deutsche Rechtsprechung trifft allen voran im Persönlichkeits- bzw. im Äußerungsrecht ihre Entscheidung im Zuge einer Abwägung anhand immer wiederkehrender Kriterien, die sich, dogmatisch betrachtet, als Konkretisierungen des Verhältnismäßigkeitsprinzips erweisen.[569] Wie erklärt, beruht dies auf dem seit „Lüth“ geltenden Gebot, Konflikte, bei denen Grundrechte miteinander kollidieren, im Wege praktischer Konkordanz aufzulösen, mithin jedem Freiheitsrecht zur größtmöglichen Geltung zu verhelfen.[570] Die Einschränkung eines Grundrechts muss im Verhältnis zur Bedeutung des die Beschneidung rechtfertigenden Grundrechts geeignet, erforderlich und angemessen sein.[571] Insbesondere greift im Bereich der Verdachtsberichterstattung die Rechtsprechung zur Bestimmung der Zulässigkeit von Veröffentlichungen auf einen Katalog von Überlegungen zurück, die bei einer umfassenden Rechtsgüter- und Interessenabwägung herangezogen werden sollen (z.B. Breitenwirkung bzw. Verbreitungskreis des Mediums, Authentizität und Suggestivkraft des jeweiligen Beitrags, Wichtigkeit der Namensnennung, zeitlicher Abstand zur Tat, Resozialisierungschancen.)[572] Auch die Abwägung im Rahmen des § 97 Abs. 1 UrhG zur Ermittlung der „Widerrechtlichkeit“ soll anhand eines Katalogs feststehender Gesichtspunkte erfolgen.

„Lernen“ und Anleihen nehmen soll der hier unterbreitete Vorschlag nicht zuletzt von der „Fair use doctrine“ des US-amerikanischen Rechts.

568 Vgl. nur EGMR NJW 2012, 1053 ff., Rn. 109α ff. – Caroline II.

569 Vgl. Pawlowski, Methodenlehre für Juristen, § 19 (S. 349, Rn. 789 ff.); eine Zusammenstellung der Kriterien, die tendenziell für bzw. gegen die Zulässigkeit der Veröffentlichung sprechen, findet sich bei Gounalakis/Rhode, Persönlichkeitsschutz im Internet, Rn. 258 ff.

570 Gounalakis, NJW 2012, 1473 (1477).

571 Gounalakis, NJW 2012, 1473 (1477).

572 Gut dargestellt bei Coelln, ZUM 2001, 478 (484 ff.); Gounalakis/Rhode, Persönlichkeitsschutz im Internet, Rn. 258 ff.; zum Teil wird gefordert, dass der Katalog von Faktoren nicht als abgeschlossen betrachtet werden und für weitere Kriterien nicht verriegelt sein dürfe, weil auch Konfliktlagen, die nicht vom Katalog erfasst sind, verfassungsgemäß bearbeitet werden müssten, vgl. Gounalakis, NJW 2012, 1473 (1477 ff.).

I. Die „Fair use doctrine" im US-amerikanischen Recht

Die „Fair use doctrine"[573] ist ein aus dem angelsächsischen Recht stammender Grundsatz, der in den USA zunächst als Richterrecht gegolten hatte und seit 1978 in 17 U.S.C. § 107 gesetzlich verankert ist. Nach hergebrachter Lesart lag eine „faire Nutzung" vor, wenn einzelne Teile eines Originalwerkes übernommen wurden, als Ausgangspunkt für ein neues eigenständiges Werk dienten und somit dem wissenschaftlichen Fortschritt und letztendlich der Allgemeinheit zugute kamen.[574] Supreme Court Justice Story entwickelte in der Entscheidung Folsom vs. Marsh von 1941 den Begriff der fairen Nutzung weiter und nannte eine Reihe an Kriterien, anhand derer sich bestimmten lässt, ob eine faire Nutzung vorliegt oder nicht. Maßgebend seien:[575]

- nature of the selection made
- objects of the selection
- quantity
- value
- degree in which the use may prejudice the sale, diminish the profits, supersedes the objects of the original work[576]

Die in 17 U.S.C. § 107 kodifizierte Regelung[577] enthält – unter Vorschaltung einer Präambel – nun folgende vier Kriterien:[578]

1) Purpose and character
   Hier ist zu fragen, ob die Nutzung kommerzieller Natur (commercial) ist oder gemeinnützigen Zwecken (non-profit) dient, verstärkt nun auch ob es sich um sog. „tranformative use" handelt.

2) Nature of copyrighted work
   Zu differenzieren ist ferner, ob das Werk eher kreativer oder faktischer Natur ist. Auch ist die Frage maßgeblich, ob das Werk zum Zeitpunkt der Nutzung bereits veröffentlicht oder noch unveröffentlicht war.

---

573 Ausführlich dargestellt von Kleinemenke in seiner rechtsvergleichenden Untersuchung: Fair use im deutschen und europäischen Urheberrecht, S. 98 ff.

574 Kleinemenke, Fair use, S. 97.

575 Folsom v. Marsh, 9 F. Cas. 342, 348 (C.C.D. Mass. 1841).

576 Kleinemenke, Fair use, S. 100.

577 https://www.law.cornell.edu/uscode/text/17/107# (abgerufen am 2.12.15 um 15:24 Uhr).

578 Vgl. Kleinemenke, Fair use, S. 102 ff.

3) Amount and substantiality of the used portion
   Im Rahmen dieses Kriteriums sind der Umfang und die Bedeutung des verwendeten Werkteils im Verhältnis zum urheberrechtlich geschützten Werk als Ganzes zu berücksichtigen. Dem Wortlaut entsprechend sind damit Quantität („amount“) und Qualität („substantiality “) berücksichtigungspflichtig.

4) Effect of the use (upon the potential Market of Value of the Copyrighted Work)

   Dieses Kriterium fragt nach der Auswirkung der Nutzung eines Werkes für das Original. Hier sind neben den vom Urheberrechtsinhaber tatsächlich bedienten Märkten an (noch) nicht bediente, potentielle Märkte zu denken.

   Unter den vier Faktoren gibt es weder eine Hierarchie noch sind diese als abschließend zu betrachten, sodass grundsätzlich auch weitere Faktoren bei der *Fair use*-Prüfung berücksichtigt werden können. In der Entscheidung *Harper & Row vs. Nation Enterprises* hat der Supreme Court den vierten Faktor (effect of the use) jedoch als „unzweifelhaft wichtigstes Element“ der *Fair use*-Prüfung ausgewiesen. Allgemein gilt: Die *Fair use*-Prüfung muss im Wege einer Einzelfallbetrachtung vonstattengehen, die sich grundsätzlich – nicht jedoch zwingend – an den in 17 U.S.C. § 107 genannten Faktoren zu orientieren hat. Kommt man mit ihr zum Ergebnis, dass eine Nutzung als fair anzuerkennen ist, so ist sie zustimmungsfrei möglich und auch ohne Leistung einer monetären Entschädigung zulässig.[579]

II. Rechtsprechung nach der „Fair use doctrine“[580]

Der *Verlag Random House* hatte es sich zur Aufgabe gemacht, eine Biographie über den berühmten, jedoch stets verborgen lebenden Multimillionär *Howard Hughes* zu verfassen. Eine Serie von Artikeln, die im Jahr 1954 in der Zeitschrift Look erschien, bildete dafür die wichtigste Informationsquelle. Hughes selbst gründete daraufhin das Unternehmen Rosemont Enterprise, das sämtliche Urheberrechte an den alten Artikeln erworben hatte, um damit das Vorhaben von Random House zu torpedieren. Gewährte ihm der District Court noch das

579 Diese durchaus starre „Alles oder Nichts-Rechtsfolge mag angesichts einer sehr flexiblen und weichen Prüfung der Voraussetzungen durchaus überraschen. Innerhalb der US-amerikanischen Literatur ist auch mit Blick auf die kontinentaleuropäische Handhabung des gerechten Ausgleichs der beteiligten Interessen über abgestufte Rechtsfolgen, etwa die Einführung von Vergütungsregelungen, nachgedacht worden, vgl. Kleinemenke, Fair use, S. 125.

580 Dargestellt in Jehoram, GRUR Int. 2004, 96 (100 ff.).

von ihm beantragte Verbot, hob es der Court of Appeal mit der Begründung wieder auf, dass das öffentliche Interesse (an der Verbreitung von Information über Howard Hughes) gegenüber dem möglichen Schaden für den Urheberrechtsinhaber schwerer wöge. Der Court of Appeal lässt sich mit den Worten zitieren: „The public interest (in the free dissemination of information about Howard Hughes) should prevail over the possible damage to the copyright owner“.[581]

Ähnlich gelagert ist der Fall *Time Inc. vs. Bernard Geis Associates.*[582] In dem Buch „Six Seconds in Dallas“ widmete sich der Autor Thompson dem Mord an John F. Kennedy. Er verwendete zur Veranschaulichung Skizzen von Kohlezeichnungen nach Filmaufnahmen des Geschehens. Die Aufnahmen wurden bereits vorher in der Zeitschrift Life, die auch die Urheberrechte an dem Film hielt, publiziert. Life ging vergeblich gegen die Verwendung des Materials durch Thompson vor. Das erkennende Gericht stellte sich auf den Standpunkt, dass von einem hohen Interesse an einer möglichst umfassenden Information über den Kennedymord auszugehen sei und „dass dem Urheberrechtsinhaber bloß geringer Schaden, wenn überhaupt einer, entsteht“.

Im letzten hier skizzierten US-amerikanischen Fall ging es um eine Amateuraufnahme der Misshandlung des schwarzen Rodney King durch weiße Polizisten aus Los Angeles, die ohne Zustimmung gesendet wurde. Judge Hill hatte den Fall *Holiday vs. Cable News*[583] zu entscheiden und befand das Senden des Videomaterials ohne Zustimmung für zulässig, weil er das Video „nach Maßgabe des nationales Interesses als ebenso bedeutend wie oder sogar bedeutender als MyLai[584]“ qualifizierte. Hill verwies auch auf die Gattung des „Zeugnisses“ und war der Auffassung, dass Worte hier dem demokratischen Prozess nicht dienen könnten und die Filmaufnahmen als unverfälschtes Rohmaterial Missstände am ehesten aufzeigen könnten und daher aus keinen Gründen vorenthalten werden durften.

III. Vorteile der „Fair use doctrine“

Die „Fair use doctrine“ vermag anders als eng umrissene Schrankentatbestände wegen ihres generalklauselartigen Charakters auf neue technische und wirtschaftliche Nutzungsformen zu reagieren.[585] Die Anwendung einer

---

581 Jehoram, GRUR Int. 2004, 96 (100, Fn. 44).

582 F. Supp. 130 (1968); Jehoram, GRUR Int. 2004, 96 (100, Fn. 45).

583 NYLR, January 21, 1994, 5 (CD Cal. June 11, 1993).

584 Enthüllungen und Reportage über ein 1968 von einer Einheit der US-Army durchgeführtes Massaker an vietnamesischen Zivilisten, das die öffentliche Meinung über den Vietnam-Krieg stark beeinflusste.

585 Vgl. Metzger, Urheberrechtsschranken in der Wissensgesellschaft, S. 24.

Generalklausel führt zudem nicht automatisch in einen Zustand völliger Rechtsunsicherheit. Denn die Gerichte wägen die Faktoren des § 107 nicht freihändig ab, sondern greifen auf die gängigen Methoden des „case law" zurück.[586] Die „ratio decidendi" älterer Entscheidungen wird regelmäßig befolgt, das „obiter dictum" ebenso beachtet. Ferner gibt es die Möglichkeit von „distinction" und „overruling".[587]

B. Modelle de lege ferenda zur Lösung des Konflikts Urheberrecht vs. Meinungsfreiheit

Aktuell werden in der wissenschaftlichen Literatur *Modelle de lege ferenda* diskutiert, die – wie der hiesige Vorschlag – das Bedürfnis einer Flexibilisierung der Entscheidungsfindung im Konfliktbereich Urheberrecht vs. Meinungsfreiheitsehen sehen. Sie teilen die Annahme, dass die gesetzlichen Bestimmungen §§ 2, 12, 15 ff., 44a ff. UrhG in ihrer herkömmlichen Anwendung den Konflikt Urheberrecht vs. Kommunikationsfreiheit nicht angemessen auflösen. Sie fordern daher den Gesetzgeber zur Umsetzung ihrer Vorschläge auf.

Aus deren Kritik am Status Quo sowie deren grundsätzlichen Erwägungen lassen sich Erkenntnisse für die Ausgestaltung des Kriterienkatalogs ableiten. Sie stützen zudem die dogmatische Herleitung des hier vertretenen Vorschlags, der, ohne eine Veränderung der Gesetzeslage zu fordern, jedoch bessere Ergebnisse erzielt.

I. Das „Recht der Kreativen"

So etwa verlangt *Dietz*, gestützt auf die Beobachtung, dass ein „öffentliches Interesse" an „bestimmten Werken" besteht, ein (EU-)verfassungsrechtlich verankertes „Recht der Kreativen" zu normieren, das den Zugang der Allgemeinheit zu den betreffenden Werken gewährleisten soll.[588] In bestimmten gesetzlich festgelegten Ausnahmefällen soll das Ausschließlichkeitsrecht um öffentlicher Interessen willen, vornehmlich zur Zugangserleichterung zu wissenschaftlichen und „informatorischen" Werken durch den Anspruch auf angemessene Vergütung ersetzt werden.[589]

---

586 Metzger, Urheberrechtsschranken in der Wissensgesellschaft, S. 24.
587 Metzger, Urheberrechtsschranken in der Wissensgesellschaft, S. 24, m.w.N.
588 Dietz, GRUR Int. 2006, 1 (8); vgl. Schlüter, Erstveröffentlichungen, S. 134.
589 Dietz, GRUR Int. 2006, 1 (8); vgl. Schlüter, Erstveröffentlichungen, S. 134.

Inwiefern dieser Ansatz zur Bewältigung des hier untersuchten Konflikts zwischen Kommunikationsfreiheit und Urheberrecht beizutragen vermag, hängt von seiner rechtlichen Ausgestaltung ab, etwa von der Frage, was man unter „bestimmten Werken" zu verstehen hat.[590] Dies ist aber (noch) unklar. Zu begrüßen bleibt einstweilen, dass dem Interessenausgleich eine größere Bedeutung beigemessen werden soll.

II. Funktionsorientierter Dualismus[591]

Unter dem Stichwort „Funktionsorientierter Dualismus" diskutiert *Kreutzer* eine getrennte Betrachtungsweise zwischen Urheberschutz und Werkschutz. Letzterem sind die vermögensrechtlichen und kommerziellen Bestandteile des Urheberrechts zugeordnet. Der Urheberschutz betrifft die persönlichkeitsrechtlichen und ideellen Aspekte. Ein weiterer Eckpfeiler von *Kreutzers* Ansatz ist ein tendenziell niedrig angesetzter Werkbegriff sowie ein individueller Schutzumfang, der zunächst eine umfassende Verwertungsbefugnis des Urhebers vorsieht, jedoch durch drei Filterregelungen eingeschränkt werden kann. Neben absoluten und relativen Beschränkungen ermöglicht der letzte Filter eine Korrektur an nicht sachgerechten Ergebnissen.

Verdienstvoll an diesem Vorschlag ist das damit verfolgte Ziel, das Urheberrecht im Informationszeitalter zu flexibilisieren und einzelfallgerechter zu machen. Allerdings konzediert *Kreutzer* selbst, dass die einzelfallbezogene Betrachtung Rechtsunsicherheit mit sich bringe.[592] Es steht zu erwarten, dass das Modell ohne die Bildung von „teilweise stark ausdifferenzierten Fallgruppen" nicht auskommt.[593] Kritik wird ferner an der getrennten Betrachtungsweise von Werk- und Urheberschutz geübt: Die Frage, ob man ein Werk veröffentlicht oder nicht, sei sowohl (urheber)-persönlichkeitsrechtlicher wie auch vermögensrechtlicher Natur.[594] Diese Kritik ist jedoch in ihrer Pauschalität zurückzuweisen. Richtigerweise sind Fälle denkbar, in denen eine Trennung möglich scheint – nämlich diese, in denen der verwertungsrechtliche Aspekt eine vernachlässigbar geringe Rolle spielt.

590 So auch Schlüter, Erstveröffentlichungen, S. 134.

591 Kreutzer, Das Modell des deutschen Urheberrechts und Regelungsalternativen, S. 413–474; Schlüter, Erstveröffentlichungen, 134 ff.

592 Kreutzer, Das Modell des deutschen Urheberrechts und Regelungsalternativen, S. 458.

593 Schlüter, Erstveröffentlichungen, S. 136.

594 Schlüter, Erstveröffentlichungen, S. 136.

III. Das Wittem-Projekt[595]

Die aus sieben namhaften Rechtsgelehrten aus England, den Niederlanden, Belgien und Deutschland bestehende Forschungsgruppe des Wittem-Projekts veröffentlichte 2010 einen Entwurf für einen European Copyright Code (ECC), der zwischen dem kontinentaleuropäischen Droit d'auteur und dem angelsächsischen Copyright zu vermitteln sucht.[596] Hinsichtlich der Schrankensystematik sieht Abschnitt 5 ECC („limitations") sowohl einen Katalog an Einzelbestimmungen (Art. 5.5) als auch eine Generalklausel vor, die sich am Dreistufentest und damit an Art. 13 TRIPS sowie den in Art. 10 WCT festgelegten Standards orientiert. Die in Kap. 5 ECC genannten Schranken korrespondieren indes nicht mit den „moral rights", erlauben näherhin keine Beschränkung des Erstveröffentlichungsrechts. Die Kommentierung zu Art. 5.6. ECC verweist jedoch auf die Möglichkeit, das „fundamental right of expression" in Ausnahmefällen zur Aushebelung der „moral rights" der Autoren anzuwenden. In dogmatischer Hinsicht findet die damit einhergehende Güterabwägung ausweislich der Kommentierung nicht auf Schrankenebene, sondern im Rahmen einer Ergebniskorrektur („correction") statt, bei der die Grundsätze aus Art. 10 Abs. 2 EMRK und Art. 11 GR-Charta heranzuziehen sind. Es bleibt abzuwarten, inwieweit sich der Entwurf des Wittem-Projekts politisch fruchtbar machen lässt und Niederschlag in Gesetzen findet. Inhaltlich jedenfalls ist der Entwurf und sein Bestreben sehr zu begrüßen, Problem- und Grenzfälle (einzelfall-)gerechteren Lösungen zuzuführen.[597] Art. 10 EMRK nicht als externe Schranke, sondern als gesetzesorientierte Billigkeitskontrolle im Rahmen einer Ergebnis-Korrektur zu bringen, ist ein Vorschlag, der es verdient, im Schrifttum künftig weiter diskutiert zu werden. Ein solcher kommt der hier unterbreiteten Erwägung der „Schranke hinter den Schranken" sehr nahe.

C. Herleitung der Abwägungskriterien

Der Katalog der Kriterien für die hier verlangte Abwägung ist das Ergebnis einer Reflexion über die Zusammenhänge und Wertungen, welche hinter der Konfliktlage von Urheberrecht und Kommunikationsfreiheit stehen. Einige der Gesichtspunkte der Abwägung ergeben sich ferner aus den erörterten Vorgaben der

---

595 Vgl. http://www.copyrightcode.eu/Wittem_European_copyright_code_21%20april%202010.pdf (abgerufen am 2.12.2015).

596 ECC Preamble, 1. Spiegelstrich, S. 7, vgl. Schlüter, S. 136.

597 Zum Dualismus von Einzelfallgerechtigkeit und Rechtssicherheit, vgl. 3. Kap.

Wechselwirkungslehre. Zudem wird der Katalog im Bewusstsein der rechtstheoretischen Überlegungen zu flexiblen Konzepten der Entscheidungsfindung zu entwerfen sein. Wie erläutert, geht mit diesem Konzept eine Flexibilisierung der Entscheidungsfindung an der Schnittstelle von Urheberrecht und Meinungsfreiheit einher. Recht und Rechtswissenschaft kennen als Zielwerte Rechtsklarheit und Rechtssicherheit und verlangen daher Normierungen und rechtsdogmatische Konkretisierungen, die Verlässlichkeit verbürgen.[598] Dies gelingt im Hinblick auf Abwägungsentscheidungen, indem man sie an Maßstäbe bindet und diese offenlegt. Sie sollten zuvörderst dem Recht entnommen sein (normative Maßstäbe), können aber auch aus den Dingen selbst (sachbegründete Maßstäbe) abgeleitet werden.[599] Hierzu werden im Folgenden relevante Ansätze aus Rechtsprechung, Literatur und zudem – rechtsvergleichend – aus fremden Rechtsordnungen gesichtet. Die dargestellten Modelle enthalten anerkennenswerte Ansätze, die von dem hier vertretenen Lösungsmodell aufgegriffen werden.

I. Medientheoretische Grundlagen: Urheberrecht und Information

Begonnen werden soll jedoch mit einigen medientheoretischen Bemerkungen, die das Verhältnis des Urheberrechts und freier Information betreffen. Von hier aus lässt sich das Argument auf seine Tragfähigkeit untersuchen, dass sich das Urheberrecht zur Unterdrückung von Informationen und als Mittel des Meinungskampfes missbrauchen lasse.[600]

1. Urheberrecht als Motor der Meinungsfreiheit

Wenn nicht falsch, so doch zumindest einseitig wäre eine Perspektive, die von einem natürlichen Antagonismus von Urheberrecht und freier Information ausgeht. Eine solche würde nämlich ausblenden, dass das Urheberrecht ebenso fördernde Kraft, gleichsam Motor der Meinungsfreiheit sein kann.[601] Die Förderung der Meinungsfreiheit und des freien Informationsflusses ist sogar die grundsätzliche und ursprüngliche Funktion des Urheberrechts. Bekanntlich verfolgt das urheberrechtliche Verwertungsrecht das Ziel, den Urheber an den Erträgen, die er oder – was in der Praxis weit häufiger der Fall ist – der Verwerter mit dessen

598 Vgl. Hoffmann-Riem, JZ 2012, 1081 (1081).
599 Gassner, NJW 1998, 119 ff.
600 Vgl. nur Nieland, K&R 2013, 285 (288); Hoeren, Urheberrecht versus Pressefreiheit (Interview), http://www.heise.de/tp/artikel/37/37027/1.html (abgerufen am 2.12.2015 um 17:09 Uhr).
601 Vgl. Jehoram, GRUR Int. 2004, 96 – 101.

Werk erzielt, finanziell teilhaben zu lassen.[602] In früheren Zeiten wurde auf diese Weise die Unabhängigkeit des Urhebers von Patronage und von Beeinflussung durch private Einzelpersonen oder Akteure, die der staatlichen Sphäre zuzurechnen sind, gewährleistet.[603] Nur so war der Urheber frei, *seine eigene* Meinung zu äußern und entsprechende Informationen zu veröffentlichen.

Es ist selbstredend zuzugeben, dass das Privilegiensystem, als Vorläufer des Urheberrechtsschutzes (nicht nur in Deutschland) originär dazu diente, den Obrigkeiten, die den Verlegern und Druckern Druckerprivilegien einräumen konnten, ein wirksames Mittel der Zensur in die Hand zu geben.[604] Andererseits ist nicht zu leugnen, dass Drucker und Verleger dank dieses Systems überhaupt erst Einkünfte generieren konnten, die ihnen ein gewisses Maß an Unabhängigkeit zusicherten. Das Privilegiensystem wurde von der Lehre vom geistigen Eigentum abgelöst,[605] die Funktion urheberrechtlicher Verwertungsrechte jedoch ist geblieben: Die wirtschaftliche Verwertbarkeit sichert die Unabhängigkeit des sich (schöpferisch) Äußernden, die der Meinungsfreiheit vorausgesetzt ist, und macht so erst Meinungsvielfalt möglich. Das Urheberrecht stellt für bestimmte Ausprägungen von Kommunikation, nämlich dann, wenn sie eine persönliche, geistige Schöpfung darstellen, ein „marktfähiges Recht zum Gebrauch der eigenen Meinung“[606] bereit und setzt damit zugleich einen (wirtschaftlichen) Anreiz zur Schaffung und Verbreitung von Ideen.[607]

Dies kommt wie jede Betätigung der Meinungsfreiheit nicht nur dem Einzelnen, sondern der Allgemeinheit zugute. Auch sie profitiert von neuen Ideen, etwa in Gestalt eines reichen Kulturlebens. Urheber erschaffen ihre Werke nicht (nur) um ihrer selbst willen; zugleich wird auf einer „bestimmten Kulturstufe“ die vergangene, angehäufte Information von der nächsten Generation

602 Jehoram, GRUR Int. 2004, 96 (96).

603 Im Prinzip ist dies heute auch noch so. Mangelt es an finanzieller Unabhängigkeit, laufen nicht nur Wissenschaftler, sondern schöpferisch Tätige aller Couleur Gefahr, Gefälligkeitsarbeiten und opportunistische Resultate zu liefern. Der Volksmund bringt dies auf die bekannte Formel: „Wes Brot ich ess', des Lied ich sing.“

604 Jehoram, GRUR Int. 2004, 96 (97), der darauf hinweist, dass eine Ausnahme die Alte Republik der Vereinigten Niederlanden eine Ausnahme hiervon bildetet, wo den Provinzial- oder Generalstaaten das Werk vor der Bewilligung nicht vorgelegt werden musste. Dies führte zu einem Erblühen der niederländischen Verlagsindustrie, da sie Werke auf den Markt bringen konnte, die im Rest von Europa verboten waren.

605 Vgl. Krüger-Nieland, FS Oppenhoff, S. 174.

606 Jehoram, GRUR Int. 2004, 96 (97).

607 Geiger, GRUR Int. 2004, 815 (816); Jehoram, GRUR Int. 2004, 96 (97).

konsumiert.[608] Die Aneignung und der Genuss der vorhandenen Werke stellen Kommunikationsprozesse zwischen Künstler, Philosoph, Wissenschaftler – jedenfalls Urheber und Verbraucher dar.[609] Das Werk informiert und fordert den Nutzer zur Kommunikation auf.[610] So wird noch einmal deutlich: Nicht erst die Schranken, sondern auch das Urheberrecht selbst begünstigt die Meinungsfreiheit. Die Interessen der Allgemeinheit sind sowohl Schutzgrund als auch Einschränkungsgrund.[611]

2. *„Informationen" als Gegenstand urheberrechtlichen Schutzes?*

Fraglich ist, inwieweit die urheberrechtlichen Regelungen überhaupt geeignet sind, Informationen zu unterdrücken.

a) Grundsatz: idea/expression dichotomy

Unter Hinweis auf den Grundsatz der idea/expression dichotomy ist zu konstatieren, dass Urheberrecht und Meinungs- und Informationsfreiheit grundsätzlich einander respektieren. Bereits erwähnt wurde die zentrale Regel, dass das Urheberrecht grundsätzlich nur die Darstellung von Informationen, nicht aber deren Inhalt schützt.[612] *Fichte* notierte bereits, dass mit der Publikation eines Buches die darin enthaltenen Gedanken frei würden, dass jedoch die konkret gefundene Form ihren Urhebern vorbehalten bleibe.[613] Dem entspricht auch Art. 9 Abs. 2 TRIPS, in dem es heißt: *„Copyright protection shall extend to expressions and not to ideas, procedures, methods of operation or mathematical concepts as such."* Diese Bestimmung hat ihre Wurzeln im US-amerikanischen Recht, wo seit jeher die Lehre von der sog. „idea/expression dichotomy" gilt und die den wichtigsten Schutz gegen eine sonst uferlose Ausbreitung des Urheberrechts und eine Hemmung bzw. Blockierung des Meinungs- und Informationsaustauschs darstellt.[614] Auch das UrhG nimmt, wie bereits erklärt, ausschließlich „qualifizierte menschliche Kommunikation"[615] in seinen Schutzbereich auf, schützt

608 Wandtke, Urheberrecht, Rn. 50.

609 Wandtke, Urheberrecht, Rn. 50.

610 Wandtke, Urheberrecht, Rn. 50.

611 Geiger, GRUR Int. 2004, 815 (816).

612 Vgl. BGH GRUR 1979, 119 (120) – Modeschmuck; BGH GRUR 1987, 704 (706) – Warenzeichenlexika; OLG München GRUR 1992, 327 (328) – Osterkalender; Dreier/Schulze/*Schulze*, UrhG, § 2, Rn. 37.

613 So Jehoram, GRUR Int. 2004, 96 (98).

614 Vgl. auch Spindler/Schuster/*Wiebe*, UrhG, § 2, Rn. 7.

615 Schricker/Loewenheim/*Schricker/Loewenheim*, UrhG, Einleitung, Rn. 7.

damit weder abstrakte Gedanken noch Ideen, sondern knüpft den Schutz an die jeweils konkrete Form an.[616]

Allerdings ist zu beachten, dass nach der Gesetzesbegründung auch solche Erzeugnisse als persönlich geistige Schöpfungen anzusehen sind, die durch den Inhalt oder durch ihre Form oder durch die Verbindung von Inhalt und Form etwas Neues und Eigentümliches darstellen.[617] Inhalte können insoweit also doch schutzfähig sein. So kann bei Sprachwerken ein Inhalt schutzfähig sein, soweit er auf einer persönlichen geistigen Schöpfung beruht. [618] Zu denken ist an die Fabel oder Phantasiegeschichte eines Romans, die sich der Autor ausgedacht hat, insbesondere an Charaktere der Kunstfiguren und deren Einbeziehung.[619] Auch durchbricht die Rechtsprechung den Grundsatz der „idea/expression dichotomy", wenn sie entscheidet, dass bei einem Bühnenwerk auch der Inhalt des Werkes Gegenstand urheberrechtlichen Schutzes sein könnte.[620] Schließlich verrät ein Blick in § 2 Abs. 1 Nr. 7 UrhG oder § 4 UrhG, dass auch Werke geschützt werden, deren Wesensmerkmal weniger in deren konkreten Formgebung als vielmehr in ihrem informatorischen Gehalt begründet liegt (Datenbanken).

b) Schwierigkeiten bei der Abgrenzung von Form und Inhalt

Ferner kann nicht geleugnet werden, dass die Unterscheidung zwischen Form und Inhalt insbesondere bei Sprachwerken mitnichten immer leicht, eindeutig und trennscharf zu bewältigen ist. Anders mag dies bei anderen Werkarten sein. So ist einsichtig, dass der Form-Inhalt-Dichotomie zufolge Spielideen, Showkonzepte, Geschäftsideen oder TV-Formate für sich genommen keinen urheberrechtlichen Schutz genießen;[621] schutzfähig ist allein das Ergebnis der schöpferischen Formung eines bestimmten Stoffes, nicht der Gestaltungsrahmen zur Entwicklung jeweils neuer gleichartiger Werke.[622] Wer also mit einer Quiz-Show auf Sendung geht, plagiiert dadurch nicht (notwendigerweise)

---

616 Wandtke/Bullinger/*Bullinger*, UrhG, § 2, Rn. 19.

617 BT-Drs. IV/270, 38.

618 Wandtke/Bullinger/*Bullinger*, UrhG, § 2, Rn. 48.

619 BGH GRUR 1999, 984 (987) – Laras Tochter; BGH GRUR 1978, 302, (304) – Wolfsblut; OLG Karlsruhe ZUM 1997, 810 (815) – Laras Tochter; LG Braunschweig ZUM-RD 2004, 421 (422); LG Berlin ZUM 2001, 608 (612).

620 RGZ 121, 65 (70); BGH GRUR 1959, 379 (381) – Gasparone; BeckOK UrhR/*Ahlberg*, UrhG, § 2, Rn. 58.

621 BGH GRUR 2003, 876 (878) – Sendeformat; für Werbekonzepte ebenso OLG Köln ZUM 2010, 179 (180) – DHL im All; Wandtke/Bullinger/*Bullinger*, UrhG, § 2, Rn. 39.

622 Wandtke/Bullinger/*Bullinger*, UrhG, § 2, Rn. 39.

andere Quizsendungen, weil sich urheberrechtlicher Schutz immer auf die konkrete Aufmachung bezieht, die sich aus dem konkreten Spiel- und Gewinnsystem in Verbindung mit der gesamten Inszenierung (Licht, Musik, Design) und der Gestaltung des Studios usw. ergibt.

Ideen sind frei, selbst wenn sie kommerziell genutzt werden können.[623]

Form und Inhalt, Einkleidung und Formatkern lassen sich hier nachvollziehbar, objektiv und durchaus trennscharf voneinander abgrenzen. Dies kann bei Sprachwerken anders sein: So führte das LG Berlin mit Blick auf die Botho-Strauß-Briefe aus, dass deren literarisch-ästhetische, stilistische Qualität bloß im Hintergrund stünde.[624] Sie stellten darauf ab, dass die Werkqualität ein für die „Mitteilung von Tatsachen, Gedanken und Motiven begleitendes Umfeld geschaffen hat, ohne jedoch selbst Ziel der Textabfassung zu sein."[625]

Hier klingt der Gedanke an, dass das Urheberrecht nur „beiläufig", „zufällig" nachgerade „ungewollt" entstanden sei. Zudem lassen die Einlassungen des Gerichts eine Auffassung von Sprache deutlich werden, wonach man Inhalt und Form ("begleitendes Umfeld") sauber voneinander trennen könnte. Dies ist jedoch eine äußerst technische Betrachtungsweise, die etwas so dynamischem und intuitiven wie Sprache bzw. menschlicher Kommunikation nicht gerecht wird, und die zudem den hergebrachten Kommunikationstheorien[626]

---

623 Schack, Urheber- und Urhebervertragsrecht, Rn. 194; von dieser Regel sind besonders Akteure in der IT- und Softwarebranche betroffen. Das von Dr. Maximilian Ibel (und anderen) gegründete Tourismus-StartUp „tripdelta" (www.tripdelta.com) ermöglicht seinen Usern, neben den Flügen, die zu ihrer jeweiligen Suchanfrage passen, solche Flugrouten zu finden, die bzgl. des Termins oder des Abreise- und Ankunftsflughafens minimal von der jeweiligen Eingabe abweichen, jedoch erheblich preiswerter sind als die Angebote entsprechender Wettbewerber. Dieses innovative Konzept der optimierten Flugsuche lässt sich nach deutschem Urheberrecht allerdings nicht schützen, was § 69a Abs. 2 S. 2 UrhG ausdrücklich klarstellt: „Ideen und Grundsätze, die einem Element des Computerprogramms zugrunde liegen, einschließlich der den Schnittstellen zugrunde liegenden Grundsätze und Ideen, sind nicht geschützt." Schutzfähig ist also allein die konkrete Ausdrucksform, die der von den tripdelta-Betreibern entwickelte Algorithmus in einer bestimmten Programmiersprache gefunden hat und der in der Funktion und im Design der Website zum Ausdruck kommt.

624 LG Berlin NJW 1995, 881 (882) – Botho Strauß.

625 LG Berlin NJW 1995, 881 (882) – Botho Strauß.

626 Friedemann Schulz von Thun beschreibt mit sein kommunikationspsychologischen „Vier-Seiten-Modell" (auch Kommunikationsquadrat) eine Nachricht unter vier Aspekten oder Ebenen: Sachinhalt, Selbstoffenbarung, Beziehung und Appell, vgl. Schulz von Thun, Friedemann: Miteinander Reden. 1: Störungen und Klärungen. Reinbek bei Hamburg 1981.

widerspricht. Es dürfte nämlich kein Zweifel daran bestehen, dass natürlich auch die Form Inhalte zu transportieren vermag. Ob ein Sprecher oder Schreiber in einem bestimmten Zusammenhang zur Hypo- statt zur Parataxe greift, blumig oder schnörkellos formuliert, ausschweifend oder knapp erzählt usw., dürfte in den wenigsten Fällen ein Werk des Zufalls sein. Wortwahl und sprachliche Gestaltung enthalten bestimmte Informationen, etwa darüber, welcher gesellschaftlichen Schicht der Autor bzw. Sprecher entstammt. Duktus, Vokabular und Syntax geben Aufschluss über das Bildungsniveau des Autors sowie das geistige und intellektuelle Klima, das ihn umgibt.

Nahezu alle Texte enthalten Informationen nicht nur auf einer Primär-, sondern auch auf einer Metaebene. Im Falle des ERGO-Revisionsberichts lassen sich aus der formalen Gestaltung (Umfang, Gliederung, Anzahl der Fußnoten usw.) Schlüsse darüber ziehen, wie sorgfältig dieser erstellt wurde. Bei den Botho-Strauß-Briefen hat die sprachliche Gestaltung eine noch höhere Bedeutung und Aussagekraft. Die Briefe enthalten differenzierte Zeitgeistdiagnostik und erörtern Fragen politischer Natur (weit verstanden).[627] In ihnen drückt sich also auch die Geisteshaltung und politische Anschauung des Künstlers aus.

627 Die Briefe bezogen sich auf den von Strauß verfassten Essay „Anschwellender Bocksgesang“, der zuvor im Spiegel erschienen war und die Republik – wohl eher das Feuilleton – in Aufruhr ver- und den Autor Strauß in den Verdacht -setzte, „ein Rechter“ zu sein. (http://www.welt.de/kultur/literarischewelt/article113162774/Was-vom-anschwellenden-Bocksgesang-uebrig-blieb.html, abgerufen am 09.12.2015 um 09:45 Uhr). Nota bene: Kürzlich hat Straußens Essay, der als „einer der umstrittensten Texte der Nachwendezeit“ gilt, mit der Glosse „Ich bin der letzte Deutsche“ seine Fortsetzung gefunden. In diesem neuen Debattenbeitrag für den Spiegel (41/2015, S. 122 ff.) äußerte sich Strauß wiederum zum kulturellen Selbstverständnis der Deutschen und ihrer geistesgeschichtlichen Tradition, die in der heutigen Bundesrepublik kaum mehr Bedeutung habe. Die Mehrzahl der Deutschen sei „nicht weniger entwurzelt als die Millionen Entwurzelten, die sich nun zu ihnen gesellen", schreibt Strauß unter Bezugnahme auf die aktuelle Asylkrise. Der Autor kritisiert zudem „immer herrschsüchtiger werdende politisch-moralische Konformitäten" sowie Parteien, die „ihre Farbe heute ausschließlich in der Causa Schwulenehe bekennen". Ferner richte sich der Hass Radikaler, so Strauß, nur vordergründig gegen Flüchtlinge: Er sei vor allem eine falsch kanalisierte Reaktion auf die Beschwichtigungen der politisch Verantwortlichen, vgl. Botho Strauß zur Flüchtlingskrise, Entwurzelt unter Entwurzelten: http://www.spiegel.de/kultur/literatur/botho-strauss-schreibt-anschwellenden-bocksgesang-fort-a-1055731.html (abgerufen am 29.12.2015 um 11:24 Uhr); vgl. auch das sehr lesenswerte Interview mit dem Frankfurter Autor Martin Mosebach auf Deutschlandfunk anlässlich des Beitrags von Botho Strauß, in dem Mosebach u.a. die „Ambivalenz“ des Textes hervorhebt, (…) „dass das eine Klage

Kommunikationstheoretiker und Medienforscher weisen in diesem Zusammenhang auf Besonderheiten im öffentlichen Diskurs hin und identifizieren insbesondere bei der Erörterung bestimmter politischer Fragestellungen Tabus, Sprechverbote und andere Regeln der Sprachhygiene. Bekannt sind die Stichwörter „Politische Korrektheit“ und „Schweigespirale“.[628]

Politische Korrektheit könne dafür sorgen, dass Diskursteilnehmer mit wenig konsensfähiger Meinung bei Verstößen gegen den jeweiligen „common sense“ vom Diskurs ausgeschlossen werden. [629] Bei Einlassungen zu bestimmten (vermeintlichen) Reizthemen (soziale Gerechtigkeit, Geschlechterdebatte usw.) ist demnach Feingefühl, Präzision und Wachheit bei der Formulierung geboten. Intelligente Autoren arbeiten daher mit ironischen Volten, Vergleichen und anderen Stilmitteln, um ihre Position zu bestimmten Themen fein zu nuancieren, für bestimmte Ansichten zu werben oder sich subtil von ihnen zu distanzieren. Man kann dem aufmerksamen Leser „zwischen den Zeilen“[630] die eigene Position und die persönliche Haltung zum mitgeteilten Sachverhalt verraten.

Diese Zusammenhänge verkennt, wer streng zwischen Form und Inhalt unterscheiden will und erstgenannte bloß als Hülle oder Einkleidung letzterer

---

über den kulturellen Zustand Deutschlands ist und nicht eine Abwehr der Migranten“ (…), Martin Mosebach im Gespräch mit Christopher Heinemann http://www.deutschlandfunk.de/botho-strauss-fluechtlingskulturstreit-etwas-problematisch.694.de.html?dram:article_id=333396 (abgerufen am 28.12.2015 um 11:44 Uhr).

628 Vgl. Fischer Lexikon, Öffentliche Meinung/*Noelle-Neumann*, S. 379.

629 Besonders drastisch geschildert von Bolz, Das richtige Leben, S. 89 ff: „Der freie Geist ist das wahre Skandalon, der Stein des Anstoßes (…) Das Schicksal des Nonkonformisten ereilt denjenigen, der vom politisch korrekten Denken abweicht (…) Die Inquisition der Politischen Korrektheit [‚sozialer Ostrazismus unserer Tage‘] bringt den freien Geist nicht mehr auf den Scheiterhaufen oder ins Gefängnis, sondern sie entmutigt und zermürbt ihn (…) Die Urszene von Persecution and the Art of Writing ist die berühmte Nachtszene des Faust (Verse 589 ff.): *Wer darf das Kind beim rechten Namen nennen? / Die wenigen, die was davon erkannt, / Die töricht gnug ihr volles Herz nicht wahrten, / Dem Pöbel ihr Gefühl, ihr Schauen offenbarten, / Hat man von je gekreuzigt und verbrannt.*

630 Bolz, Das richtige Leben, S. 92: „Der Autor wendet sich an alle und spricht doch nur zu einer Minderheit intelligenter Leser.“ Im Anschluss an Leo Strauss lassen sich die exoterische und die esoterische Seite des kunstvollen Schreibens unterscheiden. „Wer die Wahrheit zwischen den Zeilen schreibt, kommuniziert öffentlich (exoterisch, Anm. d. Verf.), ohne doch die Nachteile öffentlicher Kommunikation tragen zu müssen (…).“ „Zugleich kommuniziert er auch privat (esoterisch, Anm. d. Verf.), ohne die Nachteile privater Kommunikation in Kauf nehmen zu müssen, nämlich immer nur die Freunde und Vertrauten zu erreichen.“

versteht.[631] Der idea/expression-Grundsatz muss also Ausnahmen und Durchbrechung akzeptieren. Vor diesem Hintergrund ist es gerechtfertigt zu sagen, dass das Urheberrecht auch Inhalte schützen kann, nämlich solche Informationen, die sich aus der Form ergeben bzw. auf der Metaebene liegen.

c) *Zunehmende Verlagerung von „Werk" auf „Information"*

So sehr es stimmt, dass das UrhG von einer „expression/idea dichotomy" ausgeht, so sehr sei zu beobachten, dass sich der Bezugspunkt urheberrechtlichen Schutzes zunehmend vom „Werk" auf „Information" verschiebt, meinen *Leistner* und *Dreier*.[632] Unter Rekurs auf die Informationstheorie sei zu bezweifeln, dass sich der informatorische Gehalt von der Form geschützter Werke und Leistungen kaum losgelöst nutzen, weiterverarbeiten und verwerten lasse.[633] Das Gut „Information" als Gegenstand des Rechts kann aus verschiedenen Perspektiven betrachtet werden – als Wirtschaftsfaktor, als kulturelles Gut, als verfassungspolitischer Wert und als Gefahrenpotential.[634] Der Siegeszug des Internet und der Digitalisierung, der eine Verlagerung des regulatorischen Schwerpunkts vom „Werk" zur „Information" begünstige, stelle die an traditionellen, analogen Wertschöpfungsketten orientierte Begrifflichkeit und Systematik des Urheberrechtsgesetzes vor große Herausforderungen.[635] Ausdruck dieser Entwicklung sei die umfangreiche Rechtsprechung der jüngsten Jahre, die angesichts digitaler Technologien und der von diesen ermöglichten massenhaften, größtenteils automatisierten Informationsnutzung und -aggregation an allen Fronten zu kämpfen habe.[636] Sichtbar werde diese Entwicklung fürderhin an den sich auflösenden Grenzen des Werkbegriffs sowie den Gegenständen verwandter Schutzrechte ebenso wie im Lichte soziologisch veränderter Schöpfer; schließlich auf dem Gebiet der Einordnung neuer Nutzungsarten in die traditionellen

---

631 Der Grundsatz muss also Ausnahmen und Durchbrechungen hinnehmen. Dies ist jedoch kein Argument gegen jene Art der Differenzierung als solche, die sich rechtspraktisch bewährt hat. Vielmehr ist hinzunehmen, dass das Recht die Präzision mathematischer Formeln nicht kennt. Mithin ist der Richter in der Pflicht „eventuelle schwierige Knoten durchzuhauen" und die erforderliche Abgrenzung zu bewerkstelligen, vgl. Jehoram, GRUR Int. 2004, 96 (98 f.).

632 Dreier/Leistner, GRUR-Beilage 2014, 13 (13).

633 Dreier/Leistner, GRUR-Beilage 2014, 13 (13).

634 Einteilung nach Sieber, NJW 1989, 2569 (2570 f.).

635 So die Prognose von Dreier/Leistner, GRUR-Beilage 2014, 13 (13).

636 Dreier/Leistner, GRUR-Beilage 2014, 13 (13).

Verwertungsrechte als auch anhand der Anwendung alter Schranken auf technologisch gänzlich neue Sachverhalte.[637]

3. *Information und Konfusion*

Wie bereits dargelegt, ist das deutsche Urheberrecht wegen seiner expression/idea-dichotomy nur eingeschränkt geeignet, Informationen urheberrechtlich zu schützen. Die Berichterstattung *über* einen Sachverhalt bleibt stets möglich. Zudem sei der Sorge um das Funktionieren des Rechtsstaates und eines Meinungs- und Willensbildungsprozesses als Grundlage der pluralistischen Demokratie § 5 UrhG entgegengehalten. Hiernach werden aus übergeordneten Interessen der Allgemeinheit bestehende Urheberrechte an amtlichen Werken weitgehend ausgeschlossen.[638] Weiter sei auf die Informationsfreiheitsgesetze verwiesen, die im Interesse größtmöglicher Verwaltungstransparenz Informationsansprüche mit den Rechten des geistigen Eigentums in Einklang bringen wollen. Nicht zu vergessen sind auch die Landesmediengesetze, die Presseschaffende mit besonderen Rechten (aber auch Pflichten) ausstatten.

Schließlich seien die Risiken unbeschränkter, von Urheberrechten befreiter, Informationsfreiheit betrachtet: „Wissen ist Macht" – das ist unleugbar. Die gezielt erhobene, sicher gespeicherte, vernetzbare und abrufbare Information über ein spezifisches Faktum, ist Voraussetzung der Macht.[639] „Bisher war Information in Autorität fundiert; jetzt ist Autorität in Information fundiert."[640] Zu beobachten sei ein triumphaler Siegeszug der „Information", der seinesgleichen sucht, angefangen beim „Wissenwollen" und „Wissenkönnen" der Europäer seit spätestens der Neuzeit bis hin zur Etablierung hoch technologisierter Informationsgesellschaften des Westens, in der Macht nicht zuletzt in Informationsmacht besteht.[641]

Dass jedoch im Zeitalter der global vernetzten Individual- und Massenmedien unbeschränkte, unbegrenzte Informationsfreiheit zu höherer Informiertheit führen würde, darf füglich bezweifelt werden. Denn (noch) mehr Information führt nicht zwingend zu mehr Informiertheit, sondern nicht selten zum

---

637 Dreier/Leistner, GRUR-Beilage 2014, 13 (13).
638 BeckOK UrhR/*Ahlberg*, UrhG, § 5, Rn. 2.
639 Schmale/Tinnefeld, MMR 2011, 786 (787).
640 Bolz, Das ABC der Medien, S. 29 – Bolz bezieht sich damit auf den Bereich der Arbeitswelt. Der Gedanke ist jedoch durchaus verallgemeinerungsfähig.
641 Schmale/Tinnefeld, MMR 2011, 786 (787), die Autoren präsentieren in ihrem Aufsatz eine kurze „Geschichte der Information".

Gegenteil – zum Verlust von Aufmerksamkeit, zur Desinformation und letztlich zur Konfusion.[642] Vor diesem Hintergrund relativiert sich etwa die Philosophie der weltweiten Netzwerkgesellschaften wie „wikileaks“, nach der jedwede Information frei zugänglich sein muss und vom Nutzer nach eigenem Ermessen selektiert und abgerufen werden kann.[643] Im Unterschied zur klassischen Redaktionsarbeit fehlt es diesem neuartigen Datenjournalismus per Mausklick („information at your fingertips“[644]) an einer quantitativen Selbstbeschränkung.[645] Die Erlangung von Informiertheit dürfte dem Datenrezipienten vor dem Hintergrund des oben geschilderten hier besonders schwer fallen.

Weil fehlende Aufbereitung und Auswahl verschleiern und in ein „lost-cyberspace“ führen, kann nur die Kontextualisierung von Informationen Konfusion abwenden und zur Informiertheit führen. Die Fähigkeit zur Kontextualisierung, der Einbettung eines Datums in seine sozialen, ökonomischen oder kulturellen Zusammenhänge, ist eine über Jahrhunderte gelernte zivilisatorische Errungenschaft, derer sich die Betreiber entsprechender Plattformen entweder nicht erinnern oder sie offen attackieren.[646] Kennzeichen der Kontextualisierung sind das Streben nach Objektivität, Wahrheitsfindung sowie die Bewertung von Informationen und Daten und schließlich sich daraus ergebende Werturteile, über die mittlerweile globale und regionale Konventionen und Vereinbarungen existieren.[647]

Das Urheberrechtsgesetz berücksichtigt diese Zusammenhänge, weil es kontextualisierte Daten privilegiert. Dies wird besonders deutlich an der Schranke des Zitatrechts, § 51 UrhG, das einen Zusammenhang zwischen zitierenden und zitierten Ausführungen verlangt. Wörtliche Zitate sind nur bei Vorliegen eines „besonderen Zwecks“ zulässig.[648] Auch sollen die neu entstehenden Nutzungen ihrerseits idealerweise die Qualität eines selbständigen Werks erreichen, wie aus § 51 S. 2 Nr. 1–3 UrhG zu ersehen ist.[649] § 51 UrhG kann also mit der bloßen

642 Bolz, ABC der Medien, S. 26; vgl. Rödder, 21.0 – Eine kurze Geschichte der Gegenwart, Rn. 36.

643 So Schmale/Tinnefeld, MMR 2011, 786 (789).

644 So auch zitiert von Bolz, ABC der Medien, S. 26.

645 Vgl. Schmale/Tinnefeld, MMR 2011, 786 (789).

646 Schmale/Tinnefeld, MMR 2011, 786 (790).

647 Schmale/Tinnefeld, MMR 2011, 786 (790).

648 Ebenfalls muss das Werk, aus dem zitiert wird, bereits veröffentlicht sein und ein neues Werk, in das zitiert wird, sollte nach Möglichkeit entstehen.

649 Ob das zu übernehmende Werk urheberschutzfähig sein muss, ist umstritten, vgl. Dreier/Schulze/*Dreier*, UrhG, § 51, Rn. 6 mit entsprechender Zusammenstellung von BGH-Entscheidungen.

Bereitstellung, dem Upload gigantischer, nicht aufbereiteter Datenmengen nichts anfangen und stellt diesen dementsprechend nicht unter seinen Schutz. Dies hat seine guten Gründe, wie die obigen Erwägungen anzudeuten suchten.

Vor diesem Hintergrund muss der Gesichtspunkt der Kontextualisierung auch bei der nachgeschalteten Abwägung im Rahmen der „Schranke hinter den Schranken“ eine Rolle spielen.

4. *Presse als Steuerin von Aufmerksamkeit*

Das Urheberrechtsgesetz, das die Werke eines Urhebers unter seinen besonderen Schutz stellt, könnte den Eindruck entstehen lassen, dass der Urheber auf einem wertvollen Schatz sitzt, den es gegen begehrliche Blicke (von Nutzern und Verwertern) zu verteidigen gelte.[650] Dabei führt erst die Gewährleistung urheberrechtlichen Schutzes zu einer künstlichen Verknappung, die es dem Urheber bzw. Rechteinhaber erlaubt, die Nutzung des Werks zu monetarisieren und „Geld für ein nicht-rivalisierendes Gut zu verlangen.“[651]

Bedenkt man von hier aus die Weiterentwicklung und flächendeckende Ausbreitung des Internets und das gigantisch breite Unterhaltungsangebot, das es bietet, wird die Realität wohl eher durch die Metapher abgebildet, wonach die meisten Urheber nicht auf einem Schatz sitzen als vielmehr auf einem Marktplatz, wo sie um die Aufmerksamkeit der Nutzer buhlen.[652] Nutzeraufmerksamkeit ist eine knappe Ressource.[653] Neben Anonymisierung und Passivität kann der Verlust von Aufmerksamkeit als Konsequenz übermäßigen Medienkonsums ausgemacht werden.[654] Dies hängt mit der Allgegenwart kostenloser und preiswerter Medienangebote[655] sowie permanenter

650 Becker, ZUM 2013, 829 (829).

651 Becker, ZUM 2013, 829 (829); Lehmann, GRUR Int. 1983, 356 (361 f.).

652 Becker, ZUM 2013, 829 (829).

653 Besonders drastisch Bolz, ABC der Medien, S. 24: „Das zentrale Problem der modernen Welt (…) ist das Management der knappsten aller Ressourcen: Aufmerksamkeit.“

654 Rödder, 21.0 – Eine kurze Geschichte der Gegenwart, Rn. 36.

655 Becker bietet einen knappen Überblick über die Angebotslage: Auf Videoportalen wie YouTube finden sich große Mengen kostenlosen und legalen Contents hoher Qualität. Großer Beliebtheit erfreuen sich die Online-Mediatheken großer Sender, auf denen ganze Programmausschnitte, komplette Serienfolgen, Dokumentationen und TV-Shows kostenlos angeboten werden. Für einen geringen finanziellen Aufwand erhält man bei Anbietern wie „maxdome“ oder „lovefilm“ Zugriff auf tausende Filme und bei Simfy, Deezer und Spotify die Möglichkeit, Millionen von Songs zu streamen. Auch das geschriebene Wortet bietet im Netz eine reiche Vielfalt, denkt man nur an unzählige Online-Zeitungen, Blogs, Foren und E-Books. Und nicht zu vergessen sind

Aufmerksamkeitskonkurrenten[656] und schließlich mit der begrenzten Aufmerksamkeitsfähigkeit der Rezipienten (Anthropologische Aufmerksamkeitsgrenze)[657] zusammen. Die rasant fortschreitende Digitalisierung sowie das Internet lassen nicht nur neue Märkte entstehen, auch ergeben sich für Medienunternehmen völlig neue Möglichkeiten der Vermarktung immaterieller Güter.[658]

Vor diesem Hintergrund wird verständlich, dass die Berichterstattung durch Presse und Medien den Urhebern und deren Werken im Ergebnis zugutekommen kann. Die Medien entfalten hier dann nicht ihre demokratisch-informatorische, bzw. aufklärende oder gar investigative Dimension, sondern können zu einem Werbeeffekt zu Gunsten des Gegenstands der Berichterstattung beitragen. Hierbei ist zu beachten, dass selbst abwertende Berichterstattung den Marktwert des betreffenden Urhebers und seiner jeweiligen Schöpfungen zu erhöhen vermag – „Any press is good press".

Die aufmerksamkeitslenkende und insofern urheberrechtsfreundliche Funktion der Medien sollte freilich nicht überstrapaziert werden. Deren Grenze wird im Falle veröffentlichter Werke regelmäßig überschritten sein, wenn die Berichterstattung über die jeweilige Schöpfung über die Verwendung erlaubter Zitate hinausgeht und die eigentliche Nutzungshandlung vorwegnimmt bzw. entbehrlich macht. Im Fall „Lili Marleen" sah das Gericht im vollständigen Abdruck des Liedes diese Grenze als überschritten an.[659] Im französischen Fall „Utrillo", in dem für eine Nachrichtensendung kurze 128-sekündige Ausschnitte von Gemälden gezeigt wurden, erblickten die französischen Gerichte ebenfalls einen Urheberrechtsverstoß. Fraglich ist, ob in diesen beiden Fällen der informatorische und Aufmerksamkeit und Interesse generierende Aspekt ausreichend und angemessen berücksichtigt wurde.[660] Die Frage nach der Vorwegnahme der eigentlichen

---

die traditionellen Medien und Kulturangebote wie Funk, Fernsehen, Zeitschriften, Bücher und Kino.

656 Angefangen bei zwischenmenschlichen Beziehungen hin zu Kommunikationsplattformen und sozialen Netzwerken.

657 Das Medien- und Informationsangebot übersteigt die Aufnahmefähigkeit des Menschen, der Informationen nicht parallel, sondern sequentiell konsumiert. Es wird geschätzt, dass 98 % aller dargebotenen Informationen nicht bewusst verarbeitet werden. „Das Bewusstsein verarbeitet nur 40 bis 50 bit pro Sekunde; und deshalb muss es Informationen vernichten, fressen." – Bolz, ABC der Medien, S. 22.

658 Wandtke, Urheberrecht, Rn. 37.

659 BGH, Urt. v. 07.03.1985, I ZR 70/82, NJW 1985, 2134 f. – Lili Marleen.

660 Die Zulässigkeit einer Nutzung hängt von der Frage ab, ob ein Zugänglichmachen und Verbreiten noch werbenden, informierenden bzw. hin-weisenden Charakter

Nutzungshandlung bzw. der Verortung der Grenzziehung wird im Rahmen des § 51 UrhG unter dem Stichwort Substitutionskonkurrenz diskutiert. Der Umfang eines Zitats darf nicht so weitgehend sein und dazu führen, dass die *Verwertung* des Werks an sich durch den Urheber unzumutbar *beeinträchtigt* wird, dass also die Werke des Urhebers vom Verkehr nicht mehr erworben werden, da das zitierende Werk an deren Stelle tritt.[661] Dieses „ungeschriebene Korrektiv" dient dem Schutz sowohl materieller (Marktwert der Schöpfungen) als auch ideeller Interessen (wenn Umfang und Auswahl der Zitate ein unzutreffendes Gesamtbild des Urhebers vermitteln).[662] Wenn aber eine vollständige Nutzung eine öffentliche Debatte anstoßen kann, die wirtschaftliche Verwertbarkeit sowie die Individualität eher niedrig ist, dann sollte als Ergebnis einer Abwägung die Zulässigkeit der Verwendung bejaht werden. Dies gilt umso mehr, je stärker der Betroffene von der Berichterstattung durch die Medien profitiert, im Gespräch ist und seinen Marktwert steigern kann.

II. Aus anderen Entscheidungskonzepten entliehene Parameter

Der Abwägungskatalog soll weitere Kriterien aufnehmen, die in untergerichtlicher Rechtsprechung und in der Literatur im Ansatz entwickelt oder diskutiert wurden.

1. Modifikationen des Werkbegriffs

So könnte man erwägen, den Konflikt zwischen Urheberrecht und den Kommunikationsfreiheiten bereits auf der Stufe des geschützten Rechts, also hinsichtlich der Frage nach dem Vorliegen eines geschützten Werkes, zu entschärfen.

a) Pressespezifische Erhöhung der Schutzuntergrenze

Eine bedenkenswerte Überlegung besteht darin, die Anforderungen an die Schöpfungshöhe eines Sprachwerks im Hinblick auf die Pressefreiheit zu erhöhen. Untermauern ließe sich dies mit einem Verweis auf die überragende Bedeutung der Pressefreiheit für die verfassungsmäßige Ordnung als Voraussetzung einer funktionierenden pluralistischen Demokratie.[663] Mit dieser scheint es

---

besitzt oder ob es die herkömmliche „normale Nutzung" (Utrillo) vorwegnimmt bzw. ersetzt. Dies wiederum führt unweigerlich zu der Vor-Frage, worin die herkömmliche Werknutzung bzw. werkgerechte Rezeption besteht. Dies durfte sich von Werktyp zu Werktyp und von Werk zu Werk zu unterscheiden.

661 Wandtke/Bullinger/*Lüft*, UrhG, § 51, Rn. 7.

662 Förster, Fair use, S. 91.

663 Vgl. BVerfG NJW 1966, 1603 (1604) – Spiegelurteil.

unvereinbar, Redakteure und Journalisten permanent vor die Aufgabe zu stellen, vor einer Veröffentlichung schwierige urheberrechtliche Fragen zu klären, weil dies auf eine den Kern journalistischer Arbeit betreffende Gängelung und letztlich eine schwere Behinderung der Pressefreiheit hinausliefe.[664] So könnte man zum Beispiel fordern, dass ausschließlich Dokumente und Quellen von evident hoher literarischer Qualität der originalgetreuen Verwendung durch Journalisten vorenthalten bleiben sollen. Sprachwerke, die diese Schöpfungshöhe nicht erreichen – etwa Interviewfragen, sollen journalistisch Tätigen nach Belieben zur Verfügung stehen.

Ähnlich ließe sich hinsichtlich der Gattung privater Aufzeichnungen verfahren. So könnte man fordern, den Schutzbereich von § 2 Abs. 1 Nr. 1, Abs. 2 UrhG im Falle von privaten Aufzeichnungen teleologisch zu reduzieren.[665] Beruft sich ein Urheber oder dessen Rechtsnachfolger auf das Erstveröffentlichungsrecht des § 12 Abs. 1 UrhG in der Absicht, eine unliebsame, ihn herabsetzende Veröffentlichung zu verhindern, erschiene eine teleologische Reduktion des Werksschutzes deshalb angezeigt, weil das Urheberrecht nicht dem Erhalt der Vertraulichkeit zu dienen bestimmt ist, sondern vielmehr beabsichtigt, dem Urheber eine gerechte Entlohnung für sein Schaffen zu sichern.[666]

Diesen Überlegungen müsste man jedoch entgegenhalten, dass es sich bei Fragen des Urheberrechts um das „tägliche Brot der Presse“ handelt.[667] Die Auswahl von Bildern, Beiträgen, Berichten, Interviews, Vorträgen und Romanen bringt für Verleger und Redakteure den permanenten, tagtäglichen Umgang mit fremden Urheberrechten mit sich, welche zu respektieren die gesetzlichen Regelungen verlangen. Reine Praktikabilitätsaspekte, also allein die Tatsache, dass es schwierig oder lästig ist, die Urheberrechtsfähigkeit in jedem einzelnen Fall zu überprüfen, rechtfertigen es nicht, das Urheberrecht zu Gunsten der Presse *a priori* hintan zu stellen.[668] Wer bei Sprachwerken, die wegen ihres eventuell hohen Informationswertes presse- oder öffentlichkeitsrelevant sein mögen, ein höheres Maß an Individualität verlangt, opfert Rechtssicherheit und Rechtsklarheit.

---

664 LG Berlin stellte im Fall „Botho Strauß“ diese Erwägung zunächst an, verwarf sie jedoch im Ergebnis.

665 Vgl. Hoeren/Herring, MMR 2011, 500 (504).

666 Dargestellt in Schlüter, Erstveröffentlichung, S. 131; Hoeren/Herring, MMR 2011, 500 (504).

667 Vgl. KG Berlin NJW 1995, 3392 (3393) – Botho Strauß.

668 Vgl. KG Berlin NJW 1995, 3392 (3393) – Botho Strauß.

Gegen den Vorschlag einer teleologischen Reduktion ließe sich ferner § 5 UrhG anführen. Darin hat der Gesetzgeber abschließend seinen Willen zum Ausdruck gebracht, bestimmten Schöpfungen trotz Vorliegen der Voraussetzungen des § 2 Abs. 2 UrhG urheberrechtlichen Schutz vorzuenthalten. Gesetze, Verordnungen, amtliche Erlasse und Bekanntmachungen sowie Entscheidungen und amtlich verfasste Leitsätze zu Entscheidungen zielen auf Berücksichtigung und Kenntnisnahme durch die dem Rechtsstaat zugeordneten Bürger und setzen insoweit eine möglichst einfache Möglichkeit der Kenntnisnahme voraus. Käme diesen Dokumenten urheberrechtlicher Schutz zu, liefe dies jenem rechtsstaatlichen Grundanliegen zuwider. Dies lässt sich nicht eins zu eins auf die Pressefreiheit übertragen. Diese ist nicht sakrosankt. Vielmehr muss deren Reichweite und Beschränkung im Wechselspiel mit anderen Grundrechten austariert werden. Einem Verfasser persönlicher Aufzeichnungen die gesamten Urheberrechte zu verweigern, obwohl die Schutzvoraussetzungen objektiv vorliegen, ist jedoch zu weitgehend und hieße „das Kind mit dem Bade auszuschütten“.[669] Hinzu käme eine unzumutbare Beeinflussung der Verwertungsrechte durch das Urheberpersönlichkeitsrecht entgegen den Wertungen des Drei-Stufen-Tests. Schließlich brächte eine ausschnittsweise teleologische Reduktion ebenfalls eine nicht unerhebliche Rechtsunsicherheit mit sich.[670] Dieser Vorschlag führt auch nicht zur Flexibilisierung, sondern zu einer neuen, gleichfalls starren „Alles-oder-nichts-Rechtsfolge“. Das Urheberrecht würde zu Gunsten von Art. 5 Abs. 1 GG über Gebühr eingeschränkt. Es läge mithin ein Eingriff in Art. 14 Abs. 1 GG vor, der nicht gerechtfertigt wäre. Denn eine solche Modifikation des Werksbegriffs stellt nicht das mildeste Mittel dar, um der Meinungs-, Informations- und Pressefreiheit zur größtmöglichen Geltung zu verhelfen, weil es das Grundrecht des Art. 14 Abs. 1 GG nicht nur schonend und geringfügig verkürzt. Der Eingriff ist also nicht erforderlich. Vielmehr gibt es andere, mildere Mittel gleicher Eignung, so etwa die hier favorisierte nachgeschaltete Interessenabwägung/Korrektur.

b) Künstlerische Absicht als weitere Voraussetzung von § 2 Abs. 1 UrhG

Wie erläutert, extrapoliert die Rechtsprechung aus dem Begriff der persönlichen geistigen Schöpfung i.S.d. § 2 Abs. 1 UrhG die vier Voraussetzungen von Menschen gemacht / wahrnehmbare Form / Individualität / hinreichende Schöpfungshöhe, s.o. Man könnte fragen, ob der Begriff der persönlichen geistigen Schöpfung nicht auch zusätzlich das Vorliegen eines weiteren, und zwar eines

669 Schlüter, Erstveröffentlichung, S. 140.
670 Schlüter, Erstveröffentlichung, S. 140.

subjektiven Elementes nahelegt – nämlich den Selbstanspruch des Urhebers, sich kreativ und schöpferisch im Hinblick auf das Werk zu betätigen.[671] Nach § 1 UrhG sollen schließlich die Urheber von Werken der Literatur, Wissenschaft und Kunst für ihre Werke Schutz genießen. Dies deutet doch auf eine entsprechende Absicht beim Schöpfungsakt hin, die den Erstellern von Revisionsberichten (vgl. *Ergo*) oder behördlichen Gutachten und Analysen regelmäßig fehlen dürfte. Hier verbliebe dann noch der Schutz des Leistungsschutzrechts, für den eine individuell-schöpferische Komponente gerade nicht verlangt wird.

Dieser Vorschlag enthält ein bedenkenswertes Anliegen, ist jedoch in dieser Schärfe zu radikal. Das Vorliegen einer künstlerischen Absicht darf nicht über die Gewährung von Urheberrechtsschutz im Sinne einer Konditionalstruktur zu entscheiden haben. Denn – auch hier sei § 5 UrhG bemüht – der Gesetzgeber hält es offenbar für erforderlich, amtliche Dokumente aus seinem Schutzbereich ausdrücklich herauszunehmen. Dies lässt erkennen, dass er nicht nur dem sich der Kunst im engeren Sinne verschriebenen Urheber schützen will, sondern urheberrechtlichen Schutz auch in Fällen gewährt, wo zunächst kein künstlerischer Anspruch erkennbar und nachweisbar ist.[672] Das Beharren auf einem solchen Kriterium brächte zudem erhebliche Abgrenzungs- und Beweisschwierigkeiten mit sich. Der grundrechtliche Kunstbegriff des Art. 5 Abs. 2 GG mit seinen drei Dimensionen (formell, materiell und offen) ist bereits so offen und breit geraten, dass es schwerfällt, das Vorliegen von Kunst zu negieren.[673] Dementsprechend leicht könnte sich ein Urheber auf eine „künstlerische Absicht" berufen, die nur schwer zu widerlegen wäre. Ebenso schwer gelingt der

---

671 So jedenfalls die Argumentation der Günter Grass-Anwälte sowie *Ramsauer*, AnwBl. 2013, 410 (413). Er schlägt vor, dass man insbesondere bei Werken, die nicht im Hinblick auf eine besondere Form geschaffen wurden, sondern lediglich mit dem Ziel, bestimmte Informationen, z.B. zu einem Sachverhalt, oder Auffassungen (etwa Rechtsauffassungen) einen erkennbaren Schöpfungsanspruch verlangen sollte.

672 Gem. § 1 UrhG sollen Urheber von Werken der Kunst, Literatur und Wissenschaft Schutz genießen. Dies mag beim Leser der Vorschrift Assoziationen zu Künstlern im Atelier, Autoren im Kaffeehaus und einsam brütenden Wissenschaftlern im Labor wecken. Das UrhG ist jedoch viel nüchterner; die persönliche, geistige Schöpfung ist nicht immer auch Kunst im formalen Sinne und erreicht nur selten höchste Kulturstufen. Urheberrechtlicher Schutz wird nach ständiger Rechtsprechung in bestimmten Fällen bereits bei geringer Individualität verliehen („kleine Münze des Urheberrechts"). Und auch die Regelbeispiele des § 2 Abs. 1 UrhG und § 5 UrhG dokumentieren, dass ein künstlerischer Anspruch nicht erforderlich ist.

673 Seine äußerste Zuspitzung findet der Gedanke bei Joseph Beuys: „Alles ist Kunst".

Nachweis im Prozess, dass es einem Anspruchssteller nicht primär darum ging, Urheberrechte zu schützen (innere Tatsachen).[674]

Als tatbestandlich zwingendes Kriterium ebenfalls ungeeignet ist im Übrigen die Ein- bzw. Wertschätzung, die ein Urheber in Bezug auf sein eigenes Werk trifft.[675] Franz Kafka etwa hielt manches unvollendete Werk für wertlos und wünschte, dass man seinen Nachlass zerstöre.[676] Von der Literaturgeschichte eindrucksvoll widerlegt, erscheint es daher sachgerechter, als Bewertungsmaßstab die Auffassung der mit literarischen und künstlerischen Werken einigermaßen vertrauten und hierfür aufgeschlossenen Verkehrskreise zu Grunde zu legen.[677]

c) Fazit

Die hier genannten Aspekte eignen sich, als Parameter einer Abwägung berücksichtigt zu werden. Den Anspruch der künstlerischen Betätigung, wie von den Befürwortern vorgeschlagen, im Rahmen der Schutzfähigkeit anzusprechen, gleichsam als Voraussetzung des § 2 Abs. 2 UrhG zu prüfen, wäre indes eine Überbewertung dieses Aspekts und liefe auf eine nicht sachgerechte Alles-oder-nichts-Lösung hinaus. Die Frage des künstlerischen Anspruchs deshalb nun völlig außen vor zu lassen, wäre gleichwohl das andere Extrem und ist ebenfalls abzulehnen. Eine überzeugende, weil vermittelnde Lösung besteht dagegen darin, diese Frage als Faktor im Rahmen einer Abwägung zur Geltung zu bringen. Verfassungsrechtlichen Erwägungen wären auf diese Weise ebenfalls am besten Rechnung getragen. Denn, liegt ein (hoher) künstlerischer Anspruch vor, dann ist auch der Schutzbereich der Kunstfreiheit (Art. 5 Abs. 3 GG) in seinem Kern- und nicht nur in seinem Randbereich berührt. Zudem dürfte die Vermutungsregel gelten: Wo der künstlerische Anspruch einer Arbeit hoch ist, wird sich nicht um der Unterdrückung unliebsamer Informationen willen auf das Urheberrecht berufen, sondern aus Gründen künstlerischer Integrität oder aus Verwertungsinteressen.

---

674 Vgl. Mann, AfP 2015, 295 (297).

675 Vgl. auch BGH GRUR 1961, 635 (638) – Stahlrohrstuhl I; OLG Frankfurt GRUR 1993, 116 ff. – Le Corbusier Möbel; Wandtke/Bullinger/*Bullinger*, UrhG, § 2, Rn. 11.

676 BGH NJW 1995, 3392 (3393) – Botho Strauß.

677 Vgl. BGH GRUR 1972, 143 (144) – Biografie: Ein Spiel; BGH GRUR 1981, 267 (268) – Dirlada.

2. *„Externe Schranke" der Informationsfreiheit*

Nimmt man von Modifikationen des Werkbegriffs Abstand, lässt sich über Lösungsansätze auf Schrankenebene nachdenken. Erwägenswert ist, die in Art. 10 Abs. 1 EMRK verbürgte Informationsfreiheit als externe Schranke in das deutsche Urheberrecht zu inkorporieren.[678] Fraglich ist, ob diese auf Art. 10 Abs. 1 EMRK gestützte Schranke anders als die Schranken gem. §§ 44a ff. UrhG auch Eingriffe in das Erstveröffentlichungsrecht gem. § 12 Abs. 1 UrhG zu rechtfertigen vermag. Problematisch erscheint ferner, ob Art. 10 Abs. 1 EMRK oder auch Art. 5 Abs. 1 GG als Schranke neben die Schranken des Urheberrechtsgesetzes, insbesondere neben den § 51 UrhG (Zitatrecht) treten kann.

a) Art. 10 Abs. 1 EMRK als externe Schranke („Utrillo"[679])

Stützen könnte man diese kühne Erwägung auf die überragend hohe Bedeutung der Informationsfreiheit für die Verwirklichung des Demokratieprinzips. Weil die Öffentlichkeit, näherhin das Volk als Souverän aller Staatsgewalt, in den Stand versetzt werden muss, politische Entscheidungen fundiert und informiert zu treffen, bedarf es einer umfassenden Berichterstattung und unbeschränkten Informationsfreiheit.[680]

Im Jahre 1999 hatte das französische Tribunal de Grande instance de Paris (TGI) im Fall „Utrillo" entschieden, dass eine veranschaulichende Kurzdarstellung künstlerischer Werke in einem Fernsehbericht auf ebenjene externe Schranke der Informationsfreiheit gestützt werden könne. *In concreto* wurde dem Fernsehsender France 2 gestattet, im Rahmen eines kurzen Nachrichtenbeitrags (Dauer: 2 Min und 8 Sek) über die Eröffnung der Maurice Utrillo-Ausstellung im Lodèver Museum einige Gemälde des Künstlers (insgesamt 12) in knappen Sequenzen zur Anschauung zu bringen.[681]

Das Pariser Gericht stellte in seiner Entscheidung darauf ab, dass die in Art. 10 EMRK verbürgte Informationsfreiheit nicht nur als „Recht auf Wissen", sondern erforderlichenfalls auch als „Recht auf Sehen" verstanden werden müsse.[682] So dürfe eine Tatsache, an der in der Öffentlichkeit ein Informationsinteresse

---

678 So erwogen, jedoch verworfen von Hoeren/Herring, MMR 2011, 500 (503); vgl. Geiger, GRUR-Int. 2001, 252 (254).

679 Tribunal de grande instance de Paris, Urt. V. 23.02.1999 (Jean Fabris ./. Ste France 2).

680 Vgl. wiederum BVerfG NJW 1966, 1603 (1604) – Spiegelurteil.

681 Mit Urteil vom 30.05.2001 hob der Cour d'appel de Paris (4. Kammer) das von der Literatur heftig kritisierte Urteil des Tribunal de Grande instance auf und stellte eine Rechtsverletzung der Rechteinhaber fest.

682 Geiger, GRUR Int. 2001, 252 (252).

besteht, durch den Einsatz von Bildern vermittelt werden, soweit diese notwendig sind, um entsprechendes Wissen zu transportieren.[683] Bilder unterscheiden sich von Worten in ihrer Wirkungsweise, im Unterschied zu Texten lassen sich Bilder in Sekundenschnelle unmittelbar aufnehmen, sind leichter erinnerlich und sind ungleich stärker geeignet, emotionale Wirkungen hervorzurufen.[684] Die Berichterstattung im Falle Utrillo, also die nur wenige Sekunden andauernde Wiedergabe der Bilder, verletze aus Sicht des TGI deshalb nicht die Urheberrechte des Rechteinhabers, weil sie mit der *normalen Verwertung* des Werkes nicht in Konkurrenz trete.[685] Hinzu komme, dass diese Art der Berichtserstattung über Kunstausstellungen branchenüblichem Verhalten entsprechen würde.[686]

b) Art. 10 Abs. 1 EMRK als Korrektur-Schranke des „openbaarmakingsrecht" („Scientology")

Ähnlich argumentierte der Haager Gerichtshof in einem niederländischen Rechtsstreit. Die „*Scientology*-Kirche" ging gegen eine Kolumnistin vor, die ihre Leserschaft vor der Lehre und Praxis der Scientology-Sekte warnte und in diesem Zusammenhang aus den „schockierenden geheimen Büchern" von Scientology zitiert hatte.[687] Die Scientology-Kläger machten hieran ihre Urheberrechte geltend. Der Haager Gerichtshof stellte in seinem Urteil vom 04.9.2003 das Vorliegen einer Urheberrechtsverletzung fest, entschied allerdings, dass die Berufung von Scientology auf eine Urheberrechtsverletzung außer Verhältnis zum allgemeinen Interesse der Informationsfreiheit gem. Art. 10 Abs. 1 EMRK stehe.[688] Bedeutende Stimmen der Literatur kritisierten, dass der Gerichtshof ausschließlich das hier weniger gewichtige vermögensrechtliche Interesse von Scientology im Auge gehabt, ideelle Interessen hingegen unberücksichtigt

683 Geiger, GRUR Int. 2001, 252 (252) – diese Argumentation, die auf die Ausdrucks- und Anschauungskraft von Bildern abhebt und um deren Suggestivwirkung weiß, erinnert an die oben wiedergegebene Urteilsbegründung der US-Richter im Fall Rodney King.

684 Beater, AfP 2005, 133 (133)

685 Geiger, GRUR Int. 2001, 252 (252) – angesprochen ist damit die Frage der Substitutionskonkurrenz. Damit indes ist noch nicht die Frage geklärt, was unter der „normalen Verwertung" zu verstehen ist. Vorliegend gingen die Richter offenkundig von einem vertieften, zeit- und aufmerksamkeitsintensiven Werkgenuss aus, jedenfalls von einer Perzeption, die über einen flüchtigen Blick sowie über die Reflexion der Frage hinaus geht, was das Bild auf primärer Ebene zeigt.

686 Geiger, GRUR Int. 2001, 252 (252).

687 Jehoram, GRUR Int. 2004, 96 (100).

688 So dargestellt von Jehoram, GRUR Int. 2004, 96 (100).

gelassen habe.[689] Auch das niederländische Recht kenne das Veröffentlichungsrecht (openbaarmakingsrecht), das den Urheber vor seiner Erst-Veröffentlichung vor unbefugten Veröffentlichungen (droit de divulgation) schützt.[690] Diesen Schutz habe Scientology in jenem Fall gesucht, indes nicht gefunden.

c) Keine unbeschränkte Informationsfreiheit gem. Art. 10 Abs. 1 EMRK und Art. 5 Abs. 1 S. 1 2. Var. GG

Während in Deutschland die EMRK im Range eines Bundesgesetzes steht, räumt ihr Frankreich den Rang zwischen Verfassungs- und Gesetzesrecht ein.[691] Wenn sich also ein deutsches Zivilgericht diesen „Kunstgriff" des TGI Paris zu eigen machte, fände er auf einer anderen normhierarchischen Ebene als auf Basis der französischen Rechtsordnung statt.

Dies ändert nichts daran, dass Art. 10 Abs. 1 EMRK (unabhängig von seinem innerstaatlichen Rang) mitnichten unbeschränkte Informationsfreiheit gewährleistet, sondern seinerseits Einschränkungen unterliegen kann, wobei das geistige Eigentum (Art. 1 ZP 1 EMRK) eine solche darstellen kann.[692] Es wäre demnach verfehlt anzunehmen, dass die Konvention der Informationsfreiheit einen schematischen Vorrang einräumen würde.[693] Vielmehr geht die Konvention von einem Verhältnis der Wechselwirkung zwischen Urheberrecht und Informationsfreiheit aus.[694]

Ferner sei daran erinnert, was denn überhaupt mit Informationsfreiheit, sei sie nun auf Art. 5 Abs. 1 GG oder auf Art. 10 Abs. 1 EMRK gestützt, gemeint ist. Fraglich ist insbesondere, ob sie in materiell-rechtlicher Hinsicht einen nahezu grenzenlosen Informationsanspruch verbürgt. Art 5. Abs. 1 Var. 2 GG gewährleistet dem Wortlaut nach jedermann das Recht, sich aus allgemein zugänglichen Quellen zu informieren. Als „allgemein zugänglich" werden solche Informationsquellen betrachtet, die geeignet und bestimmt sind, der Allgemeinheit, also einem individuell nicht bestimmbaren Personenkreis, Informationen zu verschaffen.[695] Dies trifft jedenfalls auf Massenkommunikationsmittel der Presse,

---

689 So Jehoram, GRUR Int. 2004, 96 (100).

690 Jehoram, GRUR Int. 2004, 96 (100).

691 Ehlers/Schoch/*Ehlers*, Rechtschutz im ÖR, S. 105.

692 Hoeren/Herring, MMR 2011, 500 (503).

693 Hoeren/Herring, MMR 2011, 500 (503).

694 So auch Hoeren/Herring, MMR 2011, 500 (503).

695 BVerfGE 27, 71 (83) = Leipziger Volkszeitung; BVerfG NJW 2001, 503 (504) – Grundbucheinsicht durch Pressevertreter; BeckOK GG/*Schemmer*, GG, Art. 5, Rn. 25.

des Rundfunks und des Films zu, auch wenn sie aus dem Ausland stammen.[696] Natürlich ist auch das Internet eine allgemein zugängliche Informationsquelle.[697]

Die Eigenschaft der Information als „allgemein zugänglich" gehört zum Schutzbereich des Grundrechts. Keinen Schutz durch Art. 5 Abs. 1 S. 2 Var. 2 GG erhalten daher das Eindringen in nicht allgemein zugängliche Informationsquellen, der Einbruch in ein der Öffentlichkeit verschlossenes Archiv sowie die unberechtigte Nutzung einer technischen Einrichtung zur Informationsgewinnung.[698] Über die allgemeine Zugänglichkeit und die Art der Zugangseröffnung kann nur befinden, wer nach der Rechtsordnung über ein entsprechendes Bestimmungsrecht verfügt, bei urheberrechtlich geschützten Werken also der Urheber bzw. der Rechteinhaber.[699] So kommt das Bestimmungsrecht im Falle *Utrillo* der Museumsleitung. Eine Berufung auf Art. 5 Abs. 1 S. 1 2. Var GG ginge in nach deutschem Recht zu bewertenden Fällen demgemäß ins Leere.

Die Informationsfreiheit gem. Art. 5 Abs. 1 GG gibt also keinen Anspruch auf Eröffnung einer Informationsquelle für die Allgemeinheit.[700] Auch bedeutet es nicht, dass Museen und Theater auf Eintrittsgelder verzichten müssten oder dass sich jedermann ungehindert an fremdem Geistesgut bedienen dürfte.[701] Aus dem gewissermaßen irreführenden Begriff „Informationsfreiheit" lassen sich eben keine vollkommene Transparenz und kein unbeschränkter Zugang zu Informationen ableiten. Zwar werden Ansätze vertreten, die den Gesetzgeber in der Pflicht sehen, den Kommunikationsprozess offen zu halten und gesellschaftlichen Informationsungleichgewichten entgegenzuwirken.[702] Aus dieser ergebe sich dann auch eine Akzentverlagerung beim Merkmal der „allgemein zugänglichen Quelle" in Form einer objektivrechtlichen Dimension dieses Merkmals, die sich in der Pflicht zur bereichsspezifischen Informationsversorgung manifestieren sollte.[703] Es gilt aber abzuwarten, ob der Gesetzgeber die Rechtsordnung über

696 BVerfGE 90, 27 (32) = NJW 1994, 1147 (1147 ff.) – Parabolantenne; BVerfG NJW-RR 2005, 661 (662) – Parabolantenne durch Mieter; BeckOK GG/*Schemmer*, GG, Art. 5, Rn. 26.

697 BeckOK GG/*Schemmer*, GG, Art. 5, Rn. 26; Sachs/*Bethge*, GG, Art. 5, Rn. 54.

698 Hufen, Grundrechte, § 26, Rn. 10.

699 BeckOK GG/*Schemmer*, GG, Art. 5, Rn. 26.1; Schack, Urheber- und Urhebervertragsrecht, Rn. 99.

700 Schack, Urheber- und Urhebervertragsrecht, Rn. 99; Kroeger, Informationsfreiheit und Urheberrecht, S. 201.

701 Schack, Urheber- und Urhebervertragsrecht, Rn. 99.

702 Kroeger, MMR 2002, 18 (20).

703 Kroeger, Informationsfreiheit und Urheberrecht, S. 202; vgl. Mizdalski, Zur restriktiven Auslegung der Urheberschranken, S. 64.

die Sicherstellung von Transparenz hinaus ausgestaltet, zumal Presseunternehmen bereits weiterreichende Informations- und Recherchefreiheiten gewährleistet sind, vgl. LMG.[704] Es bleibt als Ergebnis festzuhalten, dass aus Art. 5 Abs. 1 GG grundsätzlich kein Anspruch auf Eröffnung von Informationsquellen folgt. Wegen der genannten Einwände ist die Erwägung einer externen Schranke abzulehnen.

3. *Verfassungskonforme Interessen- und Güterabwägung*[705] *i.V.m. politisch-historischer Dokumentationsfreiheit* (Olenhusen / Deutsch)[706]

Dieser Idee zufolge soll im Rahmen der Zitatschranke (§ 51 UrhG) eine verfassungskonforme Interessen- und Güterabwägung anhand des Kriteriums der historischen Bedeutung eines Dokumentes stattfinden. Sie wurde vornehmlich für verborgen gehaltene sowie zurückgerufene (§ 42 Abs. 1 UrhG) Dokumente, die von historischem Wert sind, entwickelt, z.B. die Goebbelstagebücher. Die Freigabe für den öffentlichen und wissenschaftlichen Diskurs soll hier nicht von der Zustimmung der Rechteinhaber und deren Rechtsnachfolgern abhängen. Vielmehr seien „die (Urheber)-Persönlichkeitsrechte des Autors mit dem Interesse der Allgemeinheit an einer historischen Aufarbeitung abzuwägen.“[707] Lasse sich dabei insbesondere ein Geheimhaltungsinteresse verneinen, so spreche dies für die Zulässigkeit der Veröffentlichung.

Ansatz und Anliegen dieser Erwägung sind zu begrüßen, weil sie eine Alternative zum hergebrachten und unzulänglich gebrachten Lösungsmodel sucht. Allerdings ist die Umsetzung dogmatisch unsauber. Der Wortlaut des § 51 UrhG setzt ein „veröffentlichtes Werk“ voraus, ermöglicht insoweit keine Beschränkung von § 12 Abs. 1 UrhG. Eine verfassungskonforme Auslegung dieses Tatbestandsmerkmals ist jedoch nicht statthaft, da es nicht mehrere denkbare Auslegungsalternativen gibt, veröffentlicht nicht zugleich als „nicht veröffentlich“ verstanden werden kann. Ratsamer erscheint eine verfassungskonforme Auslegung des Merkmals „widerrechtlich“ gem. § 97 Abs. 1 UrhG i.S.e. „Schranke hinter den Schranken“, s.o.

Die Bedeutung des Aspekts der „politisch-historischen Dokumentationsfreiheit“ ist nicht von der Hand zu weisen. Vorzugswürdig ist es, ihn als Topos einer

---

704 Daher skeptisch Mizdalski, Zur restriktiven Auslegung der Urheberschranken, S. 65.

705 Schricker/Loewenheim/*Wild*, UrhG, § 97, Rn. 35, 37.

706 Deutsch, NJW 1967, 1393–1398; von Olenhusen, UFITA 1973, 57–76.

707 Schricker/Loewenheim/*Wild*, UrhG, § 97, Rn. 35, 37.

Interessenabwägung im Rahmen des § 97 Abs. 1 UrhG zur Geltung zu bringen, wo er dann auch für die Rechtfertigung von Eingriffen ins Erstveröffentlichungsrecht relevant ist.

*4. Gravierendes Informationsbedürfnis im Einzelfall (*Beater)

Von *Beater* wird die Auffassung vertreten, dass ein gravierendes Informationsinteresse der Öffentlichkeit auch die Erstveröffentlichung durch Dritte zu rechtfertigen vermag, wenn es sich im Rahmen einer Güter- und Interessenabwägung im Einzelfall gegenüber den Geheimhaltungsinteressen des Urhebers durchsetzt.[708] Das Erstveröffentlichungsrecht gem. § 12 Abs. 1 UrhG sei vor allem dann weniger schutzwürdig, wenn es zur Unterdrückung von Informationen eingesetzt werde.[709]

Zu begrüßen ist hier ebenfalls die grundsätzliche Stoßrichtung und der damit einhergehende Versuch, ein als unbefriedigend empfundenes Ergebnis als Rechtsfolge einer starren Anwendung der einschlägigen Regelungen mittels Einzelfallabwägung zu korrigieren. Es müssten allerdings Kriterien entwickelt werden, unter denen ein gravierendes Informationsinteresse anzunehmen ist. Zudem wird man nur selten zweifelsfrei sagen können, wann die Berufung auf das Erstveröffentlichungsrecht dem Zweck dient, Informationen endgültig zu unterdrücken, vgl. die oben gemachten medientheoretischen Grundlagen. Es handelt sich bei einer solchen „Absicht“ um ein subjektives Element, dessen Nachweis nur schwerlich gelingen dürfte und von dem allein nicht der Ausgang des Falles abhängen soll. Es scheint nicht ratsam, die Beurteilung der Zulässigkeit zu stark auf diesen Aspekt zu stützen.

III. Fazit: Abwägung als Kombinationsmodell

Die hier erörterten alternativen Lösungsmodelle enthalten wichtige Impulse und lassen sich hinsichtlich ihrer Kritik am gegenwärtigen Verfahren fruchtbar machen. Sie bieten jedoch allein für sich genommen keine echte Alternative, befriedigende und einzelfallgerechte Ergebnisse zu erzielen, die verfassungsrechtlich und rechtssystematisch einwandfrei sind.

Die die Modifikation des Werkbegriffs betreffenden Ansätze sehen zwar richtig, dass der künstlerische und kreative Aspekt stärker berücksichtigt werden muss, würden allerdings das gegenwärtige starre Modell durch ein anderes

---

708 Beater, ZUM 2005, 602 (610).

709 Dargestellt von Schlüter, Erstveröffentlichungen, S. 130.

starres Modell ersetzen. Die Inkorporation einer externen Schranke unterstreicht die hohe Bedeutung freier Informationen für eine pluralistische Demokratie und sieht in Einzelfällen die Notwendigkeit eines „Rechts auf Sehen". Ihr stehen jedoch erhebliche und unüberwindbare rechtsdogmatische Bedenken im Wege. Den Vorschlägen von *Olenhusen* und *Beater* kann insoweit gefolgt werden, als der Informationsgehalt zu berücksichtigen ist. Allein darauf abzustellen und andere relevante Aspekte zu ignorieren, stellt jedoch eine Vereinseitigung dar, die mit dem geltenden Recht nicht vereinbar wäre. Keinem Vorschlag kann daher isoliert gefolgt werden.

Jedoch scheint es richtig und empfehlenswert, sie miteinander zu kombinieren und die mit ihnen verfolgten Anliegen im Rahmen einer Abwägung zu berücksichtigen. Verfassungsrechtlichen Erwägungen wären auf diese Weise am besten Rechnung getragen. Danach hat die Eingriffsintensität im rechten Verhältnis zum bedrohten Rechtsgut zu stehen. Liegt ein (hoher) künstlerischer Anspruch vor, dann ist auch der Schutzbereich der Kunstfreiheit (Art. 5 Abs. 3 GG) sowie ggf. auch des Persönlichkeitsrechts (Art. 2 Abs. 1 i.V.m. 1 Abs. 1 GG) in seinem Kern- und nicht nur in seinem Randbereich berührt und Eingriffe unterliegen einer höheren Rechtfertigungslast.

Wie gezeigt wurde, können sich Werke hinsichtlich ihrer Individualität, respektive ihrer Schöpfungshöhe erheblich voneinander unterscheiden, ebenso im Hinblick auf ihren Informationswert. Generell kann die Diversität der Fälle enorm sein. Eine Abwägung, als flexible Methode der Entscheidungsfindung, vermag am ehesten auf die unterschiedlichen Umstände zu reagieren und mithin einzelfallgerechte Ergebnisse zu generieren, s.o. Nur sie vermag die Fälle ihren Unterschieden gemäß unterschiedlich zu beurteilen. Insbesondere § 12 Abs. 1 UrhG erweist sich relevanten Unterschieden gegenüber als blind. Ob ein Werk höchstpersönlichen Inhalt trägt oder in beruflichem Kontext ohne nennenswerten schöpferischen Anspruch geschaffen wurde, kann sich von Fall zu Fall erheblich unterscheiden. Diese krassen Unterschiede rechtfertigen jedoch gerade eine weiche und dynamische Bewertung, in der alle relevanten Umstände berücksichtigt werden. Schöpfungen der kleinen Münze fallen derzeit in den alleinigen starren Anwendungsbereich von § 12 Abs. 1 UrhG und sind einer Abwägung damit vollständig entzogen. Hinzu kommt, dass auf Grund der europäischen Vorgaben die Schutzschwelle für urheberrechtlichen Schutz abgesenkt wurde und weiter reduziert werden soll. So etwa genießen inzwischen private Aufzeichnungen den Schutz des Ausschließlichkeitsrechts, der ihnen vor Jahren noch unzugänglich war. Dem ist mit Hilfe einer Abwägung auf Basis des nachfolgenden Kriterienkatalogs entgegenzuwirken.

Ein solches Zusammenspiel von legislativer Rechtssetzung und richterlicher Rechtsanwendung ist zudem keineswegs revolutionär, sondern entspricht dem Normalfall der Gesetzesanwendung und –fortbildung in Deutschland und Europa.[710]

D. Der Abwägungskatalog und dessen Anwendung

Im Rahmen des Tatbestandsmerkmals „widerrechtlich" i.S.d. § 97 Abs. 1 UrhG sollen die Gerichte die durch Art. 5 GG, Art. 10 EMRK geschützten Interessen mit denen durch Art. 14 Abs. 1 GG, Art. 2 Abs. 1 i.V.m. Art. 1 Abs. 1 GG geschützten Interessen abwägen.

Die Prüfung seitens der Gerichte ist grundsätzlich immer möglich. Denn sie ist Ausprägung einer „Schranke hinter den Schranken". Ihre Relevanz wird in den Fällen des §§ 97 Abs. 1, 12 Abs. 1 UrhG höher sein als in denen des §§ 97 Abs. 1, 15 ff. UrhG, weil die §§ 44a ff. UrhG bis auf wenige Ausnahmen auf die erste Fallgruppe nicht anwendbar sind. Bezüglich § 12 Abs. 1 UrhG muss allerdings stets in Erwägung gezogen werden, ob sich anstelle der Veröffentlichung auch auf eine Inhaltsangabe oder auf eine Preisgabe von Ausschnitten beschränkt werden kann.[711]

Vorrangig ist der verfassungsrechtliche Ausgleich bei der Auslegung und Anwendung der urheberrechtlichen Befugnisse sowie der Schrankenbestimmungen zu suchen.[712] Wo dies aber wegen des eindeutigen Gesetzeswortlautes nicht nach Maßgabe praktischer Konkordanz möglich ist und infolgedessen Art. 5 GG- und Art. 10 EMRK- relevante Gesichtspunkte gänzlich unberücksichtigt bleiben, ist der Ausgleich im Wege der Abwägung auf der Ebene der Rechtswidrigkeit zu suchen.

Die Notwendigkeit eines grundrechtlichen Ausgleichs im Wege praktischer Konkordanz und ein umfassendes Verständnis von Abwägung bestätigte das BVerfG zuletzt in der Entscheidung Metall auf Metall[713]. Darin stellte das Gericht im Rahmen einer Abwägung zwischen der durch Art. 5 Abs. 3 GG geschützten Kunstfreiheit einerseits und dem durch Art. 14 GG geschützten Leistungsschutzrecht des Tonträgerherstellers andererseits fest, dass Art. 5 Abs. 3 GG einem umfassenden Verbot des Sound-Sampling ohne Genehmigung entgegenstehe. Es erklärte, dass der Einfluss der Grundrechte auf die Auslegung und

---

710 Vgl. Metzger, Urheberrechtsschranken in der Wissensgesellschaft, S. 26.

711 Dreier/Schulze/*Schulze*, UrhG, § 12, Rn. 16.

712 BVerfG NJW 2001, 598 (599) – Germania 3.

713 GRUR BVerfG 2016, 690 ff. – Metall auf Metall.

Anwendung der zivilrechtlichen Normen nicht auf Generalklauseln beschränkt, sondern sich auf alle auslegungsfähigen und -bedürftigen Tatbestandsmerkmale der zivilrechtlichen Vorschriften erstrecke.[714] Zwar knüpft das Gericht die Abwägung in Metall auf Metall an die „Schrankenbestimmung" des § 24 UrhG an, lässt jedoch keinen Zweifel daran, dass auch § 85 UrhG, der keine Schranke ist, sondern das Leistungsschutzrecht selbst begründet, als Ansatzpunkt der Abwägung dienen könne.[715]

In den Fällen, in denen ein hinreichend hohes verwertungsrechtliches Interesse besteht oder ein großes Maß an schöpferischer Individualität gegeben ist oder in denen die in Rede stehende Äußerung einen Beitrag zur einer Debatte von öffentlichem Interesse evident nicht zu leisten imstande ist, kann sie knapp und zu Gunsten der urheberrechtlichen Interessen ausfallen.

Diese drei Aspekte müssen also die zuvörderst zu prüfenden Faktoren sein. Erst im Anschluss daran sollen die übrigen Gesichtspunkte herangezogen werden.

I. Grad des verwertungsrechtlichen Interesses

Zunächst ist die Frage zu stellen, ob kommerzielle Interessen in Rede stehen, ob also das Werk in seiner verwertungsrechtlichen Dimension tangiert ist. Hier kann man sich an dem 4. Faktor der Fair use doctrine orientieren, der nach dem Einfluss des Werks auf dem Markt fragt („Effect oft the Use upon the Potential Market for oder Value of the Copyrighted Work"). Damit wird beabsichtigt, die durch die Gewährung urheberrechtlichen Schutzes gesetzten finanziellen Anreize für kreatives Schaffen nach Maßgabe der incentive-Theorie zu schützen.[716] Ausgehend von diesem Faktor sind die Auswirkungen der Werknutzung auf den Marktwert des genutzten Werkes zu bewerten, wobei tatsächliche Effekte auf bereits bestehende Märkte sowie auf (noch) nicht erschlossene potentielle Märkte zu beachten sind.

In dem geschilderten Fall „Ergo" etwa kann zwar nicht bewiesen, aber gleichwohl aus guten Gründen davon ausgegangen werden („innere Tatsachen"), dass keine unmittelbaren Verwertungsinteressen im Raum stehen, jedenfalls nicht solcherart, dass eine Veröffentlichung durch Dritte die urheberrechtliche Verwertung der Dokumente vereitelt und deren Absatzmöglichkeiten auf dem Markt zerstört. Es ist vielmehr anzunehmen, dass die Urheber selbst die

---

714 GRUR BVerfG 2016, 690 (Rn. 82) – Metall auf Metall.
715 GRUR BVerfG 2016, 690 (Rn. 77) – Metall auf Metall.
716 Kleinemenke, Fair use, S. 314.

in Rede stehenden Werke nicht selbst kommerziell nutzen wollten. Dies wird man selbst im Hinblick auf die hier erwähnten persönlichen Aufzeichnungen (vgl. Strauß- und Grass-Briefe) vermuten können, wenngleich zu konzedieren ist, dass am Briefwechsel berühmter Autoren freilich ein literarisches Interesse besteht, das sich durch die Rechteinhaber auch kommerzialisieren ließe. Wenn nur ein geringes wirtschaftliches Interesse besteht, sollte der Betroffene dementsprechend entschädigt werden. Ansprüche, die auf die wirtschaftliche Entschädigung abzielen (vgl. § 97 Abs. 2 UrhG) können zu einem anderen Ergebnis führen als der Unterlassungsanspruch gem. § 97 Abs. 1 UrhG.

II. Beitrag zu einer Debatte bzw. überragendes Informationsbedürfnis

Grundvoraussetzung einer pluralistischen Demokratie ist, dass eine Vielzahl an Meinungen und Positionen Eingang in den öffentlichen Diskurs findet. Deshalb ist es stets problematisch und rechtfertigungsbedürftig, bestimmte Meinungen (von vornherein) herauszufiltern. Keinesfalls darf die Grenze bei intellektuell hochstehend vs. trivial verlaufen. Eine fließende Grenze mag aber zwischen Beiträgen verlaufen, die einerseits den Privat- und andererseits den öffentlichen Bereich betreffen.

Zu privilegieren sind solche Nutzungen, die einen Beitrag zu einer öffentlichen Debatte leisten können. Keinesfalls dürfen sich Gerichte als Jury hinsichtlich der Frage aufschwingen, was wichtig und was unwichtig ist. Daher ist dieses Merkmal i.S.d. Art. 5 GG und Art. 10 EMRK weit zu verstehen. Unproblematisch besitzt eine solche urheberrechtsrelevante Veröffentlichung eine entsprechende Eignung, wenn das Werk der Aufklärung von Missständen in der Politik dient. Dann werden die Medien ihrer besonderen Rolle des *public watch dog* gerecht. Diese ist sogar noch weiter zu verstehen (s.o.). Daher können auch Themen aus Wirtschaft und Gesellschaft (z.B. Gesundheit) von überragendem Interesse sein.

III. Individualität / Qualität / Schöpfungshöhe

Für die Frage der Zulässigkeit und des Umfangs originalgetreuer Veröffentlichungen ist die jeweilig erreichte Schöpfungshöhe ein maßgeblicher Faktor. Hier kann man fragen, ob das in Rede stehende Werk gerade so die untere Schutzschwelle überschritten hat (vgl. „kleine Münze des Urheberrechts") oder ob es vielmehr von einer hohen schöpferischen Qualität ist. Auch die *Fair use doctrine* fragt nach der Qualität der übernommenen Stelle (vgl. 2. Stufe). Je höher das Maß der Kreativität, desto eher verbietet sich ein Eingriff in die schöpferische Integrität des Urhebers, deren Schutz durch § 12 Abs. 1 UrhG bezweckt wird.

IV. Schöpferischer Selbstanspruch

Von der objektiv erreichten Qualität, lässt sich die subjektive Absicht des Urhebers, soweit diese bestimmbar ist, unterscheiden. Wie schon gesagt, wäre es verfehlt, das Vorliegen eines schöpferischen Anspruchs oder die Beurteilung durch den Urheber zur konstitutiven Voraussetzung des Urheberrechtsschutzes zu erheben, zumal sie schwer zu bestimmen und nachzuweisen ist. Andererseits ist dieser Aspekt bei der rechtlichen Würdigung einer persönlichen geistigen Schöpfung keineswegs irrelevant, sodass es sich ebenso verbietet, diesen Aspekt gänzlich auszublenden. Sinnvoll und geboten ist daher, diese Überlegung im Rahmen einer Gesamtabwägung zu berücksichtigen. Den Autoren kunstvoll geschriebener Aufzeichnungen (vgl. Strauß- und Grassbriefe) kann man ohne größeren Argumentationsaufwand zumindest auch eine künstlerische Absicht attestieren. Schwerer fällt dies bei Revisionsberichten oder behördlichen Gutachten.[717] In erst genannten Fällen spricht dies also eher gegen, in letzteren eher für die Zulässigkeit des Eingriffs in § 12 Abs. 1 UrhG.

V. Die aus der Dogmatik des Art. 5 GG folgenden Gesichtspunkte: Vermutungsregel, Tatsachen und Werturteile, Sorgfaltspflichten, Recht zum Gegenschlag

Die aus der spezifischen Dogmatik des Art. 5 GG für die Abwägung geltenden Gesichtspunkte müssen für auch die Kollisionsfälle mit dem Urheberrecht Anwendung finden. Denn diese gelten auf Grund der demokratiebezogenen Funktion der Meinungsfreiheit unabhängig von dem mit ihr konkurrierenden Rechtsgut. Mithin sind zu berücksichtigten die „Vermutungsregel", die Unterscheidung zwischen Tatsachenbehauptungen und Werturteilen, die Form der Äußerung, das „Recht zum Gegenschlag". Im Rahmen der Tatsachenbehauptungen werden die sog. Sorgfaltspflichten relevant. Bei der Bewertung von Eingriffen in das Persönlichkeitsrecht, insbesondere in das Recht am eigenen Bild spielen die Umstände der Gewinnung der Abbildung eine Rolle (so z.B. Ausnutzung von Heimlichkeit oder beharrliche Nachstellung).[718]

---

717 In diesem Sinne auch Wandtke/Bullinger/*Bullinger*, UrhG, § 12, Rn. 16, wonach wegen des weiten Anwendungsbereichs des UrhG eine entsprechend einschränkende Auslegung des § 12 Abs. 1 UrhG im Bereich von Sachtexten und von Bildmaterial jedenfalls dann erforderlich ist, wenn an der Veröffentlichung der Werkinhalte ein Interesse der Allgemeinheit besteht.

718 BeckOK UrhR/*Engels*, KUG, § 23, Rn. 3

Das soll auch für den hiesigen Parallelkonflikt relevant sein. Hier kann dann auch das Presseprivileg in dem Sinne zur Geltung gelangen, dass die Einhaltung von Sorgfaltspflichten in der Tendenz für die Zulässigkeit der Veröffentlichung spricht. Seine Ausprägung findet das Presseprivileg u.a. im für sie charakteristischen Initiativrecht, also demjenigen Spielraum, innerhalb dessen die Medien nach publizistischen Kriterien entscheiden können, welche Dinge sie in den öffentlichen Informations- und Meinungsbildungsprozess einführen wollen.[719] Umgekehrt widerstrebt die Veröffentlichung rechtswidrig geleakter Dokumente durch Nicht-Pressevertreter den Sorgfaltspflichten und ist mithin besonders begründungsbedürftig. Der Informationsgehalt müsste dann schon enorm sein.

VI. Informatorischer Gehalt

Das notwendig vorliegende Informationsbedürfnis lässt sich noch konkreter und schärfer fassen. Man könnte danach fragen, welchen informatorischen Gehalt das in Rede stehende Werk besitzt. Geht es um staatliche oder um private Vorgänge? Wenn es sich um private Vorgänge handelt, betrifft es wirtschaftliche („Ergo vs. Handelsblatt“) oder gesellschaftliche („Günther Grass Briefe“) Sachverhalte? Selbstredend lassen sich Eingriffe in erst genannte am leichtesten rechtfertigen (wikileaks). Stehen dagegen letztere in Rede, dürften Eingriffe in das Erstveröffentlichungsrecht nur gerechtfertigt sein, wenn der Inhalt der Werke von gesamtgesellschaftlicher Bedeutung ist oder von einem besonderen historischen Interesse getragen ist. Für die Zulässigkeit von Nutzungen spricht es selbstverständlich, wenn sie einen Beitrag zur politisch-historischen Aufarbeitung leisten (*Olenhusen / Deutsch*). Auch bei privaten Aufzeichnungen ließe sich weiter differenzieren, in welchem Grade persönliche Einflüsse Eingang in das Werk gefunden haben. Ähnlich wie beim allgemeinen Persönlichkeitsrecht könnte unterschieden werden, welche Sphäre der Persönlichkeit betroffen ist.

VII. Kontextualisierung

In „Caroline II“ und in der „Axel Springer Entscheidung“ (2012) fügte der EGMR seinem in „Caroline I“ ausgegebenen Kriterium „Beitrag zu einer Debatte von allgemeinem Interesse“ das Kriterium „Gegenstand der Berichterstattung“ hinzu. Damit forderte er einen inneren Zusammenhang zwischen Bild-Beitrag (Begleittext) und zeitgeschichtlichem Ereignis. Diesen Zusammenhang gilt es auch, im hiesigen Konflikt zu fordern. Wie dargestellt, gibt es einen

719 Beater, ZUM 2005, 602 (609).

fundamentalen Unterschied zwischen dem bloßen bzw. mehr oder weniger ungeordneten Upload von Datenmengen und dem kontextualisierten Zugänglichmachen von Informationen. Letzter Vorgang verdient aus den in dieser Untersuchung aufgezeigten Gründen eine Privilegierung, die als Abwägungsposten im Rahmen des Tatbestandsmerkmals „widerrechtlich" Niederschlag finden soll. Im Rahmen des Zitatrechts ist das Vorliegen des Zusammenhangs ohnehin wesentliches Merkmal.

VIII. Information oder Konfusion?

Im Rahmen dieses Faktors soll sich der Rechtsanwender mit der Frage konfrontieren, ob die Veröffentlichung des Originals tatsächlich zu einem Mehrwert an Information führen wird. In diesem Zusammenhang ist daran zu erinnern, dass das Urheberrecht von seiner Wirkungsweise überhaupt nur bedingt darauf gerichtet ist, Informationen zu unterdrücken (vgl. idea/expression dichotomy s.o). Der Bericht *über* ein Werk ist und bleibt, jenseits der Grenze der Inhaltsbeschreibung, § 12 Abs. 2 UrhG, immer möglich. Es mag jedoch Fälle geben, in denen ein „Recht auf Sehen" geboten ist. Das öffentliche Interesse an einem Sachverhalt kann derart hoch sein, dass es nur mit dem Zugänglichmachen und Veröffentlichen des Originals befriedigt werden kann.

Dies muss jedoch aus drei Gründen restriktiv gehandhabt werden. Es ist erstens davon auszugehen, dass der Gesetzgeber diese Fälle gesehen hat und bestimmte Werke bereits *a priori* aus seinem urheberrechtlichen Schutzbereich herausgenommen hat (§ 5 UrhG) bzw. entsprechende Schranken großzügig gezogen hat (§ 45 UrhG). Zum zweiten ist nicht zu verkennen, dass mehr Information nicht immer und zwingend zu mehr Informiertheit, sondern auch zur „Konfusion" führt (s.o.). Drittens – das „Recht auf Sehen", jedenfalls hinsichtlich grober politischer oder sozialer Missstände, muss vor dem Hintergrund der ubiquitären Verfügbarkeit von Bildern relativiert werden. Fotographien suggerieren zwar Authentizität, enthalten jedoch subjektive Momente und erzeugen eine eigene Wirklichkeit, die gegenüber der tatsächlichen verselbständigt ist.[720] Zudem kann die Flut an Bildern und Videos, die auf den Internetnutzer und Konsumenten tagtäglich einströmt, zu einer Desensibilisierung führen, zumal der Nutzer inzwischen auch um die Manipulierbarkeit von Bildern und deren verfälschendes Potential auf Grund entsprechender Bearbeitungs-Software

720 Beater, AfP 2005, 133

weiß.[721] Die Macht der Bilder ist vor diesem Hintergrund zu relativieren und ein „Recht auf Sehen“ mithin nur in seltenen Fällen anzunehmen.

E. Schlussthesen

I. Gem. § 97 Abs. 1 S. 1 UrhG kann derjenige, der das Urheberrecht oder ein anderes nach dem Urheberrechtsgesetz geschütztes Recht widerrechtlich verletzt, vom Verletzten auf Beseitigung der Beeinträchtigung und bei Wiederholungsgefahr auf Unterlassung in Anspruch genommen werden. Im Rahmen des Anspruchs sind insbesondere die Eröffnung des Schutzbereichs gem. §§ 2, 12, 15 ff. UrhG, das Vorliegen eines Eingriffs bzw. die Voraussetzungen der Schrankenregelungen gem. §§ 44a UrhG sowie das Vorliegen von allgemeinen Rechtfertigungsgründen zu prüfen.

II. In bestimmten Fällen liefert die herkömmliche Anwendung dieser urheberrechtlichen Regelungen unbefriedigende und verfassungswidrige Ergebnisse. Die Fälle sind regelmäßig dadurch charakterisiert, dass ein Beitrag gerade so in den Genuss urheberrechtlichen Schutzes gelangt, die wirtschaftlichen Interessen an der Verwertung zugleich gering sind und/oder das Werk von hohem öffentlichen Interesse ist.

III. Plastisch wird die Unzulänglichkeit des Status Quo in Fällen wie „Ergo vs. Handelsblatt“, „Berufungsschrift“ und „Günther Grass vs. FAZ“. Relevante und berücksichtigungspflichtige Belange wie der Grad des Informationsinteresses, das schöpferische Niveau oder die Bedeutung des persönlichkeitsrechtlichen Aspekts werden nicht hinreichend gewichtet und berücksichtigt. Es kann sogar zu einer missbräuchlichen Anwendung des Urheberrechts kommen, wenn es als Mittel des Meinungskampfes zur Unterdrückung unliebsamer Beiträge durch die Rechtinhaber eingesetzt wird.

IV. Die Lösung für Fälle, denen eine Kollision von Urheberrecht und Meinungsfreiheit zu Grunde liegt, besteht in einer Abwägung der widerstreitenden Interessen auf Basis einer ungeschriebenen „Schranke hinter den Schranken“.

V. Diese Abwägung ist rechtssystematisch im Tatbestandsmerkmal des § 97 Abs. 1 S. 1 UrhG „widerrechtlich“ zu verorten.

VI. Soweit vermögensrechtliche Aspekte eine vernachlässigbar geringe Rolle spielen und hinter persönlichkeitsrechtliche und ideelle Belange

721 Vgl. von Becker, Bernhard, AfP 2005, 247 (249).

zurücktreten, wird dort die Tatbestandsmäßigkeit die Rechtswidrigkeit regelmäßig nicht indizieren. Vielmehr ist sie wie beim Allgemeinen Persönlichkeitsrecht im Wege einer Abwägung im Zuge der Prüfung der Widerrechtlichkeit des Eingriffs positiv festzustellen.

VII. Der BGH verneint in der „Gies-Adler-Entscheidung“ die Zulässigkeit einer nachgeschalteten Interessenabwägung. Dieser Auffassung ist entgegenzutreten. Sie wurzelt in dem umstrittenen „Dogma der engen Schrankenauslegung“. Auch ist diese Position nicht mit dem Verfassungsrecht vereinbar. Denn sie ignoriert die Vorgaben der Wechselwirkungslehre gem. Art. 5 Abs. 2 GG, der praktischen Konkordanz und der verfassungskonformen Auslegung. Dagegen werden diese Vorgaben durch die Anwendung der „Schranke hinter den Schranken“ umgesetzt.

VIII. Die Wechselwirkungslehre verlangt auf der Stufe der Normauslegung eine im Rahmen der Tatbestandsmerkmale der betreffenden Gesetze vorzunehmende Abwägung zwischen der Bedeutung der Kommunikationsfreiheit einerseits und des Rechtsguts andererseits, in dessen Interesse sie eingeschränkt worden ist.[722] Wenn dies im Rahmen von Schutzbereich (Werk, Urheber, Urheberrecht) und der normierten Schranken (§§ 44a ff. UrhG) nicht möglich ist, hat die Abwägung bei der Frage der „Widerrechtlichkeit“ stattzufinden.

IX. Insbesondere § 12 Abs. 1 UrhG erweist sich den Belangen der Kommunikationsfreiheit als blind und einer Abwägung unzugänglich. In den Fällen des § 97 Abs. 1 i.V.m. § 12 Abs. 1 UrhG wird das Erfordernis einer Abwägung im Rahmen der Widerrechtlichkeit besonders deutlich.

X. Die Rechtsprechung hat ausgehend von der Wechselwirkungslehre eine Reihe von Gesichtspunkten entwickelt, die als Kriterien für die konkrete Abwägung zwischen der Meinungsfreiheit und dem kollidierenden Rechtsgut herangezogen werden. Diese sind nicht nur auf den Konflikt zwischen Meinungsfreiheit und Persönlichkeitsschutz, sondern auch zwischen Meinungsfreiheit und Urheberrechtsschutz anzuwenden.

XI. Eine Abwägung auf Basis einer „Schranke hinter den Schranken“ steht auch im Einklang mit der EMRK und der „Ashby-Entscheidung“ des EGMR. In dieser Entscheidung sehen Teile des Schrifttums einen Paradigmenwechsel hinsichtlich der Entscheidungsfindung von Fällen an der Schnittstelle von Meinungsfreiheit und Urheberrecht sowie eine Abkehr von der BGH-Linie der „Gies-Adlerentscheidung“.

---

722 Vgl. BeckOK GG/*Schemmer*, GG, Art. 5, Rn. 102.

XII. Die „Ashby-Entscheidung“ ist im Vergleich zur „Caroline-Entscheidung,“ die für die deutsche Rechtsprechung einen Paradigmenwechsel herbeigeführt hat, jedoch vage und allgemein gehalten. Ein Mehr an Klarheit wäre wünschenswert gewesen.

XIII. Der EGMR stellt für die Beurteilung des Konflikts zwischen Urheberrecht und Meinungsfreiheit auf die Frage der Eignung eines Beitrages zu einer Debatte von öffentlichem Interesse ab.

XIV. Der Begriff der Debatte von öffentlichem Interesse darf von deutschen Gerichten nicht dahingehend rezipiert werden, dass die Zulässigkeit von Meinungsäußerungen und Pressebeiträgen nach den Kriterien von Qualität und Niveau beurteilt wird.

XV. Die BRD ist durch die „Ashby-Entscheidung“ nicht direkt und unmittelbar verpflichtet. Wegen der Leitfunktion der EMRK müssen deutsche Gerichte EGMR-Entscheidungen jedoch insofern berücksichtigen, als sie sich mit ihr auseinandersetzen und sie – ohne sie schematisch zu vollstrecken – in den Teilrechtsbereich der nationalen Rechtsordnung einpassen. Dabei ist wegen des Vorliegens mehrpoliger Grundrechtsverhältnisse der Subsidiaritätsgrundsatz in besonderer Weise zu beachten.

XVI. Der Ruf nach einer nachgeschalteten Abwägung ist aus rechtstheoretischer Sicht nicht unproblematisch. Die Abwägung als Modus der Entscheidungsfindung kann man mit dem Erkennbarkeits-, Unbestimmtheits- und Inkommensurabilitätsargument konfrontieren.

XVII. Die Abwägung ist zum einen methodenehrlich und zum anderen unausweichlich. Vollständige richterliche Gesetzesbindung ist ein unerfüllbares Ideal

XVIII. Es ist ein rechtstheoretisches und rechtsstaatliches Postulat, die Abwägung soweit als möglich zu formalisieren und zu strukturieren. Dies fördert die „Berechenbarkeit“ und die Vorhersehbarkeit zu treffender Entscheidungen.

XIX. Der hier erarbeitete Kriterienkatalog formalisiert und fundiert die Entscheidungsfindung rational und immunisiert sie auf diese Weise gegen den Vorwurf der Situationsjurisprudenz. Sein Vorteil besteht zudem in der Kombinierbarkeit relevanter Erwägungen, ohne jedoch einen einzelnen Gesichtspunkt in seiner Bedeutung zu überschätzen.

XX. Die Kriterien sind dem Recht entnommen sowie von den Dingen selbst abgeleitet. So finden neben Gesichtspunkten, die sich aus der Dogmatik der Wechselwirkungslehre ergeben, insbesondere medientheoretische Überlegungen Eingang in den Katalog.

Literaturverzeichnis

Adomeit, Klaus: Methodenlehre und Juristenausbildung, ZRP 1970, 176–180.

von Arnauld, Andreas: Völkerrecht, Heidelberg 2012.

Beater, Axel: Informationsinteressen der Allgemeinheit und öffentlicher Meinungsbildungsprozess – Inhaltliche und prozedurale Kriterien aus zivilrechtlicher Sicht, ZUM 2005, 602–612.

Ders.: Bildinformationen im Medienrecht, AfP 2005, 133–139.

von Becker, Bernhard: Parodiefreiheit und Güterabwägung – Das „Gies-Adler"-Urteil des BGH, GRUR 2004, 104–109.

Ders.: Können Bilder lügen? – Anmerkung zu BVerfG AfP 2005 S. 171 – Fotomontage, AfP 2005, 247–251.

Beck'scher Online-Kommentar BGB, Bamberger, Heinz Georg / Roth, Herbert (Hrsg.), 41. Ed. 01.11.2016 (zit.: BeckOK BGB/*Bearbeiter*, BGB).

Beck'scher Online Kommentar StGB, von Heintschel-Heinegg, Bernd (Hrsg.), 29. Edition, Stand: 01.12.2015 (zit.: BeckOK StGB/*Bearbeiter*, StGB).

Beck'scher Online-Kommentar, Informations- und Medienrecht, Gersdorf, Hubertus / Paal, Boris (Hrsg.), 10. Edition, Stand: 01.11.2015 (zit.: BeckOK InfoMedienR/*Bearbeiter*, Gesetz).

Beck'scher Online-Kommentar, Urheberrecht, Ahlberg, Hartwig / Götting, Horst-Peter (Hrsg.), Edition: 10, Stand: 01.10.2015 (zit.: BeckOK UrhR/*Bearbeiter*, UrhG).

Becker, Maximilian: Aufmerksamkeitsknappheit – Eine weitere Determinante im Urheberrecht?, ZUM 2013, 829–836.

BeckOK Grundgesetz, Epping, Volker / Hillgruber, Christian (Hrsg.), 27. Edition, Stand: 01.12.2015 (zit.: BeckOK GG/*Bearbeiter*, GG).

Bisges, Marcel: Ökonomische Analyse des Urheberrechts, ZUM 2014, 930–938.

Bleckmann, Albert: Bundesverfassungsgericht versus Europäischer Gerichtshof für Menschenrechte / Innerstaatliche Rechtskraft der Urteile des EGMR und Gleichheit von Mann und Frau / Anmerkung zu den Feuerwehrabgabe-Entscheidungen des EGMR und des BVerfG, EuGRZ 1995, 387–390.

Bolz, Norbert: Das ABC der Medien, München 2007.

Ders: Das richtige Leben, München 2014.

Bornkamm, Joachim: Ungeschriebene Schranken des Urheberrechts? Anmerkungen zum Rechtsstreit Botho Strauß/Theater Heute, in Festschrift für Henning Piper zum 65. Geburstag, Erdmann, Willi, Gloy, Wolfgang, Herber Rolf (Hrsg.), München 1996 (zit.: Bornkamm, FS für Piper).

Braun, Johann: Einführung in die Rechtswissenschaft, 3. Auflage, Tübingen 2007.

Bretthauer, Sebastian: Schutz der Forschungsfreiheit nach dem Informationsfreiheitsgesetz, NVwZ 2012, 1144–1148.

Breuer, Marten: Karlsruhe und die Gretchenfrage: Wie hast du's mit Straßburg?, NVwZ 2005, 412–414.

von Coelln, Christian: Lebach einmal anders – die Rundfunkfreiheit fordert ihr Recht, ZUM 2001, 478–487.

Deutsch, Erwin: Die Dokumentationsfreiheit im Urheberrecht, NJW 1967, 1393–1398.

Dietz, Adolf: Verfassungsklauseln und Quasi-Verfassungsklauseln zur Rechtfertigung des Urheberrechts – gestern, heute und morgen, GRUR Int. 2006, 1–9.

Dörr, Dieter: EGMR – „Caroline", JuS 2005, 160–164.

Dreier, Thomas / Leistner, Matthias: Urheberrecht im Internet – die Forschungsherausforderungen, GRUR-Beilage 2014, 13–29.

Dreier, Thomas / Schulze, Gernot: Urheberrechtsgesetz, Urheberrechtswahrnehmungsgesetz, Kunsturhebergesetz, Kommentar, 5. Auflage, München 2015 (zit: Dreier/Schulze/*Bearbeiter*, UrhG bzw. KUG).

Eckstein, Daniel / Altenhofen, Christian W.: Das „Caroline"-Urteil des Europäischen Gerichtshofs für Menschenrechte, Berlin 2006 (zit.: Eckstein/Altenhofen, Das Caroline-Urteil des EGMR).

Ehlers, Dirk: Die Europäische Menschenrechtskonvention, Jura 2000, 372 – 383.

Ehlers, Dirk / Schoch, Friedrich: Rechtsschutz im Öffentlichen Recht, Berlin 2009 (zit.: Ehlers/Schoch/*Bearbeiter*, Rechtsschutz im ÖR).

Engels, Stefan / Haisch, Verena: EGMR stärkt Pressefreiheit mit öffentlichem Interesse, GRUR-Prax 2012, 81–83.

Engisch, Karl: Die Idee der Konkretisierung in Recht und Rechtswissenschaft unserer Zeit, Heidelberg 1968 (zit. Engisch, Die Idee der Konkretisierung).

Fechner, Frank: Geistiges Eigentum und Verfassung – Schöpferische Leistungen unter dem Schutz des Grundgesetzes, Tübingen 1999 (zit.: Fechner, Geistiges Eigentum und Verfassung).

Findeisen, Frank: Die Auslegung urheberrechtlicher Schrankenbestimmungen, Baden-Baden 2005, Diss. Heidelberg 2005 (zit.: Findeisen, Auslegung urheberrechtlicher Schrankenbestimmungen).

Fischer Lexikon Publizistik Massenkommunikation, Noelle-Neumann, Elisabeth / Schulz, Winfried / Wilke, Jürgen (Hrsg.), Frankfurt 1994 (zit.: Fischer Lexikon, Kapitel/*Bearbeiter*).

Förster, Achim: Fair use – Ein Systemvergleich der Schrankengeneralklausel der US-amerikanischen Copyright Act mit dem Schrankenkatalog des deutschen Urheberrechtsgesetzes, Tübingen 2008 (zit. Förster, Fair use).

Fromm Nordemann Urheberrecht, Kommentar zum Urheberrechtsgesetz, Nordemann, Axel / Nordemann, Wilhelm (Hrsg.), 11. Auflage, Berlin 2014 (zit.: Fromm/Nordemann/*Bearbeiter*, UrhG).

Frowein, Jochen Abraham / Peukert, Wolfgang: EMRK-Kommentar, 3. Auflage, Kehl 2009 (zit.: Frowein/Peukert/*Bearbeiter*, EMRK).

Frowein, Jochen Abraham: Der europäische Grundrechtsschutz und die deutsche Rechtsprechung, NVwZ 2002, 29–33.

Fuchs, Ernst: Was will die Freirechtsschule?, Rudolstadt/Thüringen 1929.

Geiger, Christophe: Anmerkung zu: Tribunal de grande instance de Paris (3. Kammer), Urteil vom 23.02.1999 – Jean FABRIS vs. Sté FRANCE 2 („Utrillo"), GRUR Int. 2001, 252–255.

Ders: Der urheberrechtliche Interessenausgleich in der Informationsgesellschaft – Zur Rechtsnatur der Beschränkungen des Urheberrechts, GRUR Int. 2004, 815–821.

Gersdorf, Hubertus: Caroline-Urteil des EGMR: Bedrohung der nationalen Medienordnung, AfP 2005, 221–227.

Geserich, Stephan: Auslegung und Rechtsfortbildung, DStr-Beih 2011, 59–66.

Gounalakis, Georgios: Ein neuer Morgen für den Wissenschaftsparagrafen: Geistiges Eigentum weiter in Piratenhand, NJW 2007, 36–38.

Ders.: Urheberrechtschutz für die Bibel?, GRUR 2004, 996–1001.

Ders.: Verdachtsberichterstattung durch den Staatsanwalt, NJW 2012, 1473–1479.

Ders.: Rechtshandbuch Electronic Business – Rechtsgrundlagen, Branchenspezifische Geschäftsfelder, Auslandsmärkte, München 2003 (zit.: Gounalakis, Rhb. Electronic Business/*Bearbeiter*).

Gounalakis, Georgios / Rhode, Lars: Persönlichkeitsschutz im Internet, München 2002.

Grabenwarter, Christoph: Schutz der Privatsphäre versus Pressefreiheit: Europäische Korrektur eines deutschen Sonderweges?, AfP 2004, 309–316.

Grabenwarter, Christoph / Pabel, Katharina: Europäische Menschenrechtskonvention, 5. Auflage, München 2012 (zit.: Grabenwarter/Pabel, EMRK).

Grisse, Karina: Was bleibt von der Störerhaftung? – Bedeutung der 3. Änderung des TMG für die zivilrechtliche Systematik und Umsetzung der Vermittlerhaftung in Deutschland, GRUR 2017, 1073 – 1081.

Grzeszick, Bernd: Geistiges Eigentum und Art. 14 GG, ZUM 2004, 344–354.

Haß, Solveig: Die Urteile des Europäischen Gerichtshofs für Menschenrechte – Charakter, Bindungswirkung und Durchsetzung, Frankfurt 2005, Diss. Köln 2005 (zit. Haß, Die Urteile des EGMR).

Heckötter, Ulrike: Die Bedeutung der Europäischen Menschenrechtskonvention und der Rechtsprechung des EGMR für die deutschen Gerichte, Köln 2007, Diss. Münster 2007 (zit.: Heckötter, Die Bedeutung der EMRK).

Heldrich, Andreas: Persönlichkeitsschutz und Pressefreiheit nach der Europäischen Menschenrechtskonvention, NJW 2004, 2634–2636.

Hoeren, Thomas: Anmerkung zum Urteil: BGH – Elektronische Pressearchive, MMR 1999, 412–414.

Ders.: Hoeren: Vorratsdaten und Urheberrecht – Keine Nutzung gespeicherter Daten, NJW 2008, 3099 – 3102. Ders.: Anmerkung zum Urteil: EGMR – Veröffentlichung von Modefotos im Internet unter Verletzung des Urheberrechts, MMR 2013, 797.

Ders.: Urheberrecht in der Informationsgesellschaft – Überlegungen zu einem Rechtsgutachten von Gerhard Schricker et al., GRUR 1997, 868–875.

Hoeren, Thomas / Herring, Eva-Maria: Urheberrechtsverletzung durch WikiLeaks? Meinungs- Informations- und Pressefreiheit vs. Urheberinteressen, MMR 2011, 143–148.

Dies.: WikiLeaks und das Erstveröffentlichungsrecht des Urhebers – Informationsfreiheit als externe Schranke des Urheberrechts?, MMR 2011, 500–504.

Hoerster, Norbert: Zur Verteidigung des Rechtspositivismus, NJW 1986, 2480–2482.

Hoffmann-Riem, Wolfgang: Neue Kollektivität im World Wide Web als Herausforderung für das Recht, JZ 2012, 1081–1087.

Hoffmann, Jan Martin / Mellech, Kathrin / Rudolphi, Verena: Der Einfluss der EMRK auf die grundrechtliche Fallbearbeitung, Jura 2009, 256–260.

Hofmann, Ekkehard: Abwägung im Recht, Chancen und Grenzen numerischer Verfahren im öffentlichen Recht, Tübingen 2006 (zit.: Hofmann, Abwägung im Recht).

Holoubek, Michael: Medienfreiheit in der Europäischen Menschenrechtskonvention, 2003, 193–201.

Hufen, Friedhelm: Staatsrecht II – Grundrechte – 4. Auflage, München 2014 (zit.: Hufen, Grundrechte).

Jänich, Volker: Geistiges Eigentum, eine Komplementärerscheinung zum Sacheigentum?, Tübingen 2002 (zit.: Jänich, Geistiges Eigentum)

Jarass Hans D. / Pieroth, Bodo: Grundgesetz für die Bundesrepublik Deutschland Kommentar, 13. Auflage, München 2014 (zit. Jarass/Pieroth / *Bearbeiter*, GG).

Jehoram, Herman Cohen: Urheberrecht und Freiheit der Meinungsäußerung, Rechtsmissbrauch und Standardschikane, GRUR Int. 2004, 96–101.

Kantorowicz, Hermann (Pseudonym: Gnaeus Flavius): Der Kampf um die Rechtswissenschaft, Heidelberg 1906 (zitiert: Gnaeus Flavius, Kampf um die Rechtswissenschaft).

Karpenstein, Ulrich / Meyer, Franz C.: EMRK – Konvention zum Schutz der Menschenrechte und Grundfreiheiten Kommentar, 2. Auflage, München 2015 (zit.: Karpenstein/Mayer/*Bearbeiter*, EMRK).

Kaufmann, Arthur: Rechtsphilosophie zum Mitdenken; 1. Kapitel: Wesen, Aufgabe und Stellung der Rechtsphilosophie, Jura 1992, 9–15; 3. Kapitel: Naturrecht und Positivismus – Problemgeschichte der Rechtsphilosophie, Jura 1992, 178–186;

Klass, Nadine: Der Schutz der Privatsphäre durch den EGMR im Rahmen von Medienberichterstattungen – Zugleich Besprechung der dritten „Caroline von Hannover / Deutschland“-Entscheidung sowie der „Ruusunen/ Finnland“-Entscheidung des EGMR, ZUM 2014, 261–269.

Klatt, Matthias: Prinzipientheorie und Theorie der Abwägung, Tübingen 2013 (zit.: Autoren/Prinzipientheorie und Theorie der Abwägung).

Klatt, Matthias / Schmidt, Johannes: Spielräume im Öffentlichen Recht – Zur Abwägungslehre der Prinzipientheorie, Tübingen 2010 (zit.: Klatt/Schmidt, Spielräume im öff. Recht).

Klein, Eckart: Zur Bindung staatlicher Organe an Entscheidungen des Europäischen Gerichtshofs für Menschenrechte – Anmerkung zu BVerfG – Görgülü, JZ 2005, 1176–1178.

Klein, Oliver: Straßburger Wolken am Karlsruher Himmel – Zum geänderten Verhältnis zwischen Bundesverfassungsgericht und Europäischem Gerichtshof für Menschenrechte seit 1998, NVwZ 2010, 221–225.

Kleinemenke, Manuel: Fair use im deutschen und europäischen Urheberrecht? – Eine rechtsvergleichende Untersuchung zur Flexibilisierung des urheberrechtlichen Schrankenkatalogs nach dem Vorbild der

US-amerikanischen Fair-use-Doktrin, Baden-Baden 2013, Diss. Bonn 2013 (zit.: Kleinemenke, Fair use).

Krause-Ablaß, Günter: Zitate aus Aufführungen, Tonaufnahmen, Filmen und Sendungen in Film und Rundfunk, GRUR 1962, 231–240.

Kreutzer, Till: Das Modell des deutschen Urheberrechts und Regelungsalternativen – Konzeptionelle Überlegungen zu Werkbegriff, Zuordnung, Umfang und Dauer des Urheberrechts als Reaktion auf den urheberrechtlichen Funktionswandel, Baden-Baden 2008.

Kroeger, Detlef: Enge Auslegung von Schrankenbestimmungen – wie lange noch? Zugang zu Informationen in digitalen Netzwerken, MMR 2002, 18–21.

Ders.: Informationsfreiheit und Urheberrecht, München 2002.

Krüger-Nieland, Gerda: Das Urheberpersönlichkeitsrecht, eine besondere Erscheinungsform des allgemeinen Persönlichkeitsrechts?, Festschrift für Fritz Hauß 1978, 215 – 224 (zit.: Krüger-Nieland, FS für Hauß).

Dies.: Der Urheberrechtschutz im Spannungsfeld der Eigentumsgarantie der Verfassung, Festschrift für Walter Oppenhoff zum 80 Geburtstag, 1985, 173–192 (zit.: Krüger-Nieland, FS für Oppenhoff).

Lackner Karl / Kühl, Kristian Strafgesetzbuch Kommentar, 28. Auflage, München 2014 (zit.: Lackner/Kühler/*Bearbeiter*, StGB).

Lehmann, Michael: Eigentum, geistiges Eigentum, gewerbliche Schutzrechte Property Rights als Wettbewerbsbeschränkungen zur Förderung des Wettbewerbs, GRUR Int. 1983, 356–362.

Lehr, Matthias: Anmerkung zu Caroline 2012, GRUR 2012, 745–751.

Leisner, Walter: „Abwägung überall“ – Gefahr für den Rechtsstaat, NJW 1997, 636–639.

Lenski, Sophie-Charlotte: Informationszugangsfreiheit und Schutz geistigen Eigentums, NordÖR 2006, 89–96.

Loewenheim, Ulrich: Handbuch des Urheberrechts, 2. Auflage, München 2010 (zit.: Loewenheim/*Bearbeiter*).

Löffler, Martin: Das Grundrecht auf Informationsfreiheit als Schranke des Urheberrechts, NJW 1980, 201–205.

v. Mangoldt, Hermann / Klein, Friedrich / Starck, Christian: Kommentar zum Grundgesetz, Bd. 3: Art. 83 bis 146, 6. Auflage, München 2010 (zit.: v. Mangoldt/Klein/Starck/*Bearbeiter, GG*).

Mann, Roger: Auswirkungen der Caroline-Entscheidung des EGMR auf die forensische Praxis, NJW 2004, 3220–3222.

Ders.: Urheberrechts vs. Presserecht – Wenn die „kleine Münze“ zum scharfen Schwert wird, AfP 2005, 295–301.

Maunz, Theodor / Dürig, Günter: Grundgesetzkommentar, 75. Ergänzungslieferung, September 2015 (zit.: Maunz/Dürig/*Bearbeiter*, GG).

Maunz, Theodor / Schmidt-Bleibtreu, Bruno / Klein, Franz / Bethge, Herbert: Bundesverfassungsgerichtsgesetz Kommentar, 47. Ergänzungslieferung, Stand: August 2015 (zit.: Maunz/Schmidt-Bleibtreu/Klein/Bethge/*Bearbeiter*, BVerfGG).

Melin, Patrick: Gesetzesauslegung in den USA und in Deutschland – Historische Entwicklung, moderne Methodendiskussion und die Auswirkungen von Divergenzen für das internationale Einheitskaufrecht (CISG), Tübingen 2005, Diss. Bonn 2003 (zit.: Melin, Gesetzesauslegung in den USA und Dtl).

Messing, Volker: Das Caroline-Urteil, Auswirkungen der Entscheidung des Europäischen Gerichtshofs für Menschenrechte auf die deutsche Presse, Saarbrücken 200 (zit: Messing, Das Caroline-Urteil).

Metzger, Axel: Urheberrechtsschranken in der Wissensgesellschaft: „Fair use“ oder enge Einzeltatbestände?; in: Europäische Perspektiven des Geistigen Eigentums, Matthias Leistner (Hrsg.), Tübingen 2010.

Meyer-Ladewig, Jens: Konvention zum Schutz der Menschenrecht und Grundfreiheiten, Handkommentar, 3. Auflage, Baden-Baden 2012 (zit.: Meyer-Ladewig EMRK).

Michael, Lothar: Mittelbare Drittwirkung spezifisch europäischen Verfassungsrechts am Beispiel des Schutzes der Privatsphäre vor der Presse, AfP 2006, 313–319.

Mizdalski, Florian: Zur restriktiven Auslegung der Urheberschranken vor dem Hintergrund von Art. 5 GG, Frankfurt 2011, Diss. Marburg 2010 (zit.: Mizdalski, Zur restriktiven Auslegung der Urheberschranken).

von Münch, Ingo / Kunig, Philip: Grundgesetz Kommentar, Band 2, 6. Auflage, München 2012 (zit.: von Münch/Kunig/*Bearbeiter*, GG).

Münchener Kommentar zum Bürgerlichen Gesetzbuch, Säcker, Franz Jürgen / Rixecker, Roland / Oetker, Hartmut / Limperg, Bettina (Hrsg.), Band 1, 7. Auflage, München 2015: Band 7, 7. Auflage, München 2017 (zit.: MüKo/*Bearbeiter*, BGB).

Nieland, Holger: Urheberrecht vs. Presserecht; Zur Lösung von Interessenkonflikten nach der „Ashby Donald“-Entscheidung des EGMR, K&R 2013, 285–288.

von Olenhusen, Albrecht Götz: Urheber- und Persönlichkeitsschutz bei Briefen und Dokumentationsfreiheit, UFITA 1967, 57–76.

Ohly, Ansgar: Harmonisierung des Persönlichkeitsrechts durch den Europäischen Gerichtshof für Menschenrechte? – Rechtsvergleichende Anmerkungen zum Urteil in der Sache von Hannover/Deutschland, GRUR Int 2004, 902–912.

Ders.: Geistiges Eigentum?, JZ 2003, 545–554.

Ossenbühel, Fritz: Medien zwischen Macht und Recht, JZ 1995, 633–684.

Osterkamp, Thomas: Juristische Gerechtigkeit, Rechtswissenschaft jenseits von Positivismus und Naturecht, Tübingen 2004 (zit.: Osterkamp, Juristische Gerechtigkeit).

Partsch, Christoph: Die Entwicklung eines presserechtlichen Auskunftsanspruchs in der Rechtsprechung des EGMR zu Art. 10 EMRK, AfP 2013, 214–215.

Pawlowski, Hans-Martin: Methodenlehre für Juristen, 3. Auflage, Heidelberg 1999.

Peifer, Karl-Nikolaus: Selbstbestimmung im digitalen Netz – Privatkopie, Flatrate und Fair use, ZUM 2014, 86–90.

Peters, Anne / Altwicker Tilmann: Europäische Menschenrechtskonvention – Mit rechtsvergleichenden Bezügen zum deutschen Grundgesetz, München 2012, 2. Auflage (zit.: Peters/Altwicker, EMRK).

Prepeluh, Urska: Die Entwicklung der *Margin of Appreciation*-Doktrin im Hinblick auf die Pressefreiheit, ZaöRV 2001, 771–831.

Ramsauer, Ulrich: Das Urheberrecht und Geschäftsgeheimnisse im UIG und IFG – Auf dem Weg zu einem neuen Informationsverwaltungsrecht, Anwaltsblatt 2013, 410–419.

Ratzinger, Joseph / Benedikt XVI.: Jesus von Nazareth, Erster Teil, Von der Taufe im Jordan bis zur Verklärung, Freiburg 2018.

Raue, Peter: Macht korrumpiert, NJW-Editorial 11/2011, 3–6.

Ders.: Zum Dogma von der restriktiven Auslegung der Schrankenbestimmungen des Urheberrechtsgesetzes, in: Festschrift für Wilhelm Nordemann zum 70. Geburtstag, München 2004 (zit.: Raue, FS Nordemann).

Rehbinder, Manfred: Der Schutz der Pressearbeit im neuen Urheberrechtsgesetz, UFITA 48 (1966), S. 102–120.

Reichel, Hans: Gesetz und Richterspruch, in: Erster Band: Grundlagen des Rechts. Erster Teilband, Mayer-Maly, Dorothea / Schambeck, Herbert / Grussmann, Wolf-Dietrich. Gesammelte Schriften (Hrsg.), Berlin 1993 (zit.: Reichel, Gesetz und Richterspruch).

Ress, Georg: Der Europäische Gerichtshof für Menschenrechte als pouvoir neutre, ZaöRV 2009, 289–307.

Rieble, Volker: Richterliche Gesetzesbindung und BVerfG, NJW 2019, 819–822.

Rödder, Andreas: 21.0 – Eine kurze Geschichte der Gegenwart, 2. Auflage, München 2015.

Rupp, Hans Heinrich: Die Bindung des Richters an das Gesetz, NJW 1973, 271–277.

Rüthers, Bernd / Fischer, Christian / Birk, Axel: Rechtstheorie mit Juristischer Methodenlehre, München 2015, 8. Auflage (zit.: Rüthers, Rechtstheorie).

Rüthers, Bernd: Geleugneter Richterstaat und vernebelte Richtermacht, Zeitschrift für Rechtsphilosophie 2007, 125–129 = NJW 2005, 2759–2761.

Sachs Michael: Grundgesetz Kommentar, 6. und 7. Auflage, München 2014 (zit.: Sachs/*Bearbeiter*, GG, [evtl. 6. Aufl.]).

Sauer, Heiko: Die neue Schlagkraft der gemeineuropäischen Grundrechtsjudikatur – Zur Bindung deutscher Gerichte an die Entscheidungen des Europäischen Gerichtshofs für Menschenrechte, ZaöRV 2005, 35–71.

Schack, Haimo: Urheberrechtliche Schranken, übergesetzlicher Notstand und verfassungskonforme Auslegung, in: Festschrift für Gerhard Schricker zum 70. Geburtstag, Ohly, Ansgar, Bodewig Theo, Dreier, Thomas, Götting, Horst-Peter, Haedicke, Maximilian; Lehmann, Michael (Hrsg.), München 2005 (zit.: Schack, FS für Schricker).

Ders.: Urheber- und Urhebervertragsrecht, 7 Aufl. Tübingen 2015.

Schlüter, Claudia: Die urheber- und persönlichkeitsrechtliche Beurteilung der Erstveröffentlichung persönlicher Aufzeichnungen, Baden Baden 2014, Diss. Dresden 2013 (zit.: Schlüter, Erstveröffentlichung).

Schmale, Wolfgang / Tinnefeld, Marie-Theres: Öffentlichkeit, Geheimhaltung und Privatheit – Sichtweisen im Raum der europäischen Geschichte und in Cyberia, MMR 2011, 786–792.

Schmidt-Bleibtreu, Bruno / Hofmann, Hans / Henneke, Hans-Günther: GG Kommentar zum Grundgesetz, 13. Auflage, 2014 (zit.: Schmidt-Bleibtreu/Hofmann/Henneke/*Bearbeiter*, GG).

Schmidt, Ingrid: Gerechtigkeit braucht eine starke Justiz, Recht der Arbeit (RdA) 2015, 260–263.

Schnabel, Christoph: Geistiges Eigentum als Grenze der Informationsfreiheit, K&R 2011, 626–631.

Schoch, Friedrich: Aktuelle Fragen des Informationsfreiheitsrechts, NJW 2009, 2987–2994.

Schricker/Loewenheim Urheberrecht Kommentar, Lowenheim, Ulrich (Hrsg.), 4. Auflage, München 2010 (zit.: Schricker/Loewenheim/*Bearbeiter*, UrhG).

Sebastian, Sascha: Geistiges Eigentum als Europäisches Menschenrecht – Zur Bedeutung von Art. 1 des 1. Zusatzprotokolls zur EMRK für das Immaterialgüterrecht, GRUR Int. 2013, 524–534.

Sebastian, Sascha / Briske, Robert: Die Verwertung von Hitlers „Mein Kampf" – Eine urheber- und strafrechtliche Analyse, AfP 2013, 101–110.

Sieber, Ulrich: Informationsrecht und Recht der Informationstechnik – Die Konstituierung eines Rechtsgebietes in Gegenstand, Grundfragen und Zielen, NJW 1989, 2569–2580.

Simon, Dieter: Vom Rechtsstaat in den Richterstaat (Vortrag vom 3.11.2008 im Rahmen der Vortragsreihe des Berliner Arbeitskreises Rechtswirklichkeit).

Söllner Alfred: Zum verfassungsrechtlichen Schutz geistigen Eigentums, Festschrift für Fritz Traub zum 65. Geburtstag 1994, 367 – 374 (zit.: Söllner, FS für Traub).

Spindler, Gerald / Schuster, Fabian: Recht der elektronischen Medien, Kommentar, 3. Auflage, München 2015 (zit.: Spindler/Schuster/*Bearbeiter*, UrhG).

Stieper, Malte: „Digitalisierung" des Urheberrechts im Wege verfassungskonformer Auslegung, GRUR 2014, 1060–1064.

Stürner, Rolf: Das Caroline-Urteil des EGMR: Rückkehr zum richtigen Maß, AfP 2005, 213–221.

Treder, Lutz: Methoden und Technik der Rechtsanwendung, Heidelberg 1998.

Ulmer, Eugen: Urheber- und Verlagsrecht, 2. Auflage, Berlin et al. 1960.

Vinck, Kai: Anmerkung zum BGH Urteil „Giesadler", LMK 2003, 236–237.

Wandtke, Artur-Axel: Urheberrecht, 3. Auflage, Berlin 2012.

Wandtke, Artur-Axel / Bullinger, Winfried: Praxiskommentar zum Urheberrecht, 4. Auflage, München 2014 (zit.: Wandtke/Bullinger/*Bearbeiter*, UrhG).

Zagouras, Georgios: Bildnisschutz und Privatsphäre im nationalen und europäischen Kontext – Das Springreiter-Urteil des BGH vor dem Hintergrund der Caroline-Entscheidung des EGMR, AfP 2004, 509–511.

Internetquellen

http://www.epochtimes.de/politik/deutschland/autoren-des-enthuellungsbuches-der-links-staat-im-urheberrechtsstreit-mit-oeffentlich-rechtlichem-sender-a2023737.html

http://falkvinge.net/2013/02/07/court-of-human-rights-convictions-for-file-sharing-violates-human-rights/

http://medienrecht-blog.com/2012/12/12/lg_hamburg_interviewfragen_urheberrecht/

http://universal_lexikon.deacademic.com

http://universal_lexikon.deacademic.com/239852/Freirechtsschule

http://www.aufrecht.de/urteile/urheberrecht/grass-erreicht-einstwilige-verfuegung-gegen-die-faz-lg-berlin-beschluss-vom-10102006-az-16-o-90806.html

http://www.copyrightcode.eu/Wittem_European_copyright_code_21%20april%202010.pdf

http://www.deutschlandfunk.de/botho-strauss-fluechtlingskulturstreit-etwas-problematisch.694.de.html?dram:article_id=333396

http://www.faz.net/aktuell/feuilleton/debatten/urheberrecht/zum-strassburger-urheberrechtsurteil-das-ende-der-pressezensur-12054689.html

http://www.heise.de/tp/artikel/37/37027/1.html

http://www.rechtambild.de/2013/02/egmr-zum-verhaltnis-von-urheberrecht-und pressefreiheit/

http://www.rechtslexikon.net/d/naturrecht/naturrecht.htm

http://www.spiegel.de/kultur/literatur/botho-strauss-schreibt-anschwellenden-bocksgesang-fort-a-1055731.html

http://www.telemedicus.info/article/2518-EGMR-Verhaeltnis-von-Urheberrecht-und-Pressefreiheit.html

http://www.welt.de/kultur/literarischewelt/article113162774/Was-vom-anschwellenden-Bocksgesang-uebrig-blieb.html

http://www.wissen.de/lexikon/freirechtsschule

https://www.law.cornell.edu/uscode/text/17/107#

https://www.youtube.com/watch?v=e81_lAwOBgg

Schriften zum Medien-, Urheber- und Wirtschaftsrecht

Herausgegeben von Prof. Dr. Georgios Gounalakis

Band 1 Thomas Lang: Immaterialgüterrechtliche Lizenzierung und kartellrechtliche Verhaltenskontrolle. Eine Untersuchung der Reichweite gemeinschaftskartellrechtlicher Eingriffsbefugnisse in Immaterialgüterrechtspositionen vor dem Hintergrund der schutzrechtsspezifischen wettbewerblichen Ausschließlichkeit. 2009.

Band 2 Anna-Karina Bonacker: Der Widerruf von Fernabsatzverträgen am Beispiel der Internetauktion eBay. 2009.

Band 3 Rainer Jürgen Scharf: Der unbefristete Widerruf internetbasierter Verträge. Zugleich ein Beitrag zur Dogmatik des § 355 BGB. 2009.

Band 4 Sebastian Gorski: Effizienz, Wahlfreiheit und Gleichbehandlung? Eine Untersuchung der Einführung von Wettbewerb zwischen musikalischen Verwertungsgesellschaften durch die Europäische Kommission. 2009.

Band 5 Daniel Walter: Die rechtliche Behandlung der Erbringung unbestellter Leistungen nach § 241a BGB. 2009.

Band 6 Richard Helwig: Die Kompetenz der Europäischen Gemeinschaft zur Schaffung eines europäischen Medienkonzentrationsrechts. Notwendigkeit, Voraussetzungen und Reichweite einer möglichen Regulierung zur Sicherung von Medien- und Meinungsvielfalt in Europa. 2009.

Band 7 Bettina Yunis: Alternative Streitbeilegung über elektronische Datennetze. 2011.

Band 8 Andreas Walter: Störerhaftung bei Handeln Dritter. 2011.

Band 9 Andreas Zenner: Die zivilrechtliche Verantwortlichkeit des Abschlussprüfers für den Bestätigungsvermerk. 2011.

Band 10 Kristine Wagner: Die Privatkopie als urheberrechtliche Schrankenregelung. 2011.

Band 11 Ina Lutz: Testierfreiheit und Pflichtteilsrecht im spanischen *Código Civil* im Vergleich mit dem deutschen Bürgerlichen Gesetzbuch. Unter besonderer Berücksichtigung von Immobilienerbschaften. 2011.

Band 12 Heiko Drebes: „Datenschutz“ für Unternehmen im B2B? Schutz der Daten des geschäftlichen E-Business im Spannungsfeld zwischen technisch-organisatorischer und rechtlicher Regulierung. 2012.

Band 13 Heiko Zimmer: Zugriff auf Internetzugangsdaten. Unter besonderer Berücksichtigung der Verhältnismäßigkeit einer verdachtsunabhängigen Vorratsdatenspeicherung. Eine Interessenabwägung zwischen Datenschutz, Strafverfolgung und Urheberrecht im Internet. 2012.

Band 14 Ricarda Leffler: Der strafrechtliche Schutz des Rechts am eigenen Bild vor dem neuen Phänomen des Cyber-Bullying. Eine Untersuchung der Normanwendungs- und Auslegungsprobleme der strafrechtlichen Bildnisschutzvorschriften bei deren Verletzung im Rahmen von Internetdelikten. 2012.

Band 15 Nadine Kristin Keil: Verdachtsberichterstattung. Medienberichterstattung über Straftatverdächtige. 2013.

Band 16 Alexandra Sommerhoff: Meinungsvielfalt und Medienkonvergenz. Die Sicherung der Meinungsvielfalt in Deutschland und Großbritannien. 2013.

Band 17 Christoph Wege: Roman und Persönlichkeitsrecht. Ein partikulardogmatischer Entwurf. 2013.

Band 18 Florian Jäkel: Netzneutralität im Internet. Verfassungsrechtliche Aspekte und Sicherungsmechanismen. Zugleich ein Beitrag zu Kommunikations- und Medienfreiheiten im Internet. 2013.

Band 19 Lars Querndt: Selektivvertrieb und eBay-Versteigerungen. Die kartellrechtliche Zulässigkeit des eBay-Ausschlusses aus dem Selektivvertrieb in Vertragshändlerverträgen und Markenlizenzen unter besonderer Berücksichtigung des Markenrechts. 2014.

Band 20 Catherine M. Manley: The Trademark Paradox. Trademarks and Their Conflicting Legal and Commercial Boundaries. 2015.

Band 21 Arne Neubauer: Internetvertrieb im Kartellrecht. Eine kritische Auseinandersetzung mit herstellerseitigen Vertriebsbeschränkungen. 2015.

Band 22 Kristin Grimm: Lizenzketten im Urheberrecht. Zum Schicksal der Unterlizenz nach Beendigung des Hauptlizenzvertrages. 2016.

Band 23 Georgios Gounalakis / Greg Taylor (eds.): Media Diversity Law. Australia and Germany Compared. 2016.

Band 24 Marten Hinrichsen: Marktabgrenzung in Zeiten der Medienkonvergenz. Zur Bestimmung des sachlich relevanten Werbemarktes in der deutschen und europäischen Medienfusionskontrolle. 2016.

Band 25 Kristin Eglinski: Bildberichterstattung im 21. Jahrhundert. Das Recht am eigenen Bild bei Kriminalberichterstattungen. Ein Rechtsvergleich zum US-amerikanischen Recht. 2017.

Band 26 Fabian Ibel: Schranke hinter den Schranken. Interessenabwägung jenseits der urheberrechtlichen Schranken der §§ 44a ff. UrhG. 2019.

www.peterlang.com

www.ingramcontent.com/pod-product-compliance
Ingram Content Group UK Ltd.
Pitfield, Milton Keynes, MK11 3LW, UK
UKHW021127041026
8980IPUK00026B/833

9 783631 773956